サム“バナナマン”・ザムライとその果実

姉のシャロンと
ニューオーリンズでの三五年間に捧げる

WIZARD

バナナ王サミュエル・ザムライ伝

ロシア系ユダヤ人がニューオーリンズでグローバルビジネスを生み出した

リッチ・コーエン
岡久悦子 訳

THE FISH THAT ATE THE WHALE

THE LIFE AND TIMES OF AMERICA'S BANANA KING

RICH COHEN

Pan Rolling

The fish that ate the whale :
the life and times of America's banana king
by Rich Cohen

力というのは感じ方の問題だ。あると思えばある。たとえなかったとしても。

――ハーブ・コーエン

『ユー・キャン・ネゴーシエイト・エニシング(You Can Negotiate Anything)』

我が始まりに終わりあり。

――T・S・エリオット「イースト・コーカー」

どんなときも、たいしたヤツはいる。

――ジェリー・ワイントローブ

目次 CONTENTS

茶　Brown

はじめに

Preface

サミュエル・ザムライは、一九三〇年代初期から一九五〇年代半ばまでの約二五年間、ユナイテッド・フルーツ・カンパニーを率いた、「アメリカの世紀」を象徴する人物だ。この時代に、アメリカ合衆国は地域の一勢力から一大帝国へと発展を遂げた。「バナナマン・サム」（ザムライは敵からも味方からもこう呼ばれた）には、この時代の物語がひとつの生涯として凝縮されている。貧しい境遇からはい上がる希望と野心。ふいに得た、目がくらむほどの富、道を誤るほどの富。堕落、無慈悲、プロパガンダ、戦争。手を伸ばしすぎて、やがて心をさいなむ晩年の憂鬱……。

一八九一年に一四歳でアメリカにたどり着いたとき、サミュエル・ザムライは、のっぽでひょろりとした一文無しの少年だった。それから六九年後、ニューオーリンズの町いちばんの豪邸で亡くなったときには、世界で最も裕福な、最強の権力を握る男のひとりになっていた。そのあいだ、ザムライは、果物師《フルーツ・ジョバー》、バナナの運び屋、埠頭のやり手商売人、中央アメリカ地峡のプランテーションのオーナーと、さまざまな仕事をしてきた。ザムライは、世界初の真のグローバル企業であるユナイテッド・フルーツに立ち向かい、打ち勝っている。最盛期のユナイテッド・フルーツは、グーグルのようにどこにでもあり、ハリバートンのように恐れられていた。それは、オランダの東インド会社のような、ビジネスを超えた、国外における「国民精神」ともいうべきものであり、アメリカ海軍の砲艦の脅威がその方針を後押ししていた。ユナイテッド・フルーツの社長として、ザムライは中央アメリカの最重要人物になり——電話一本で歴史の流れを変えられる——アメリカの善悪両極のシンボルとなった。それは、アメリカ合衆国が機会に満ちた国であることを示す証拠でもあるが、醜いアメリカ人の古典的な例でもある。まるで自分たちの冒険の背景のように他国を扱う海賊企業。南アメリカの人々が「北米人《ヤンキー》は家に帰れ！」と声高に叫ぶとき、頭にあるのはザムライのような人間だった。

わたしが初めてザムライを知ったのは、テュレーン大学の二年生のときだ。この「バナナマン」は、テュレーン大学にたいそう気前のいい寄付をしていて、キャンパスの建物の多くにザムライやその家族の名前がついていた。ザムライが絶頂期をすごしたセント・チャールズ・アベニューの邸宅には、大学総長が住んでいる。ジョセフ・コーエン（姓はわたしと同じコーエンだが、わたしと親戚関係にあるわけではない）の担当するセミナーでザムライの話を聞いた瞬間、わたしはこの物語の虜になってしまった。他のクラスの講義と違って、それはまさに叙事詩だった。登場人物も出来事もやたらに派手で、傭兵も出てくれば、汚い戦争も、金融闘争もある。わたしの生まれ故郷であるシカゴの、タバコくさい裏部屋につきものの政治的権謀術数の話もあった。

ザムライの生涯は、アメリカンドリームを体現している。教科書に記された歴史としてではなく、希釈されていない本物のウィスキーのような、袖の下と政府転覆と裏取引の年代記として。それはまさに現実の世界そのものだ。この物語にショックを受け、憤慨する人もいるだろう。たしかにそのとおりだ。けれど、わたしはすがすがしい気分にもなった。この物語は、国の生きざまが、キザな帽子をかぶって演説をするお偉方だけではなく、街角の少年や、頑張り屋の移民たちによっても綴られると教えてくれる。狂おしさに突き動かされ、ときにはひとつの、ときには幾千の名案を携え、自分の夢を実現するために地球の果てまで赴くことをいとわない者たちの手で。これは、だれもがその本に自らの章を書き込み、物語の一部になれるということだ。ジャングルに消え、伝承となってふたたび姿を現すことができる。もちろん、もうザムライのような間違いは犯さない。だれも傷つけず、何の邪魔もせず、復讐も袖の下もなく、決して妥協したり自分を見失ったりもしない。罪悪とは無縁の、新しいウィン＝ウィンのやり方でやるだろう。もちろん、こう考えること自体がアメリカ的性格の一部であり、ひょっとしたら、これこそがアメリカのアメリカたるゆえんなのかもしれない。もう一度だけチャンスが与えられれば、今度こそちゃんとやれる、と考えてしまうところが。

「アメリカの例外主義」について言及されるときには、次のような意味が込められている。ヨーロッパの人間と違って、われわれアメリカ人は、強大でありながら公正でいるのは無理だということをまだ知らない。だから、今度こそ前の世代のような過ちは避けられると信じて、性懲りもなく、また最初の一歩を踏み出す。他国を支配する力を与えているのは、こういう自信なのだろう。この自信が消えた瞬間、帝国は潰える。若き日のザムライは、自分は違うと考えていたように思える。自分は、貧困にあえぐ南の人々に恩恵を与えつつ、まっとうな財産を築くのだ、と。ザムライの悲劇は、他のビジネスマン以下だったことではなく、あの優れた才能と善意をもってしても、それ以上にはなれなかったことだろう。

結局のところ、わたしがザムライの物語から得たもの、そして、この物語を救いのあるものにしているのは、ユナイテッド・フルーツの不正ややり過ぎた行為ではなく、ザムライの生涯を特徴づける楽観主義だ。大勝利を収めながら愛されることは可能だ、と信じること。ザムライをきわめてアメリカ的人物にしているのは、この腹立たしいまでの信念だ。もし、我が国の精神を理解したかったら、学費を払って大学へ行き、講義に参加してノートをとるのもいいし、あるいはまた、バナナマン・サムの生涯を学ぶのもいい。

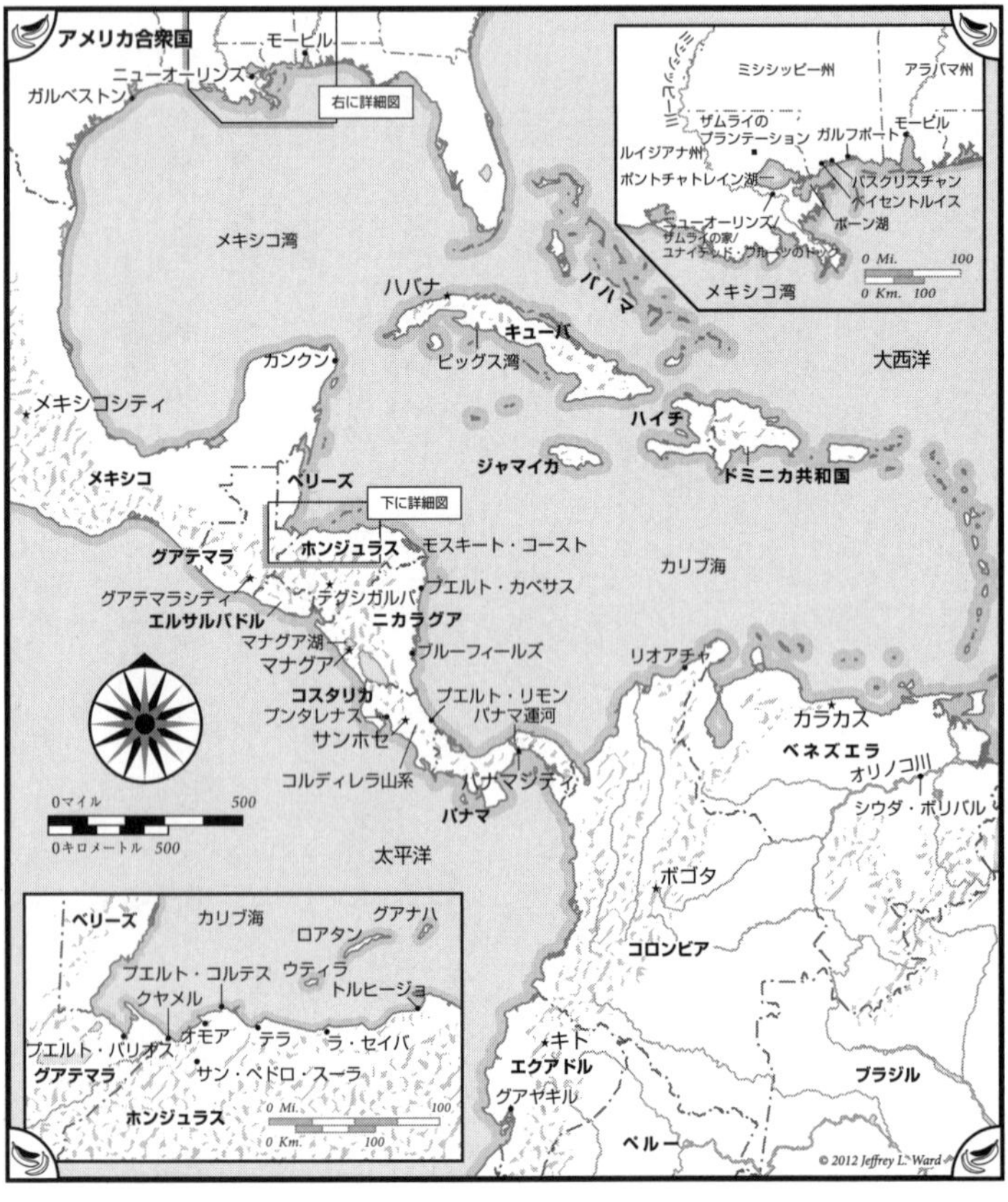

アメリカ合衆国
モービル
ニューオーリンズ
ガルベストン
右に詳細図
ミシシッピー州
アラバマ州
ザムライの
プランテーション
ガルフポート
モービル
ルイジアナ州
ポントチャトレイン湖
パスクリスチャン
ベイセントルイス
ボーン湖
ニューオーリンズ/
ザムライの家/
ユナイテッド・フルーツのトップ
0 Mi. 100
0 Km. 100
メキシコ湾
メキシコ湾
バハマ
ハバナ
キューバ
ピッグス湾
大西洋
カンクン
メキシコシティ
ハイチ
ジャマイカ
ドミニカ共和国
メキシコ
ベリーズ
下に詳細図
グアテマラ
ホンジュラス
モスキート・コースト
カリブ海
グアテマラシティ
テグシガルパ
プエルト・カベサス
エルサルバドル
ニカラグア
マナグア湖
マナグア
ブルーフィールズ
リオアチャ
コスタリカ
プエルト・リモン
プンタレナス
パナマ運河
カラカス
サンホセ
ベネズエラ
オリノコ川
コルディレラ山系
パナマシティ
シウダ・ボリバル
パナマ
0マイル 500
0キロメートル 500
太平洋
ボゴタ
ベリーズ
カリブ海
グアナハ
ロアタン
コロンビア
プエルト・コルテス
ウティラ
クヤメル
トルヒージョ
オモア
テラ
ラ・セイバ
プエルト・バリオス
グアテマラ
サン・ペドロ・スーラ
ホンジュラス
0 Mi. 100
0 Km. 100
キト
エクアドル
グアヤキル
ブラジル
ペルー
© 2012 Jeffrey L. Ward

プロローグ

Prologue

サム・ザムライは、悪態をつくとき以外は訛りのない英語を話す（実際には悪態をつかないときはないのだが）。身長一九〇センチ近い大男で、手足は長く、体は筋肉と骨ばかり。コンドルの翼のように広げた両手に半眼の眼差し。バカな話はごめんだと言わんばかりだ。ミシシッピー川にほど近いフレンチクォーターをこの男が急ぎ足で歩いてきたら、思わず道を譲ってしまうだろう。ザムライは住宅街《アップタウン》に住んでいるので、もしこのあたりにいたら、それは仕事中ということだ。

一九一〇年の冬、冴えわたる夜のこと。ザムライはD・H・ホームズ・デパートの時計の下に立って、黒い外套に身を包み、カナル・ストリートの安っぽいきらめきを眺めていた。三三歳のザムライは、すでに華やかな経歴をもつ人物になっていた。だれもが、まるでスナップ写真を回し見するように、サム・ザムライの物語をのぞき込む。これはザムライがあとにしたロシアの町、あれはアメリカに渡ってきたときの船、こっちはアラバマまで乗ってきた列車、それからこれはモービルの埠頭で初めて買ったバナナ、こっちは中央アメリカの地峡でジャングルを切り拓いて富を築いたところ……。南で一〇年すごしたあと、ザムライはさまざまなあだ名で知られるようになっていた。たとえば「Z」「ロシア人」「バナナマン・サム」「エル・アミーゴ（相棒）」「グリンゴ（よそ者）」

ザムライは、二〇世紀の初めに体ひとつで波止場にやってきた。果物の商売に手を出す以外に底辺から道を切り拓くすべはなく、最初の数年間は、他の商人たちが海に捨ててしまうような熟したバナナを売り買いした。ザムライは身を粉にして働き、国の権力者をものともせず、一九〇五年には蒸気船を所有するようになっていた。メキシコ湾を渡る外輪船で、荷物を積まずに南へ向かい、バナナを載せて戻ってくる。ザムライはプエルト・コルテスからテグシガルパまで、広大なホンジュラスをラバで旅したと言われている。土地のことを学び、黒い土に手を突っ込みたいと思ったのだ。

夜中の一二時をまわる頃、三人の男が曲がり角から姿を現した。先導者は明らかに、リビングストン郡出身のリー・クリスマスだ。目が嬉々として輝いているのを見ればすぐわかる。元機関士で、中央アメリカの地峡に行って歯止めが効かなくなってしまった男だ。革命しよう!と言って、「革命」という言葉を動詞に仕立て上げたのは、このアメリカ一有名な傭兵だ。ニューヨーク・タイムズ紙では、「実在するデュマ小説の英雄」と評されている。クリスマスは、どこへ行ってもだれかに尾行された。殺し屋や警察や外国の諜報員たちが、クリスマスの動きを探ろうとついてくる。なぜかというと……ほら!　その手の男がふたり、バーボン・ストリートの向こうの陰に潜んでいる。あれは、アメリカ合衆国シークレット・サービスの捜査官だ。ピカピカの靴にのっぺりした顔つきで、制服の外套が膨らんでいるのは拳銃を隠し持っているからだ。軍隊が必要になったザムライがクリスマスに相談し、クリスマスが残りの手はずを整えた。フレンチクォーターの酒場から、亡命中の者や冒険を求める者が掻き集められた。

クリスマスには、ふたりの相棒がいる。陰謀らしきものの立役者となるこのふたり。ひとりは、「機関銃」の異名をもつガイ・モロニー。ボア戦争に従軍したあと、ニューオーリンズで警官として働いていた。解体したイギリス製のヴィッカース連発小銃を三分もかからずに組み立てられることから、このあだ名がついた。もうひとりは、マニュエル・ボニージャ。小柄な男で肌がたいそう浅黒く、鷲鼻で黒い目をしている。

ザムライは他国の政府を転覆させようとしている最中であり、アメリカ合衆国国務長官のフィランダー・ノックスから警告を受けていた。ノックスは連邦捜査官に命じて、ニューオーリンズにいるザムライとその一味を尾行させているが、ザムライにしてみれば、そんなことはどうでもいい。もし失敗すれば、何もかも水の泡になるのだから。だが、成功すれば「バナナランド」の王になれる。マニュエル・ボニージャ将軍は、ホンジュラスの大統領だった人物だ。ちゃんとした手助けがあれば、ふたたび大統領に返り咲けるだろう。

ザムライは、通りの向こうにいるシークレット・サービスの捜査官を観察している。やがて、ポケットから札束を取り出し、一〇ドルと二〇ドルの札をつかむと、クリスマスに向かって言った。

「これで散財してこい」

言うが早いか、ザムライはカナル・ストリートを横切り、アップタウンへと姿を消した。

クリスマスとその相棒は、反対の方角へ向かい、フレンチクォーターの入り組んだ路地裏へ入っていった。ヨーロッパを思わせる錬鉄製のバルコニー、バー、ホテル。ジャズを聴かせる安酒場では傭兵たちが仕事にありつこうと待っている。一行はランパートを横切ってベイズン・ストリートに入り、テンダーロインという売春宿の入り口にたどり着いた。以前は、評判のよくない宿がニューオーリンズじゅうに散らばっていた。それが一〇年ほど前に、改革者であるアルフレッド・ストーリーの後押しを受けて、この手の宿は定められた区域に移転させられていた。かつては立派な邸宅のあった界隈が、なんとも落ちぶれたものだ。この区域は一・六キロ四方の範囲——ベイズン・ストリートからカスタムハウス、カスタムハウス・ストリートからロバートソン、ロバートソン・ストリートからセントルイス、そしてセントルイス・ストリートからまたベイズンに戻る——にあって、アメリカで最も悪名高い、売春宿の密集する歓楽街になっていた。当の改革者は激怒したが、この区域はストーリービルという名で知られるようになった。いちばん立派な宿はベランダのある邸宅で、客間には豪華なソファが置かれ、ピアノが演奏されている。こういう宿があるのはベイズン・ストリートの表通りだ。通りの奥に入るほど、いかがわしい雰囲気が露わになってきて、部屋の窓から若い女が手招きをする。地区の端まで来ると、入り口やら、敷居のところでも女たちが歌ったり踊ったりしていた。毎年、宿の地図と売春婦たちの評判を載せた青い冊子を発行する会社があって、立ち居振る舞いから、性格、スタミナにいたるまで、多岐にわたる項目ごとに評価がなされた。

クリスマス、モロニー、ボニージャの三人組は、きのうまで五日続けて同じ宿に繰り出した。この界隈で最も豪壮な建物で、ベイズン・ストリートにある。マダム・メイ・エバンズが経営するヴィクトリア朝の邸宅だ。連邦捜査官たちは、通りの向こう側まで尾行してきて、街灯の光の輪に身を寄せた。最初の晩、捜査官たちは明け方までそこにいて、傭兵たちが川の近くに借りた部屋に戻るのを見届けた。だが、ここ数日は音楽がやみ、邸内が暗くなると司令部に戻って報告書を書くようになっていた。アメリカ合衆国国務省に送られる報告書だ。ノックス国務長官は、ザムライがホンジュラスでよからぬことをしでかすにちがいないと考えていた。

リー・クリスマスは表のドアをノックすると、マダム・メイの屋敷のなかに姿を消した。どこからともなく、にわか仕立てのジャズバンドの音楽が聞こえてくる。浮浪児たちがガラクタで楽器をこしらえて、小遣い稼ぎに演奏しているのだ。屋敷に入ると、男たちは配置に着いた。ボニージャは二階へ上り、暗い部屋に腰かけて窓の外を眺める。捜査官から決して目を離さない。クリスマスとモロニーは客間の肘かけ椅子に深々と腰を下ろし、タキシードを着た男がピアノを演奏するそばで、若い女たちを相手に酒を飲む。

ふたりは傭兵の英雄譚を披露した。一〇〇人の男とともにニューオーリンズを発ってキューバに上陸した、ナルシソ・ロペス。こいつは、ハバナまであと一歩というところで捕らえられ、公共の広場で絞首刑にされた。四八人の精鋭部隊「不死隊《イモータル》」とともにニカラグアを掌握した、ウィリアム・ウォーカー。こいつは、のちにホンジュラスのトルヒージョで行く手を阻まれ、ハチの巣にされた。こういう話が終わるたびに、クリスマスがグラスを掲げてこう言う。「これぞ、男のなかの男ってもんだ」

捜査官は午前三時に引きあげた。どの捜査官も「いかがわしい歓楽街で酔っぱらいがどんちゃん騒ぎをしているだけだ」と上司に報告した。

捜査官たちが立ち去るのを見ると、ボニージャは急いで階下に降り、警察が行ってしまったと、ふたりの相棒に伝えた。

クリスマスは窓の外に目をやると、荒っぽいカウボーイのように「行くぜ」と言った。

裏道には車が待っていた。車に乗り込みながら、クリスマスがボニージャに言う。「なあ、親友《コンパドーレ》、売春宿《ウォアハウス》から大統領官邸《ホワイトハウス》に行くなんて話、生まれて初めてだぜ！」

車はカナル・ストリートを西へ向かった。墓地を過ぎ、沼地を通り抜ける。このあたりは、フランス人がコンパスと鎖を持って乗り込んでくる前からずっと沼地だったところだ。町の外は道の状態が悪く、わだちやでこぼこがあって、幹線道というより先住民の抜け道に近い。この辺の田舎は幽霊が出そうだ。モクレンの大木があり、釣り餌を売る店がある。高床住居の支柱には水が打ち寄せる。車はバイユー・セントジョンに沿って走り、入り江や支流、緑の半島を通り過ぎた。ゆっくりと流れる沼のようなバイユー特有の匂い――ザリガニ、潮気を帯びた湿地、蔓草《つる》――に呑み込まれそうだ。車は旧スペイン砦の近くで止まった。バイユーがポントチャトレイン湖に流れ込む地点だ。見れば、船が待っている。全長一二・六メートルのヨットだ。三人の男はヨットに乗り込み、身を屈めてキャビンへ降りていった。数分後にはロープが引き上げられ、ヨットは瞬く間に湖を渡りはじめた。

バイユーは、常にニューオーリンズへの裏口だった。海水と淡水がぶつかり、点在する小島は上げ潮になると消えてしまう。密売人の天国だ。地図を取り出せば、この日の朝、リー・クリスマスとその相棒の取ったルートをたどることができる。まず、ポントチャトレイン湖の真ん中にある船の水道、ミドル・グラウンドへ向かい、そこから町の沿岸に沿って、湾を出入りしながら進む。船長は海軍や沿岸警備隊がいないかと警戒している。湿地帯とボーン湖をつなぐリゴレッツを過ぎると、ミシシッピー海峡への入り口だ。グラシー島、キャット島、ベイセントルイスを過ぎ、日が暮れてからパスクリスチャンを通過した。一九一〇年一二月二四日、男たちを乗せたヨットはシップ島に錨を下ろした。遠方にはミシシッピー州ガルフポートにある教会の塔がいくつか見える。

「で、次は何だ?」。モロニーがたずねた。

「エル・アミーゴを待つ」。クリスマスが答える。

この呼び名は、ザムライが出した条件のひとつだ。この作戦にかかわっていることは伏せておきたい。そう考えて、もしも、名前を呼ぶ必要に迫られた場合は、エル・アミーゴと呼ぶことになっていた。

水平線から小船が姿を現した。いとも軽やかに海峡を横切り、水しぶきを上げながらヨットに近づいてくる。男が手を差し出し、クリスマスを船に引っ張り上げた。モロニーとボニージャもこれに続く。引っ張り上げたのは、ザムライだ。丈の長い、黒い外套に身を包んでいる。

ザムライは、先頭に立って武器の詰まったキャビンに降りていった。手榴弾、小銃、機関銃、戦争ができるだけの弾薬が揃っている。ザムライは厨房に立って、朝食をつくった。ステーキと卵にウィスキーが一本。風邪よけのため、ザムライも一杯飲むと、操舵室へ入っていった。エンジンがかかり、小船はベイセントルイスにある漁村、パスクリスチャンに向けて滑り出した。

ザムライは歩いて町へ行き、残された三人は、ひっくり返した小銃の箱の上でポーカーを始めた。

ボニージャが強い役で勝った。「ときにはなあ、諸君、勝ちそうな役で負けておくもんだ。そうすれば、あとで負けそうな役で勝てるからな」。ボニージャがあとのふたりに言い聞かせる。

「つべこべ言ってないで、さっさと始めろ」と、クリスマスがさえぎった。

ザムライが追加の武器を持って戻ってきた。武器を全部積み終えると、ザムライは船長に合図した。船長が錨を上げ、モーターボートで海峡を渡ると、そこには別の船が待っていた。米西戦争で活躍した、威容を誇る装甲艦、ホーネット号だ。ザムライが傭兵たちのために第三者を通じてひそかに購入したものだ。

男たちは一時間ほどかけて武器を戦艦に積み込んだ。全部積み終わると、ザムライはボニージャが震えているのに気がついた。

「なんてこった、マニュエル。いったいどうしたっていうんだ?」

「なーに、ちょっと、寒いだけさ。アミーゴ」

ザムライが外套を脱いで、ボニージャの幅の狭い肩にかけてやる。「何もかもあんたに賭けちまったからな。外套もかけるとするか」

ザムライは男たちに別れを告げると、小船のデッキに立って、ホーネット号を見送った。船はバリアー島を過ぎ、さっそうと外海へ出ていった。

緑

Green

第1章　セルマ

Selma

サム・ザムライが初めてバナナを見たのは一八九三年のことだ。聞くところによると、まさにこの瞬間、ザムライは来たるべき未来を悟ったらしい。このバナナがザムライの理想とするバナナの雛形になったとする説もある。このときザムライの見たバナナは、斑点のひとつひとつまで、微に入り細をうがって描写されている。なにしろバナナ王が生まれて初めて見たバナナだったので、ここまで神聖視されるようになったのだろう。アダムの肋骨からイブが創られたとする「創世記」や、ブルース草創期の名ギタリスト、ロバート・ジョンソンが、魂と引き換えに悪魔からテクニックを授かったとされる「クロスロード伝説」もこれと似ているかもしれない。何事も始まりには伝説がつきものなのだ。ザムライとバナナの伝説にはさまざまな異説がある。それは、専門家がそれぞれの歴史を綴ったからであり、この話がもはや記録の域を超え神話になったことを示している。西部開拓時代の民話に、ポール・バニヤンという巨人の木こりと、その相棒のベーブという青い牡牛が登場する物語があるが、ザムライとバナナの出会いもポールとベーブのように後世まで語り継がれる物語になったのだろう。一説によると、ザムライはアラバマ州セルマの貧民街で、手押し車から落ちたバナナとめぐりあったらしい。青果店の店先で見て惚れ込んだという説もある。ザムライはすぐさま店に飛び込み、店主の胸倉をグイとつかむと、知っていることを洗いざらい話せと詰め寄ったそうだ。気だるい夏の午後、アラバマ川を行き来する船のデッキに山積みになった、バナナのなかの一本だったという説もある。

いちばん信憑性の高いのは、セルマにある叔父の店の裏通りにいた行商人の売り物のなかにあったという説だろう。始まってから二〇年たつとはいえ、アメリカのバナナ貿易は当時芽吹いて間もない頃だ。バナナを見たことのある人はほとんどいなかった。バナナが話題になるとすれば、奇妙な代物だということぐらいだ。今でいうキワノ（ツノニガウリ）のようなものだろうか。この説では、ザムライは行商人に次々と質問を浴びせかけたことになっている。こりゃ何だ？　どこで手に入れたんだ？　値段は？　売れ行きは？　皮はどうするんだ？　どれぐらい稼げる？……。それにしても、こうした話のどれひとつ、決定的な一点には触れていない。それは、ザムライが初めて見たこのバナナを実際に食べてみたかという問題だ。わたしなら、こんなザムライを思い浮かべる。バナナの皮をむき、ほんの三口でたいらげると、当時だれもがしていたようにポイと皮を通りに放り投げる。そして、こうつぶやくのだ。「こりゃ、うまい！」。後年、バナナについて語るとき、ザムライはいつもうっとりした口調になった。この世のものとは思えないし、必需品じゃないってところがまたいいんだ、という調子だ。バナナの栄養価についてたずねられたときも、最後に一言「もちろん、味も抜群」と必ずつけ加えている。こんなふうに伝説となったザムライの存在がさらに遠く感じられるのは、あのときのバナナにもはや手が届かないせいもあるだろう。ザムライが一八九三年にセルマで出会い、財を成すきっかけになったバナナ、ビッグ・マイクと呼ばれる品種は、一九六〇年代に途絶え、今は存在しない。

サム・ザムライは、一八七七年、当時ベッサラビアと呼ばれていたロシア西部の地で生まれた。現在のモルダビアだ。丘陵に囲まれた盆地にある小麦農場でザムライは育った。父親が早逝し、悲嘆に暮れる一家には何のあてもなかった。一八九二年にザムライは叔母とともにアメリカに渡る。ひとり立ちして、残してきた母や弟妹たちに仕送りをしようというのだ。ニューヨークで船を降りたあと、ザムライは叔父が店を構えるアラバマ州のセルマへ向かった。

まだ一五歳にもなっていなかったが、このときのザムライはずっと大人びて見えたにちがいない。当時の移民には子供でいる余裕などなかった。片時も休まず悪戦苦闘を続ける毎日。一六歳になる頃には、ザムライの面の皮はすっかり厚くなっていた。その容貌は、ウォーカー・エヴァンズのドキュメント写真に登場する男たちを思わせる。手強いやり手。どん底暮らしの少年。「何やってるんだ?」、「儲かりそうか?」という調子で、常に物事を冷静に見極め、抜け目なく損得を勘定した。ザムライの発するユーモアには毒があり、何があろうと申し開きなどまずしない。ザムライを突き動かしていたのは、荒削りのエネルギーだった。いつの時代も人一倍野心に満ちた連中をアメリカに手繰り寄せ、群衆の支配者へと押し上げていったあのエネルギーだ。この少年をあざといとか、あさましいとか言うのは、酷というものだろう。ただ当たり前のものを手に入れようとしていただけなのだから。アメリカに着いてからの数カ月、ザムライは策を練り、世に出る手立てを探りつづけた。ロックフェラーでなくとも夢の叶え方ぐらいわかる。どん底から這い上がり、自らの手で頂点へいたる道を勝ち取ればいいのだ。

時がたつにつれ、ザムライの内部に信念が育ってゆくことになる。ザムライの残したいくつかの名文句には、それがよく表れている。「あんたらはオフィスにいて、おれらは現場にいる。自分の目で見てみろ。報告書を鵜呑みにするな」

ザムライは途方もなく複雑な人物に見えるが、その奥底には単純で泥臭いところがある。現場に寄り添うことの意味を心の底から信じていたのだ。農園にあっては農夫のなかに、酒場にあってはバナナ・カウボーイのなかに、ザムライの姿はあった。だれかと飲めば、相手が何を知っているかがわかる（「自分のやっている仕事を一から十まで理解すれば、解決できない問題はない」とザムライはのちに語っている）。仇敵がザムライの訛りに難癖をつけてきたときのやりとりは有名だが、このとき何を言っているかわからないと言い張る相手に対して、ザムライはこう言い返している。

「おまえはクビだと言ったんだ。わかったか？」

アラバマ州セルマは、ザムライのような少年にとってまたとない居場所だった。最初の一歩を踏み出そうとする者をはぐくむ揺りかごのような町だ。美しいのにくすんだところがあって、大きいけれど道に迷うほどではない。南北戦争時代、この町が南部連合の一部だった頃には製造業の中心として栄えたが、その後は荒廃が進む一方だった。目抜き通りにはさまざまな建物が並ぶ。果物市場、精肉店、菓子店、しゃれた椅子のある劇場、役場、教会。窓辺でカーテンが揺れ、庭にブランコのあるレンガづくりの家が並ぶのは、白人の居住区。雑草の生えた前庭の奥に、赤、青、黄色と、色鮮やかな掘っ立て小屋が並ぶのは、黒人の居住区。飲み屋や礼拝所では、キリストの祈りにブードゥーのまじないが入り混じる。銀行もいくつかあって、職人たちの協同組合もある。商業地区にある店は、どこもやたらと気楽に構えた商人たちであふれかえっていた。

ザムライの叔父の生涯についてはよくわからないが、この叔父は、あの哀れな祖父の世代を代表していると言っていいだろう。アメリカに渡ってきた最初の世代。だれもが馬車馬のように働いたあげく、手にしたのは家族写真の真ん中にうやうやしく収まることぐらいだ。叔父が営んでいたのは、青果店とか雑貨店とか呼ばれる店だった。それは、ちょうどユダヤ移民が五〇年かけて南部に築き上げてきたたぐいの店だ。こういう商売をしているのは、たいてい、子だくさんの家の末っ子で、財産もあてもなくアメリカに渡ってきた連中だ。彼らが南部を目指したのは、独立戦争が終わって間もない頃のアメリカ共和国にはユダヤ人を敵視するところがなかったからだ。多くは行商人から出発した。売り物を背中に結わえつけて国じゅうを渡り歩く。彼らの姿は、色褪せたモノクロの銀板写真で見ることができる。雨風にさらされた男たちが、世界の半分を肩に担ぎ、もう半分を手押し車に載せて押してゆく。穀物の詰まった袋、食器、金物、ランプ、衣類、テント用の生地、チョコレート。孤独に暮らす農夫のほしがりそうなもので、僻地にないものは何でも運んだ。

ある程度金が貯まると、男たちの多くは店を開いた。行商で行き来した道沿いの町で、売り物をそっくり屋内に持ち込んだというわけだ。今でも、南部を車で走ると、土塊にまみれて化石みたいになった店の跡に出くわすことがある。ベランダは朽ち、長年の雨ですっかり色褪せた看板があって、「ラザラス&サンズ　二ペンスベルトの本家」などと書いてある。彼らが店を開くときには、ひとつの町には店ひとつになるよう心がけた。競争を避けたかったのもあるし、へたなことをして目立ちたくないというのもあっただろう。店には何でも揃っていて、なければ注文すればよかった。最も成功した店のなかには、巨大デパートへと成長を遂げたものもある。ロシア生まれのソロモン・ショア（人気歌手ダイナ・ショアの父親）がアラバマ州ウィンチェスターに創業したＳ・Ａ・ショア、ポーランド生まれのエドワード・ルイスがノースカロライナ州ヘンダーソンビルに創業したＥ・ルイス＆サン・ドライグッズ、ロシアのスタイン兄弟がノースカロライナ州ファイエットビルに創業したキャピトル・デパートメント・ストアなどがその例だ。金貸しから出発して、アメリカ初の投資銀行に成長したものもある。リーマン・ブラザーズは、バイエルンから来たユダヤ移民ヘンリー・リーマンが一八四四年にアラバマ州モントゴメリーで創業した日用雑貨店から始まった。ラザード・フレールは、フランスから来たユダヤ人の三兄弟が一八四八年にニューオーリンズで創業した小売問屋から始まっている。ザムライの叔父が営んでいたのも、おそらくこの手の店だろう。売り物を担いで運ぶことから始めた若者が、やがてブロード・ストリートに小ぎれいな店を構えるまでになったのだ。

セルマの店が閉まるのは早い。午後一〇時には市の立つ広場の喧騒に、湿地の匂いやセミの声が取って代わる。とはいえ、知っていればどこか行き場はあるものだ。商人たちがファロやポーカーをして楽しむ内輪の集会に行く手もあるし、道路沿いの酒場はよほどのことがないかぎりいつでも開いている。ザムライを知る人の話によると、ザムライは人混みやパーティを好まなかったそうだ。常に頭を働かせているザムライには、絶えず外の空気を吸う必要があったのだろう。この時代のセルマにいたら、街灯の下をぶらつくザムライを見かけたかもしれない。引き締まった体の屈強な若者が、外套のポケットに深く手を突っ込んでいる姿を。

ザムライは、叔父の店で品物を陳列したり、在庫を確認したりした。サンプルを手にして訪ねてくるセールスマンの対応をすることもあった。ゴミ箱や野良猫に囲まれ、路地に突っ立って仕入れやコストの話を聞く。金は稼がねばならないが、ここでは無理だ。ザムライは店に来る客に根掘り葉掘りたずねてみる。他の仕事を探してるんだ、何でもやるよ、見習いでいいから使ってくれ、と。ザムライの少年時代は冒険の連続で、風変わりな仕事を転々としている。のちに雑誌記者を楽しませることになる色鮮やかな経験——ザムライの生涯にはおとぎ話のような側面がある——は、このセルマで暮らした数年間の出来事だ。

ザムライは金物商として働いた。……と、まあ、これは表向きの言い方だろう。実のところ、「若きサム・Z、金物を家畜（ニワトリやブタ）と交換」というのが現実だ。新聞や雑誌の説明によるとザムライを雇ったのはどん底暮らしの老人で、金物商というより行商人だったらしい。こんな行商人はもういない。ボロボロの外套を着て田舎で安物を売る老人がザムライ少年にチョコレートを分けてやる。ときには知恵を授けてくれることもあったかもしれない。銀行は潰れる、女は逃げる、だが、土地は永遠だ、と。老人はセルマのはずれでゴミの山をあさって、廃棄された板金を捜し出す。産業化の時代に捨てられたガラクタだ。板金を見つけると手押し車に積み上げ、農場をめぐって交換相手を探す。鶏小屋の金網を囲いのなかにいる野ブタの一匹と交換するのだ。取引が成立すると、あのブタをつかまえて縛りあげろ、とザムライに言い渡す。これがザムライが初めてやった本物の仕事だった。縄を手にしてぬかるみのなかを走りまわる。「あの頃は、南部にいるどんなブタより足が速かった」と、ザムライはグラフ雑誌『ライフ』の記者に語っている。週に一ドルもらってこの仕事を続けるうちに、ザムライは考えるようになってゆく。ガラクタをあさる人間よりもブタを飼う人間になりたい。ブタを飼う人間よりも板金を廃棄する人間になりたい、と。

ザムライはその後も仕事を転々とし、古着屋でスーツを試着するように、次々と試しては放り出した。掃除夫もやったし、配達員もやった。大工の手伝いをしたこともある。一八歳になる頃には、弟妹たちに仕送りができるぐらいの金が貯まり、一九世紀も終わろうとする頃になって、青白い顔の幼いユダヤ人が六人、アラバマにやってきた。

だがザムライの本当の人生が始まったのは、他でもない、あの初めてバナナを見たときだ。バナナを見たザムライはすぐさま策を練った。モービルに行こう。あそこには中央アメリカから果物を載せた船が入港する。モービルでバナナを仕入れてセルマに持って帰ろう。そして、自分の商売を始めるのだ。

第2章　完熟バナナ

Ripes

金を手にしたザムライは南へ向かっていた。線路沿いにフジの花が咲き乱れている。列車は次々と町を通り過ぎてゆく。海はまだ見えないけれど、潮の香りがしてきた。ザムライは、まるで西部開拓時代の辺境で暮らす少年のようだった。収穫の終わった翌日、稼いだ金を握って町へ運試しに行こうとしているのだ。

モービルは盛りを過ぎた商業港で、どこかで見たことのあるような連中がたむろしていた。詐欺師に投資家、ならず者も、愚か者も正義漢もいる。ザムライはこういう要素をどれも少しずつ持ち合わせていて、抜け目がないかと思えば、やたらと世間知らずのところもあった。何より情報がほしかったザムライは、港に近い船乗りたちが泊まる宿に部屋をとった。水際では線路が交差し、数十の路線がこの港町に乗り入れている。石炭や果物、綿花やサトウキビが詰め込まれた貨車が側線に止まっていた。ここでは鉄道案内人が貴族気取りだ。すました顔で格子柄の帽子をかぶり、駅舎でコーヒーを飲んでいる。波止場にあふれかえる沖仲士は、その大半がシチリア島からやってきた移民たちだ。駅でプラットホームの屋根の下にたむろする行商人のほとんどは、ポーランドやロシアから来たユダヤ移民。この連中が船から下ろされた商品を買い、手押し車に載せてモービルの通りで売りさばく。

ある晩、ザムライは埠頭に立って、ボストン・フルーツのバナナ船が入港してくるのを眺めていた。ボストン・フルーツ・カンパニー（のちのユナイテッド・フルーツ・カンパニー）は、バナナ貿易を支配し、艦隊を駆使してジャマイカからボストンやチャールストン、ニューオーリンズ、モービルへとバナナを運んでいた。ザムライの見たのは、おそらくメキシコ湾を渡ってきた小型船のひとつだろう。帆とエンジンのついたカッター船だ。煙突が黒い煙を上げる。荷下ろし人たちの重みで桟橋が傾いでいる。船が着くといつも、この荷役たちがどこからともなく湧き出してくる。錨が下ろされるとすぐに、荷役たちは甲板に詰めかけ、砂糖に群がるアリの群れのように一丸となって働きはじめた。

南部では、積み下ろしの装置ができるまで、バナナの荷下ろしは手作業で行われていた。積み荷を氷積めにして保管してある船倉から、荷役がひとつずつ茎を取り出して甲板まで運ぶ。バナナの茎は、それ自体がまるごと一本の木の果実になっていて、重さは四五キロ以上ある。ひとつの茎には一〇〇本ぐらい実がなる。ひとつの茎に九つぐらいの手があり、ひとつの手には一五本ぐらいの指がある。この指が一本のバナナだ。バナナの茎を運ぶのは重労働で、肩や腕だけでなく、中枢神経システムにも危険が及ぶ可能性がある。というのは、バナナ・カウボーイならだれでも教えてくれるとおり、バナナの木がサソリの巣作りに絶好の環境を備えているからだ。バナナの茎が収穫されると、サソリはバナナに乗って旅に出る。バナナを栽培する大規模農園《プランテーション》からジャングルを抜ける鉄道で埠頭へと向かう。埠頭を出るとメキシコ湾を渡って、モービルやニューオーリンズやボストンにたどり着く。そこでバナナから跳び出して、たまたま最初に出くわした荷下ろし人が刺されてしまう、というわけだ。

バナナを下ろす波止場で働くのは、たいてい、バナナと同じ船で南部の港に到着した西インド諸島の住人たちだ。二〇世紀初頭、南国情緒を出そうとする新聞記者たちは、こぞってこの雇われ人のことを記事にした。あまり上品とはいえない挿絵も載せている。記者たちが書いたのは、黒い肌、分厚い唇、にやけた顔、大きなお尻。シャツと目の際立つ白さ。黒人たちが積み荷を持ち上げては引きずっていく様子。挿絵には、日の光の下で描かれたものもあれば、ガス灯の下で描かれたものもある。波止場に沿って影のように動き、素直に指示に従う黒人たちの様子。ふいに、賛美歌や耳慣れぬ民謡を口ずさんで、監督役の白人をギョッとさせているところもある。「荷下ろし人は、たいていジャマイカから来た黒人だった」と、『コンケスト・オブ・ザ・トロピクス（Conquest of the Tropics）』でフレデリック・アファム・アダムズは書いている。「スペードのエースみたいに真っ黒で、近所の公園でさえずる鳥のように自由奔放。でっぷりしたニグロの『お手伝い《マミー》さん』が、食べ物やら黒人好みの甘肉やらを、手押し車に載せてよたよたと運んでゆく……波止場を守る巨大な小屋から、閃く電灯が力強く光を放ち、船から漏れる無数の灯りが明るさを添えている」

作業員たちが蛇のように列をなして傾斜路を下りてくるのを、ザムライは間近で眺めたはずだ。栈橋を横切り停車している貨車のほうへ向かう列を見送る（バナナ貿易のことをひとつ残らず知りたい、と思いながら）。バナナの茎は一本ずつ、次から次へと手渡され、ドアを開けて待っている列車まで運ばれる。そこには果物会社の代理人がいて、バナナの痣《あざ》や斑点、色の具合を見極める。検査に合格すると、空気で冷やして藁《わら》を詰め込んだ貨車に茎が積み込まれる。貨車がいっぱいになると蓋をして鍵をかける。すると、また空の貨車が入ってくる。この作業が何時間も続き、交代勤務は午後三時から真夜中に及ぶこともあった。列車が満杯になると、路線の切替をする転撤手が合図して、積み荷は南部一帯に運ばれてゆく。

検査を通らなかったバナナは、操車場の脇に下ろされ、そこでさらに仕分けされる。なかには「熟しかけ」に指定されるものもあって、これはまもなく商品価値がなくなるという意味だ。こういうバナナは、その日の終わりに店主や行商人に安く売り払われる。行商人たちはバナナを山のように積み上げ、ゴロゴロと手押し車を押しながら、通りで売りさばくのだ。「バナナ、バナナだよ！ひと房たったの五セント！　安くて、おいしいバナナはいらんかね？」と呼びかけながら。

緑にも熟しかけにも入らなかったバナナは「完熟」に指定され、悲しげに積み上げられる。完熟バナナとは、日が当たったせいで、斑点だらけになってしまったものをいう。この完熟バナナは十分に食べられるし、おいしいと言ってもいいぐらいなのだが、市場まで運んだのでは決して間に合わない。一週間もしないうちに、柔らかくなって匂うようになる。商人たちに言わせればゴミ同然だ。「完熟」を定義するのに、ボストン・フルーツは次のような基準を採用している。「斑点ひとつは熟しかけ、斑点ふたつは完熟」

ザムライの目はあらゆることに注がれた。バナナを扱うとき注意する点。バナナを貨車に積み込むやり方。貨車を側線に移動させる方法。バナナ会社の大卒の社員たちが、大声で注文をがなり立てる人混みを縫って歩く様子。けれど、何よりも注目したのは、しだいに積み上がってゆく完熟バナナの山だった。バナナが早く熟してしまう理由はいろいろある。緑のバナナを強く握りしめると、ふつう数週間かかるところが数日で黄色くなる。傷みや窪みがあったり、何かにぶつかったりしたときも同様だ。熟したバナナが一本あると、そのまわりのバナナも熟しはじめ、さらにそのバナナが影響を与えて、貨車一台分のバナナがすべて熟してしまう。冷蔵技術が完璧になるまでは、通常、積み荷の一五パーセント近くが完熟バナナの山になった。

ザムライは完熟に目をつけ、だれもがゴミだと思うもののなかに商品を見いだした。これは、移民の世界観だ。いわゆるクズが、別の名前で呼べば価値を持つかもしれないと考え、だれもが生ゴミとしか思わないもののなかに滋養を見て取る感覚。ザムライはロシア農夫の息子だった。かつて食べるもののない状況で育った者にとっては、斑点のついたバナナも貴重品だった。

船の積み荷が下ろされ、列車が緑のバナナを運び去り、商人や行商人たちが熟しかけのバナナを買っていったあとで、ザムライはバナナ会社の代理人と話すため桟橋のほうへ歩いていった。夕陽が沈むのを見ながら、ふたりは話した。アイビー・リーグ口調の男とロシア訛りの少年。少年はRを巻き舌にして、吐き出すように母音を発した。ザムライにあるのは一五〇ドル。これが賭け金だ。ザムライはこの金を完熟バナナに使ったあとのことを考えていた。ザムライはバカではない。この賭けが何を意味するかはわかっていた。すばやく動かねばならない、時間との闘いになる。三日か、せいぜい五日。それを過ぎれば、バナナはドロドロになってしまう。だが、ザムライはやれると思った。ザムライに言わせれば、完熟バナナがゴミになってしまうのは、ボストン・フルーツのような会社の設定する輸送スピードが遅すぎるからだ。あの設定は傲慢さ以外の何物でもない。あいつらはのんびりやってるが、おれは急いでやってやる。あいつらは適当にやってのうのうとしているが、おれはとことんやってやる。ザムライはそう感じていた。

ザムライが初めて手を出した積み荷には、数千本のバナナが入っていた。有り金全部は使わず少しとっておく。イリノイ・セントラル鉄道の貨車の一部を借りるためだ。セルマまでは三日かかる。三日あれば、太陽光にあたってバナナが台なしになる前になんとか市場にたどり着けるだろう。

果物を運ぶ者は、たいてい数ドル余分に払って車掌車に乗せてもらう。だが、ザムライは運賃を払うと一銭も残らなかったため、バナナと一緒に貨車に乗って旅をした。開けっぱなしたドアの外を、景色が流れてゆく。初めて運ぶバナナのかたわらで、生まれたての赤ん坊を見守るようにしてザムライが眠る……たしかに、ぴったりの光景かもしれない。

列車は火曜の朝に出発した。明け方の燻《くすぶ》るような貨物置き場に、強烈な日の光が差し込む。転轍を踏む車輪がガタゴトと音を立てる。海を通りすぎる。景色が色を変える。朝は青、真昼は緑、夕方は赤。ザムライは貨車の入り口に腰かけていた。列車は歯がゆいほどゆっくりとしか進まない。田舎ではラバの早足ぐらいのスピードになり、町に入れば人が歩くのと変わらなくなる。大きな町に入ると、完全に停止してしまう。ときには何時間も、積み荷と乗務員が来るのを待たねばならない。ザムライは、腰に手を当て、ぶつぶつ言いながら線路の上を行ったり来たりした。

赤信号。一時停車。三日のはずが五日になり、さらに六日になろうとしている。刻一刻とバナナの放つ匂いが強くなる。ザムライが事情を話すと、車掌が気の毒そうに言った。「なんてこった」

ミシシッピーの操車場では、赤レンガの建物や飼料を売る店、ブリキ職人の店が線路のすぐ近くに立ち並んでいる。この操車場でザムライの話を聞いた制動手が言った。「そりゃ、いい売り物だ。前もって路線沿いの町に連絡できたらなあ。そうすりゃ、間違いなく、青果店の連中がホームまでやってきて、貨車からじかにバナナを買ってくだろうよ」

また列車に遅れが出ると、ザムライは電信会社のオフィスに行って電報交換手と話をした。無一文だったザムライは取引を持ちかけた。この先の交換手に無線で連絡して、青果店や行商人のための格安バナナが到着する、と町の商人に伝えるよう言ってくれないか。やってくれれば、売上から分け前を払うから、と。かくして、列車が次の駅に到着すると、客が詰めかけていた。一〇本で八セント。一三本で一〇セント。ザムライはバナナをもぎ取り、受け取った金をポケットに詰め込んだ。汽笛が鳴り、列車が動き出す。セルマで最後の一本を売り切って家路につく頃には、どっぷりと日が暮れていた。稼いだ金を勘定すると、一九〇ドルになった。ザムライが初めて手にする本物の成功だった。経費を差し引くと、稼いだのは六日間で四〇ドルだった。

ザムライは、思いがけず隙間市場《ニッチ》に出くわした。バナナ取引の底辺で見落とされていた完熟バナナという商品だ。問題は輸送手段だった。商品がダメになる前に売りさばくことができるだろうか？　この仕事はストレス以外の何物でもない。おまけに、実入りはバカみたいに少ない（まるで偽札づくりだ）。だが、これは足がかりになる。大手の果物会社がバナナ取引の上澄みを独占するなかで——緑のバナナを扱うには資本も鉄道も船もいる——完熟バナナの世界は大きく開かれている。セルマに戻って数週間しないうちに、ザムライはまた出かけた。何度も何度も出かけた。サム・ザムライが初めてバナナマン・サムとして知られるようになったのは、この数カ月のあいだ、列車のプラットホームや小さな町でのことだ。

のちの歴史家はザムライを「果物行商人」と呼んでいる。マンハッタンのロウアー・イーストサイドで手押し車を押して歩いた、貧しいユダヤ人たちと同じような扱いだ。違うのは、台車ではなく貨車で仕事をしたことぐらいのように見える（ライフ誌はザムライを『手押し車のかわりに鉄道を使った、バナナマン・サム』と評している）。たしかにそのとおりだ。だが、これはザムライのほんの一面にすぎない。本当のサム・ザムライは、他に例のない、もっと興味深い存在だ。傷みやすい商品を扱うセールスマンとしてのザムライは、富裕と忘却、健常と腐敗の境界線上をゆく、一種の実存主義者といえるかもしれない。鉄道を乗りこなし、時間と闘い、悪臭を放つバナナを貨車に詰め込んで国を駆け抜ける。それが人生だ。今このバナナを運ばなければ、自分は永久に損なわれる。ザムライは必要に迫られて勝負師になった――リスクを冒し、売りさばき、暴れまわる者に。ボストン・フルーツの大物たちは、ザムライを「小僧」と呼んだが、この小僧こそが完熟バナナから王国を築くことになる。

第3章　果物師

The Fruit Jobber

一九世紀末までに、「バナナマン」の世界――船会社、倉庫、プランテーション、熟成室、積み替え施設、埠頭――にはピラミッドが形成されていた。一歩離れて見ると、このピラミッドは、博物館の展示のようにいくつかのセクションにまたがるのがわかる。まず、頂点には果物会社のオーナーがいる。役員室で株式の取引をする者たち。最大手の会社はボストン・フルーツ・カンパニーで、ニューイングランドの由緒ある一族が牛耳っていた。しかし、他にも中小の輸入業者が五〇近くあって、トロピカル・トレーディング&トランスポート・カンパニー、コロンビア・カンパニー、スナイダー・バナナなどがこれにあたる。こういう会社のオーナーの次に来るのが、積み荷のスペースを貸す船長たち。波止場の飲み屋に肖像画がかかっているような船乗りだ。濃紺の外套を着込んだ髭面の船乗りが、荒れ狂う波にもまれる船を背にして描かれている。こういう男たちこそ、バナナ貿易の要といえる。バナナ貿易はスピードが命だ。急ぐためなら何事もいとわなかった無慈悲な船乗りの逸話には事欠かない。ガスという船長は、検疫で何日も無駄にするのが嫌さに、高熱で苦しむ乗客を海に放り込んだという話だ。船長の次に来るのが役人たち。波止場の役人、買い付け人、検査係、埠頭で働く者の監督役。ホテルや飲み屋はこういう連中でいっぱいで、話題になるのはバナナのことばかりだった。その次が、沖仲士、荷揚げや荷下ろしをする荷役たち。たいていアフリカ系アメリカ人やシチリア人で、荷作り用のフックを片手にどこへでも行く。常に現場にいながら姿を見せない裏方だ。

最後に、バナナ取引の底辺、地下室よりさらに下のワイン貯蔵庫に位置するのが、バナナの行商人たち。侮蔑を込めて「果物師《フルーツ・ジョバー》」と呼ばれる（のちにザムライがどこまで上り詰めようと、ユナイテッド・フルーツの重役たちはザムライを果物師と呼んだ）。果物師は、たいてい外国生まれだ。ロシア生まれのユダヤ人、アナトリア生まれのギリシャ人、シチリア生まれのイタリア人。彼らが簡単に就ける仕事はこれぐらいなのだ。バナナはとりわけ評判が悪い。コレラの心配があったし、波止場の悪臭が染みついているからだ。果物師は小柄で、すばしこくて激しやすく、口達者で怒りっぽい。ケンカが始まると、いろんな音の混じった交響曲みたいに聞こえる。船が入ってくると、この集団が場所の取り合いをする。大きな体でたくましく、鷹揚として慌てることのないザムライは、最初から存在が際立っていた。何があろうとザムライが急ぐことはない。ザムライは生まれながらの穏やかさを備えていた。何年ものちに、連邦最高裁判所判事のフェリックス・フランクファーターがフランクリン・ルーズベルトに宛てた手紙のなかで、ザムライのことをこう述べている。

「わたしの会ったことのあるビジネスマンのなかで、数少ない優れた指導者のひとりです。彼は、通常大人物のなかに見いだされる性質を備えています。すなわち、単純さと大きさです」

ザムライはセルマに到着した頃より体重も増え、大人の男になっていた。身長は一八〇センチを超え、ブーツを履けば一八五センチはある。広い肩幅にがっしりした腕。この巨像のような男を「小僧」呼ばわりするのは滑稽というものだ。会議では、猫背の移民を期待していた商売敵がサムの大きさにショックを受けている。これで、試合が始まる前に一〇点入ったようなものだった。

完熟バナナの取引を始めてまもなく、ザムライはモービルに引っ越した。商売のためには、波止場の近くに住んだほうがいいに決まっている。バナナ取引が下火になると、別の仕事をすることもあった。船の掃除夫になって甲板をゴシゴシ磨いたこともあるし、倉庫の警備員をしたこともある。ザムライがどこに住んでいたのかは定かではない。たぶん、旧市街にある安い借家だろう。ひょっとしたら、港の近くにある賄い付きの下宿かもしれない。やがて、ザムライは他に例のない才覚ある業者として名を上げる。斑点だらけのバナナを買う頭のイカれたロシア人というわけだ。ザムライは正真正銘の頑張り屋だった。毎朝、最初の灯りがともる前に、ポケットに札を詰め込んで波止場にやってくる。熟したバナナも、熟しすぎたのも、今まさに熟そうとしているのも、手に入るものは片端から買い占める。他の町ならゴミ扱いされるもので金が入るのだから輸入業者は上機嫌だ。ザムライは買ったバナナを仕分けすると、イリノイ・セントラルの貨車に積み込む。熟しすぎたバナナは、モービルや近辺の町の市場へ運ぶ。熟したのは、鉄道で五〇マイルから一〇〇マイルほど行ったあたりの店で売る。今まさに熟そうとしているのは、メンフィスかバーミンガムあたりまで行けたかもしれない。

ザムライがだれも手をつけたことのない肥沃な市場を見つけたおかげで、この商売はとんとん拍子で大きくなっていった。一八九九年には二万本、一九〇三年には五七万四〇〇〇本を売り上げた。一〇年たたないうちに、ザムライは年間一〇〇万本以上のバナナを売るようになる。ユナイテッド・フルーツの社長、アンドリュー・プレストンが一九〇三年にモービルを訪れたとき、完熟バナナを売っているロシア人、サミュエル・ザムライに会いたいと言っている。写真も議事録もない会議だったが、それは意義深いものだ。バナナ貿易の偉大な創始者が握手を交わす相手。その名もない若者がやがてこのビジネスを完成することになるのだ。プレストンは、のちにザムライのことを称賛を込めて語っている。あのロシアから来た若者には、社員のだれよりもバナナの開拓者に近い心意気がある、と。「リスクを冒し、自分の頭で考え、実行する人間だ」

ザムライはユナイテッド・フルーツとの契約に署名し、取引を明文化した。この書類の原本はまだ見つかっていないが、アメリカ合衆国司法長官がイリノイ・セントラル鉄道を相手取って起こした訴訟のなかに、要約された文言が見つかった。司法省によると、その内容は不公平なまでにザムライに有利なものになっている。この訴訟では、果物師とユナイテッド・フルーツとの関係が以下のように定義されている。「バナナの輸入業者は、Zと契約を結んだ。その契約によると、熟したバナナおよび熟しかけているバナナはZの所有するところとなった」

言い方を変えれば、ユナイテッド・フルーツの運ぶ、世界の半分近くを占めるバナナが、ザムライのものになりつつあったということだ。熟しそうになると、バナナはすべてザムライのものになるのだから。

数年前、ザムライはクズを買う愚か者に見えた。それが、どうだろう！　気がつけば、年に数一〇万本ものバナナを売りさばく、バナナ取引の大物業者になっていた。しかも、従来のようなコストはいっさいかけずに、これをやってのけたのだ。バナナはザムライのために育ち、収穫され、ただで運ばれた。ザムライは、トレーラーの風よけに乗ったバイクレーサーのようなものだ。ユナイテッド・フルーツという名のトレーラー。二一歳の誕生日を迎える頃には、銀行には一〇万ドルが貯まっていた。今で言えば、億万長者だ。もし、ここでやめていたら、ザムライの話は偉大なサクセス・ストーリーになっていただろう。

第4章　茶から緑へ

Brown to Green

　一九〇三年頃、サミュエル・ザムライはパートナーを迎えた。これは、ザムライらしからぬ行動だ。ザムライはひとりでいることが多く、夜更けの散歩を好み、パーティには極力出ないようにしていた。何事も自分で決めるのを好むザムライは、事前に許可を求めるぐらいなら、やってしまってから許しを乞うほうがましなのだ。しかし、完熟バナナで行けるところまで行ってしまったザムライは、バナナ取引のもっとまともなレベルへ参入したいと考えていた。本当の金がやりとりされるところへ。ザムライがそれを実現するためには、資本と手助けが必要だった。現金をつぎ込むことができて、ザムライが留守にしているあいだオフィスを守れる人間がいる。

　アシュベル・ハバードは過去の人間として葬られ、今ではすっかり忘れられている。話題にも上らないし、何の痕跡も留めていない。もし、どこかに名前が残っているとしたら、それはザムライの物語の脚注のなかだろう。度胸がなくて、早く売りすぎた。いい札がまわってくる直前にゲームを降りてしまった、不憫な男だ。ハバードは、まさにモービルという町が生み出した人物で、ある意味で指導力があり、取引をしているだれからも尊敬されるようなタイプだった。ハバードのなかにザムライが見たのは、物腰の柔らかい紳士クラブの会員だったかもしれない。この男なら自分の冒すリスクにいい顔をしない投資家たちを安心させてくれると思っただろうか（ハバードも独自にユナイテッド・フルーツと契約していて、この事実もザムライとパートナー契約を結ぶのに一役買った）。ザムライのなかにハバードが見たのは、期待の星が持つ荒削りの才能だったかもしれない。ふたりは、大胆な野望のもとに手を組んだ。黄と緑のバナナを扱おうというのだ。これは、中央アメリカの農園と契約を結んで収穫の一部を買い取ることを意味する。ザムライとハバードがこのバナナを、モービルやニューオーリンズ、ガルベストンへ運ぶのだ。常にコストを最低限に抑えてきたザムライにとって、これは新たなレベルのリスクを覚悟することだった。

ハバード・ザムライ・カンパニーが資本金三万ドルで設立され、ふたりはモービルにオフィスを構えた。すりガラス入りのドアに会社の名前が書かれ、壁には航行予定や鉄道の時刻表が貼ってある。仕事が一段落すると、ふたりは海沿いのバーに立ち寄った。この手のバーでは噂話や市場の様子が聞けて、そういうたわいのない情報が大きな利益につながることもある。その頃には、ザムライの周りをバナナマンが取り巻くようになっていた。その場で最年少のザムライにだれもが従っているようだ。配下の者を惹きつけるこの力が、いずれ決定的な役割を果たすようになる。口数は少ないが、ザムライはリーダーと見なされていた。ザムライのチームは他の追随を許さず、強靭で結束が固かった。こんなことを言うと途方もない話に聞こえるかもしれないが、この凄まじいほどの忠誠心を要求するザムライという若者は、ジョン・ウェインに似ているような気がする。ラオール・ウォルシュが監督した草創期の西部劇に登場する、あのぎこちない若者だ。子供の頃に憧れた、初代カウボーイ・スター、トム・ミックスをまねて前屈みになっている。ザムライはあれぐらい大きく悠然と構えている。ぶっきらぼうで、大らかで、泥臭くて、惚れ惚れするようないい男だ。よく通る声で何か言えばだれもが言うことを聞く。港の酒場で飲んでいる男たちのなかへ歩み入り、ザムライは顔をしかめて言うだろう。「いいか、野郎ども、仕事の時間だ」

一九〇五年に、ザムライとハバードは、経営の悪化していたサッチャー・ブラザーズ汽船会社を購入する。一万ドルを超える規模の買収だった。ザムライとハバードがいくらか出資し、残額はアンドリュー・プレストンの指示でユナイテッド・フルーツが負担した（プレストンがザムライの方針に従ったのは、ヤンキースの監督がマイナーリーグを勝ち抜いている剛速球投手に従ったようなものだ、と同僚たちは語っている）。こういう提携がユナイテッド・フルーツのやり方で、そのためこの会社は「エル・プルポ（タコ）」というあだ名で呼ばれていた。業界の新規事業を見つけては触手を伸ばして懐に包み込むからだ。当時、バナナ業界の会社は、ユナイテッド・フルーツ（UF）がその一部を所有しているか、さもなければ潰しにかかっているかのどちらかだった。UFは、ハバード・ザムライの株式の二五パーセントを所有したが、経営に口出しすることはなかった。

ちょうどこの頃、ハバードとザムライは、クヤメル・フルーツ・カンパニーを買収している。一八九〇年代に投機家のウィリアム・シュトライヒが創業した会社で、ホンジュラスのクヤメル川流域に四〇〇ヘクタールほどの土地を購入しところで、資金が底をついてしまったのだ。その後、クヤメルはシンシナティのビジネスマンたちが出資した合弁企業に買い取られる。この合弁企業が設備や蒸気ショベル、エンジン等にさらに数一〇万ドルの投資をしたが、これはみな原野で錆びつくことになる。シュトライヒのあとを追うようにこの会社も破産してしまったのだ。バナナの産地《バナナランド》には、潰えた事業やしくじったビジネスマンが散らばっている。港の飲み屋で見かけるこういう連中は、汚れたスーツにパナマ帽をかぶり、酒をせびっては自慢話をして聞かせる。昔はこれを持っていた、あれの責任者だった、ここの市長だった、あそこの社長だった、云々。もしジャングルに何かつくるなら、急いでやることだ。ひと夏遅れたら何もかも失われる。まず廃墟になって、やがて物語になり、そのうち何事もなかったように忘れられる。

ザムライは、いったい何を買ったのだろう？

受け取った金庫には、権利書がぎっしり詰まっている。それは、札束に化けるかもしれないし、ただの紙くずかもしれない。クヤメルを買収するのにザムライは二万ドルかけたが、これは一か八かの賭けだった。目下のところ重要なのはサッチャー・ブラザーズ買収のほうだ。サッチャーの買収でザムライは蒸気船のオーナーになったのだ。そのとたん、ザムライの立場はそれまでとはまったく違うものになった。

サッチャーの船団にはこだわるだけの価値があった。この先何年にもわたって重要な意味を持つからだ。かつては意匠を凝らした遠洋定期船だった船が、今は見るも無残な姿をさらしている。あちこち欠けたり錆びついたりしているが、それでもどこか優雅な感じは残っている。上甲板、最上階の屋根つき甲板、外輪、ダイニングルーム。この船は、かつてイングランドのリバプールとアルゼンチンのあいだを航行する定期船だったのだ。どんな船よりも速く大西洋を行き来したと言われている。こういう船は軍用馬のようなもので、五〇年にわたって働きつづける。最初はしゃれた紳士淑女を乗せ、しまいにはバナナが詰め込まれる。操舵室にたたずむザムライには、世界がまるで違って見えただろう。ふいに、活躍の場が広がったのだから。目の前にメキシコ湾全体が広がる。湾岸の町、市場、入り江、中央アメリカ地峡の三角地帯。今や何ひとつ手の届かぬものはなかった。

第5章　バナナは木にならない

Bananas Don't Grow on Trees

ジャングルで大雨が降ったあとには、バナナの木が伸びる音が聞こえる。低地で道に迷った旅行者には、死の忍び寄る不吉な音に聞こえるだろう。底なし沼から何かが這い上がってくるみたいで気味が悪い。日没に自分の畑を歩くバナナマンには、これが金の音に聞こえる。

バナナという植物は、条件が揃えば二四時間で五〇センチも成長する。わたしたちが寝ているあいだに、バナナの森とお化けのような葉が広がり、世界じゅうの日の当たる場所を占拠しようとしているみたいで、想像するとゾッとしないでもない。しかし、だからこそ、ビジネスマンにとっては願ってもない作物なのだ。バナナは一年じゅういつでも旬だ。ひとつの茎が多くて年に三回、二〇年以上にわたって実をつける。そして、ついにひとつの茎に終わりがくると（その頃には植えた人間は年をとって金持ちになっているわけだが）、根茎を掘り起こして細かく叩き切り、ひとつずつ植えればいい。そして、それが育つのを眺める。そうするうちに、また二〇年の時が流れる。

学名のムサ・パラディシアカ（*Musa paradisiaca*）は「楽園の果実」という意味で、この名は中世にあった伝説の裏づけになる。その伝説によると、エデンの園でイブを誘惑するためにヘビが使ったのは、リンゴではなくバナナだったということだ。バナナの形と人類の堕落の性質を考えると、納得のいく話ではある。別の伝説によると、バナナは東洋から伝わった神聖な果物で、インドの賢者に滋養を与えたそうだ。菩提樹のかたわらで、山と積まれ朽ちてゆくバナナの皮。仏陀はその隣で悟りを開き、人類が輪廻から解脱を果たす。バナナ・カウボーイもまた銃を置き、闘争から解き放たれる。

野生のバナナを食べて気ままに生きるというイメージは、おそらく、バナナが非の打ちどころのない、神の包みたもうたジャングルの恵みである、という感覚から生まれるのだろう。たしかに、お腹がすいたら、もぎ取ってかぶりつきたくなる。けれど実際は、バナナは刈り取られるまで熟しはじめることはない。木からもぎ取ってそのまま食べたりしたら戻すのが落ちだ。大昔でさえ、バナナを食べたければまず収穫して、ヤシ葺き屋根の小屋で熟すのを待つしかなかった。これがユナイテッド・フルーツもまねたシステムだ。

科学者によると、バナナの起源は南アジアのジャングルにあるらしい。世界の始まりを思わせる野生のあふれる場所だ。このようなジャングルは、バナナが生い茂るのに必要な条件をすべて満たしている（赤道上はどこもこの条件が揃っている）。ロームと呼ばれる砂地、高温多湿で最低でも年間四五〇〇ミリの降雨量。霜が降りれば、バナナは根こそぎやられてしまうのだ。イェール大学付属ピーボディ自然史博物館の人類学者ハーバート・スピンデンがバナナの故国の一覧を作成しているが、それによると、野生のバナナが育つ地域としては、「インド北東部、ビルマ、カンボジア、中国南部、スマトラ島、ジャワ島、ボルネオ島、フィリピン、台湾」が挙げられる。

極東には、食べられる品種が数十種あり、さらに食べると腹痛を起こしたり永遠の眠りについたりする品種が数十種ある。キャベンディッシュ等が最良品種で、現在われわれが口にするのはこの品種だ。プランテンという品種は、おいしく食べるためには調理する必要がある。レディ・フィンガーとして知られる小型バナナの品種もある。ジャマイカン・レッドは皮が赤みがかっていて『おさるのジョージ』でジョージが食べるバナナのような味だ。

バナナ取引の立役者となったグロス・ミッチェル、通称ビッグ・マイクと呼ばれる品種は、一八三六年にジャマイカの農園でつくられた交配種だ。フランスの植物学者ジャン・フランソワーズ・プヤの手によるもので、味と耐久性に対して賞を与えられている。皮が厚く、熟すまでの時間が長いビッグ・マイクは船での輸送がしやすい。甲板に茎を二、三本放り投げ、錨を上げて、さあ出航、という具合だったのだろう。

バナナに関する事実をいくつか挙げてみよう。

まず、バナナは木ではない。バナナは草本（ハーブ）と見なされ、世界一背の高い草である。完璧な条件のもとでは九メートルに達する。木の幹を有しない植物のなかでは世界最大である。実をいうと、茎はバナナの葉からできている。大きく分厚いゾウの耳のような葉が、丸めたドル紙幣の束のようにグルグル巻きになっている。成長するにつれて茎がほぐれて新しい葉が現れる。最初は柔らかい葉がしまいには固くなる。果実はひとつの周期の終わりにできる。茎から成長して自らの重みで垂れ下がるのだ。バナナは木ではなく草本なので、正式には液果（ベリー）に分類される。

バナナには根がなく、根茎から育つ。ジャガイモと同じだ。バナナは驚くほど頭部が重く、倒れることがある。ときには、強風で畑ごとごっそり倒れてしまう。バナナの木は世界じゅうで育つが――わたしは、しばらくのあいだコネチカットで育てていた――ふたつの例外を除いて、実がなるのは熱帯地方だけだ。アイスランドとイスラエルがその例外で、アイスランドの場合は、火山の斜面で実をつける。イスラエルについては、理由は謎のままだ。アメリカで商業的に育てようとした試み――カリフォルニア、ミシシッピー、南フロリダ――もあるが、どれも失敗している。バナナの木に優美な、血のように赤い花が咲くのは、実をつける数日前だ。

作物としては願ってもないバナナの長所は、同時に短所でもある。バナナは種からではなく、切り取られた根茎の一部から育つ。根茎を細かく切って植えると、ひとつひとつが木になる（バナナは木ではないが、つい木と呼ばずにいられない）。事実、バナナには種がない。もちろん、実の底の部分に種らしきものはあるが、それを植えるとどうなるか試してみるといい。何も生えてこない。時がたち進化を経て、この種は盲腸みたいに無用の長物になってしまったのだ。おかげで、種やその輸送については大幅にコストを削減できるが、同時にこれは、どの果実（フルーツ）もクローンで、どれも同じ種の複製ということを意味する（これもフルーツと呼ぶ。バナナをベリーと呼ぶのは変な感じがするので）。それは、均一性があっていいということだが、同時に恐ろしい危険も伴うことになる。もし突然変異を起こした寄生虫や病気のせいでひとつのバナナが死んでしまったら、最終的にはその種のバナナがみな死んでしまうのだ。これがビッグ・マイクに起きたことで、現在キャベンディッシュにも同じことが起きようとしている。

バナナは、土地から土地へ、長い年月をかけてゆっくりと西方へ伝わっていった。運んだのはイスラム教徒の商人で、極東の商人たちから根茎を手に入れたのだ。アラビア語の文献に初めてバナナが登場するのは、マスウーディーというアラブ詩人の著作のなかだ。紀元九五六年に、この詩人がカタイフというお気に入りの料理について書いている。アーモンド、蜂蜜、落花生油と、バナナでつくる料理で、ダマスカスやコンスタンティノープル、カイロ等でよく食されていたようだ。一〇五〇年までにはバナナは西アフリカに到達している（「バナナ」という言葉は、アフリカに起源があると言われている）。一五世紀になると、カナリア諸島にもたらされた。スペインから来たカスティーリャの冒険家たちに島々が征服され、植民地化されてまもなくのことだ。一五一六年には、のちにパナマ大司教となるフレイ・トマス・ベルランガがアメリカ大陸にバナナを持ち込んでいる。ふたつの根茎をサント・ドミンゴに植えたのは、庭にバラエティが欲しかったからだと、ベルランガは語っている。近代のバナナ貿易が始まった頃にアメリカ大陸で取引されたバナナは、どれもこのふたつの根茎の子孫だった。

黎明期における新大陸の歴史を書いたゴンサロ・フェルナンデス・デ・オビエド――コロンブスが出航したときには一四歳だった――によると、ベルランガはサント・ドミンゴを訪れる者があると必ず根茎の欠片《かけら》を渡して、この地方一帯に植えるよう言ったそうだ。一世代もたたないうちに、カリブの島々はどこもバナナの葉が影を落とすようになった。「バナナは本土にまで伝わり、あらゆる港で花開いた」とフェルナンデスは書いている。パナマ大司教に任じられたとき、ベルランガが任地に根茎を持参して、バナナが地峡に伝わった。

アメリカ大陸に伝わってから三五〇年のあいだ、バナナは産地付近で食べられるのがふつうで、二キロ以上離れたところまで広がることはなかった。たしかに味はいいけれど、コーヒーのように収穫して輸出するところは想像できなかった。船で運ばれることもあったが、この時代には稀なことだ。たとえば、一六〇九年にバナナの茎が一本、マサチューセッツ州のセイラム港まで運ばれたことがある。これがイギリス植民地に到達した初めてのバナナだ。しかしバナナランドの大半は、北米と貿易をするにはあまりにも遠く離れていた。もっとあとになってからも、バナナの茎が数本姿を見せると、珍しい贅沢品と見なされた。南とは正反対の扱いだ。『エンパイア・イン・グリーン・アンド・ゴールド（Empire in Green and Gold）』の著者のチャールズ・モロー・ウィルソンによると、「ひょっとすると、一八七〇年の時点でバナナを見たり食べたりしたことのある北米人は、一万人にひとりもいなかったかもしれない」。一八七六年になって、フィラデルフィアで開催された万国博覧会で展示されたバナナは、ペガサスが翼を広げたような形で展示されている。多くの歴史家が、この万博によってバナナがアメリカに紹介されたとしている。このときのバナナは、一切れずつホイルで包まれ、ひとつ一〇セントの値段がつけられている。

蒸気機関が実用化されると、商人たちはバナナを商品として見るようになった。

かくして、最初のバナナマンが登場する。こうした開拓者たちが中央アメリカのまどろむような港にやってきたのは一八五〇年代のことだ。コスタリカのプエルト・リモン港や、ホンジュラスのプエルト・コルテス港に姿を現した。このようなバナナマンは、アメリカ大陸を征服しようとスペインからやってきた征服者《コンキスタドール》に似ている。だれもが土地を手に入れ、故国では手の届かぬ社会階級に仲間入りしようともくろんでいた。彼らは、オーウェン・ウィスターが書いた西部小説の登場人物を思わせる。すべてを捨てて逃亡し、ついぞ休まることなきおたずね者。写真で見ると、麦わら帽子をかぶり、腰に銃をさげた無法者のように見える。大半が上陸するときの服装を間違えたようで、毛織の外套を着込んでおり額には玉のような汗を浮かべている。このなかには商人として熱帯地方の鳥や工芸品、コーヒー豆の交易に従事するようになった者もいる。こういう男たちの多くが店を開き、バナナを商う最初のアメリカ人になった。納屋の脇で茎を一〇本ぐらい育てている農民からバナナを買って、船長に売る。バナナを検分した船長が、ひとつ試してみるかとつぶやいて、この商売は始まったのだ。一八五四年にホンジュラスのトルヒージョに店を開いた、メルハドという兄弟がいる。家畜やマホガニー、ゴム等とともに一九二六年までずっとバナナを売っていた。初期の会社は大半が、メルハド兄弟のような商人と、積み荷の必要な船長のあいだの、その場かぎりの共同事業だった。その頃の会社の名前は、絶滅種の学名みたいに大昔にそういう会社があったことを示している。たとえば、ブルーフィールド・サプライ&スティームとか、リモン・オーシャンフィッターズなど。バナナ取引はもともと移民の商売だから、どこか胡散《うさん》臭い感じがする。もし娘がうちに男を連れてきて、その男がバナナ関係の仕事をしていると言ったら、父親は意見せずにはおかなかっただろう。

本当の意味で最初のバナナ商人といえるのは、カール・オーガスタス・フランクだ。ドイツ系移民でニューヨークの港の近くに住んでいたフランクは、一八六〇年代に太平洋郵船の客室係として働いていた。積み荷目録を作成し、波止場の役人に会い、地元の警察に賄賂を贈り、郵便を処理し、積み荷のスペースを借りる商人たちと契約を交わすのが仕事だ。一八六五年頃の航海で、フランクは鉄道の線路沿いに群生するバナナに目をとめた。バナナを見るのは初めてだったので、フランクは念入りに確かめたあと、コロンビアのアスピンウォールの行商人から一房買っている。バナナを運んだのは秘密の副業で、フランクは密航者を連れ込むように、こっそりとバナナを持ち込んだ。ニューヨークまでは一一日で到着した。凄まじく速い行程だったといえる。バナナの大半はまだ緑色で、目を見張るような高値で売れた。フランクは、この投資で一〇〇パーセントを上まわる利益を得た。

カール・フランクのような馴れ初め譚を持つバナナ会社は多い。とある海運業者か船長がカリブの島で奇妙な果物に出くわして、ただ同然で茎を手に入れる。神の吐息の順風に恵まれて、記録的な速さで故国へ運ぶ。国に着いたらバナナは緑か熟しかけ。大金が転がり込んで、笑いの止まらぬ大儲け。バナナマン、それも草創期のバナナマンは、この最初の数字を手にしたときの興奮をふたたび味わう日を夢見て、残りの人生を投じることになる。

一八六七年にフランクは専業のバナナ輸入業者となる。オフィスはフルトン・ストリート二二九番。机がふたつに書簡箱、地図や出荷表があって、店頭はこの業界が繁盛するのを予告するかのようだ。あの頃のニューヨーク——沖仲士や水夫たち、一泊一ペンスの安宿、アヘンチンキの睡眠薬——はもうない。取り壊された跡地にビルが建ち、忘れられてしまった。別の言い方をすれば、バナナ・ビジネスは消え失せた土地で始まったということだ。当時のニューヨークには、空高くそびえる蒸気船の煙突より高い建物はなかったのだ。フランクの会社には、弟のオットーが加わった。

オットーがフルトン・ストリートで留守を守り、カールが地峡をまわって掘り出し物を探す。フランク兄弟はパナマに土地を借り、自分たちの根茎を植えた。その頃でさえ、自分のバナナを育てることがバナナマンの夢だったのだ。兄弟は郵船のスペースを借り、ニューヨークの店主や商人たちと契約を結んだ。一年もしないうちに、兄弟が全力を尽くして運んだバナナがみな売り切れるようになっていた。

フランク兄弟に続いて、数十の輸入業者がバナナ貿易に参入した。その多くはアメリカ南部の港を拠点にしていたが、ふた夏もちこたえたものは少ない。この時代にはどの会社も同じような基本手順に沿って動いていた。会社の代理人がバナナランドの港に到着する。もし、生産者との取引が前もって成立していれば、農夫が茎を持って会いに来た。でなければ、あてもなく国じゅうをさまよい、バナナを分けてくれとチラシを配って歩く。ホンジュラスで最も早くからバナナを栽培していたのはシチリア人で、これは一八八〇年代にアメリカに押し寄せた移民の大波とともにやってきた人たちだ。会社の代理人は一房ごとにバナナを吟味して選別し、現地の船主に引き渡す。受け取った船主が積み荷を筏《いかだ》に乗せて岩礁の沖合で待つ蒸気船まで運んだ。

一八八〇年までにバナナ取引はブームを迎え、アメリカ合衆国の大西洋岸を数十の会社の船が行き来するようになっていた。商館はバナナマンであふれかえっている。ニューヨークでは、バナナ業界の指導者たちはマディソン・スクエアにあるホフマン・ハウスに集まった。これが初めてバナナの市場を開拓した人々であり、バナナ市場はいまだ高値ではあるものの、常に値段を下げつつあった。雑貨店の埃をかぶった商品のなかに食べ物が並んでいた産業化の時代に、バナナマンは自らの商品を自然の驚異として売り込んだ。どんな食べ物より衛生的で、皮が黴菌《ばいきん》から守ってくれる、と。バナナを金持ちが食べる珍味ではなく貧乏人のための日常食として売り出そうと決めたのは、こういうバナナマンたちだ。そういうわけで、値段を下げる努力もしたし、地峡国家の課すあらゆる税金や関税から逃れる努力もした。一九世紀末の数年間、バナナの売上は毎年、倍々ゲームで増えていた。ある日、この黄色い果物を知る者はだれもいないと思ったら、翌日にはバナナがリンゴより人気のある果物になっていた。一八九八年には科学雑誌『サイエンティフィック・アメリカン』が最善のバナナの食べ方を読者に指導している。いわく、「この果物は、皮に垂直の切れ目を入れ、手で回転させながらむきます」

どんなブームもそうだが、バナナブームも長続きはしなかった。これはバナナのせいではない。バナナは完璧なのだから。需要がなくなったからでもない。みんな最初からバナナが大好きだった(平均的なアメリカ人は年に七〇本のバナナを消費している)。ブームが長続きしなかったのは、供給が不安定なせいだ。すでに述べたとおり、バナナはひどく傷みやすい。風、寒さ、雨、雨不足、洪水、病害など、あらゆるものに弱い。大半の会社はひとつの農園や地域からバナナを買っているので、この脆弱さがさらに増す。ひどい嵐がひとつ来れば、参入まもない業者何社分ものバナナが根こそぎにされかねない。一八九九年にこの懸念が痛いほど明らかになった。この年、バナナは一本もとれなかったのだ。熱波に洪水に旱魃《かんばつ》があり、ハリケーンにも見舞われた。市場の小屋は閉ざされ、手押し車は空っぽで立てかけられた。数十もの会社が倒産した。自然災害で、不死身の数品種以外はみな根絶やしにされたかのようだった。なんとか生き残ったひと握りの会社は前より賢くなった。だれもが基本的な教訓を学び、この教訓が今後バナナ・ビジネスをどう運営していくかを規定することになる。すなわち――

1 **大きくなること** バナナ会社は十分な資本を蓄えて、肥え太ることで、地震やハリケーンのような防ぎようのない非常事態を切り抜ける必要がある。

2 **自分のバナナを育てること** バナナ会社は自前の畑が必要である。畑があれば、植え付けや収穫を管理することで、不作の場合でも破滅的競争が避けられる。

3 **多角化すること** バナナ会社は、プランテーションを広大な領域に分散し、広範な国々で茎を育てる必要がある。そうすれば、特定の地域で災害があって作物が全滅しても、会社の全供給が絶たれることはなくなる。

前記の教訓を検討すれば、バナナ・ビジネスがどのように発展したか理解できるだろう。家族経営の交易所が、いかにしてあらゆる権限を有する巨大企業に成長したのかという過程が。

ある意味で、サム・ザムライは前例のない存在だった。たかり屋、手押し車野郎、波止場の果物師。そう呼ばれた男が、どこからともなく現れて巨万の富を築いたばかりか、バナナ取引の雛形までこしらえたのだ。ザムライこそグリンゴの理想の姿といえるかもしれない。ザムライは、ただ努力するために努力し、できることを示すために打ち込んだように見える。照りつける太陽の下、鉈《なた》を振るうザムライの顔は汗にまみれていた。わたしには、白いラバにまたがるザムライの姿が目に浮かぶ。食堂の入り口に立ちふさがり、西部劇『ワイルドバンチ』に出てくるウィリアム・ホールデンばりの渋い声でこう言うのだ。「いったん味方すると決めたら、最後まで味方するもんだ。さもなきゃ畜生に劣ることになる」

ザムライに先駆者はいたか？

もちろん、いた（つまるところ、世界というのは富と教訓の継承にすぎない。富は築かれ失われ、教訓は学ばれ忘れられて、また学ばれる）。実のところザムライは、一世代前にジャングルに分け入った三人の男たちの足跡をたどっていた。ここでいうのは、世界で最も偉大なバナナ会社、ユナイテッド・フルーツを築いた大物たちだ。数十年前に南にある帝国が崩壊したあとも、この会社はエル・プルポ（タコ）と呼ばれ、いまだに揶揄されている。

どんな物語にも悪役はつきものだ。

第6章 タコ

The Octopus

ユナイテッド・フルーツは、三つの人生の物語からできている。それは、三人の男たちの夢のような冒険譚だ。

ひとりめは、マサチューセッツ州ウェルフリートのロレンツォ・ベーカー。祖父も父も専業の漁師で、本人は先祖返りしたかのように古めかしい。ロバート・ルイス・スティーヴンソンの書く物語に出てきそうな風貌で、四〇前なのに頬髯にはもう白髪が交じっている。周囲の者の記憶では、だれにも笑顔を見せず、いつも不機嫌で、しかめっ面をしているか、そうでなければ怒って出ていったそうだ。ベーカーは、ケープコッド沖の小島バウンドブルックで「一八四〇年の七月四日頃」に生まれた。一四歳になる頃にはスクーナー船で働きはじめ、一六歳で一人前に稼ぎ、二一歳になるまでには船長になっていた。船が入港し、男どもがプロビンスタウンに飲みにいってしまうと、ベーカーは操舵室で寝泊まりした。ベーカーは港が好きだった。小船、帆船、漁船。マストからは帆がはぎとられ、網は臓物と一緒くたに丸められている。水夫たちはポーカーに興じ、遠くに見える町の灯りが照り映える。ベーカーが三〇歳になる頃には、八五トン、三本マストの漁船、テレグラフ号の株を半分以上買える金が貯まっていた。有り金をはたいて八〇〇〇ドル払い、ベーカーは筆頭株主になった。船を手に入れて一週間すると、埠頭で荒っぽい感じの男から声をかけられた。大平原で牛飼いたちが着るような外套を着ている男だった。金山採鉱の権利を手に入れたその男は、他の九人の探鉱者と機材を乗せてオリノコ川を四八〇キロ遡り、ベネズエラのシウダ・ボリバルまで運んでほしいと言うのだ。

一四九八年八月にオリノコ川を目にしたクリストファー・コロンブスは、自分が苦難のすえ渡り切ったのはエデンの園から流れ出す川だと思ったようだ。スペインのフェルナンド王に宛てた手紙のなかで、コロンブスは地上の楽園を発見したと伝えている。「神の許しなしには、何人も踏み込むことのできぬ地」だと。一八〇〇年にアレクサンダー・フォン・フンボルトがこの川の下流域を探検して、ピンクイルカがいると書いているが、上流には一九五一年になるまで船は侵入していない。四八〇キロ上流まで遡航しろというのは、地球の果てまで行けと言っているようなものだった。

ベーカー船長は、なぜ、承諾したのか?

答えは金だ。現金で八五〇〇ドル。ベーカーがテレグラフ号の株に払ったのより五〇〇ドル多い。これだけあれば、もし最悪の事態になったとしても、債権者の世話にならず、新しい船に投資できるだけの金を持って逃げ切れる。

ベーカーがシウダ・ボリバルにたどり着いたのは一八七〇年四月二〇日。テレグラフ号の航海日誌には「探鉱者一〇名、および機材四トン」を無事送り届けたと記されている。機材は桟橋に集められ、つるはしや斧《おの》が雨に濡れている。ベーカーは、報酬の未払い分をフランスとスペインの金で受け取ると、テレグラフ号の甲板に立って、探鉱者たちがジャングルへと消えてゆくのを見送った。

帰途についたベーカーは、潮流やら浅瀬やらで川を下るのに苦労した。やっと海までたどり着くと、テレグラフ号は船底から浸水していた。戦から戻った水兵のように、船はふらふらと海岸を離れた。ベーカーはジャマイカのポートアントニオに上陸する。テレグラフ号はドックに入り、船体の穴が塞がれ修繕がほどこされた。

一〇日後、テレグラフ号がふたたび進水すると、ベーカーは船を安定させるための脚荷を探しはじめた。船底に積むことを考えて、竹や生姜、香辛料類を購入する。荷が積み込まれるのを見ながら、ベーカーは海辺のバーで当地のラムを味わおうとしていた。ベーカーが初めてバナナを見たのは、プランター・パンチというラムのカクテルを飲んでいるときだ。

ありゃ、何だ？　そう言って、ベーカーが埠頭に山積みになった果物を指さす。

気がつくとベーカーは波止場の仲買人と話していた。仲買人が細かい点を説明する。歯ざわり、固さ、市場での寿命は一〇日から二週間。ひととおり説明すると、仲買人は熟したバナナを持ってきた。

どうやって開けるんだ？

バナナがむかれ、ベーカーはひと口食べてみる。バナナの甘味とラムのもたらす火照り。陽光がさんさんと降り注ぎ、船旅におあつらえ向きの順風――それは、非の打ちどころのない、一生に一度の経験だった。

ベーカーは、一房二四セントで一六〇房買った。バナナはテレグラフ号の甲板に運び込まれた。ここから先は時間との戦いだ。この戦いは茎が切り落とされた瞬間すでに始まっている。ポートアントニオからニューヨークまでの行程は、ふつうなら二週間。条件が揃えばそれより早いこともあるが、風が止んでしまえばもっと時間がかかる。これが、このビジネスの根幹をなす賭けだった。草創期のバナナマンたちの冒したリスク。自分の力ではどうにもならない気まぐれに頼って生きる、成り行きまかせの人生。草創期のバナナ貿易は事業というより「技」に近かった。

ベーカーは順風に恵まれ、ポートアントニオを発った。昔の地図製作者が描いたイラストのように、神様の吐息が突風となって帆を膨らませ、テレグラフ号はスイスイと海を渡る。一一日でジャージーシティに到着すると、バナナはまだ緑のままだった。波止場には仲買人やら手数料をもらって仕事を請け負うやり手の買い付け人やらが詰めかけ、入ってくるものを逐一吟味し、掘り出しものをあさっている。ベーカーはバナナを一房二ドルで売った。このときの膨大な収益をベーカーはその後何年にもわたって再現しようとする。ポートアントニオに渡り、プランター・パンチを飲み、テレグラフ号にバナナを詰め込んで、さっさと出航する。二度目の航海で、ベーカーは突風に見舞われる。船があまりにひどく揺れたせいで、積み荷は全部海に滑り落ちてしまった。ベーカーは決まりをこしらえて、夏はバナナ、冬はサバ、春はカキを運んだ。一八七一年七月には、ボストン市民が見たこともない大量のバナナを乗せたベーカーの船がボストンに入港している。

この荷が入港したとき、アンドリュー・プレストンは波止場にいた。ボストンの商社、シーバーンズ&モリソンの買い付けをしていたプレストンは、特に生鮮食品に興味を持っていた。流行しそうなものをいち早く見極めることでここまで出世してきたのだ。パイナップルに、カキに、ザクロと、プレストンは何にでも手を出した。積み荷をロング埠頭まで運んだときに、プレストンは生まれて初めてバナナを目にしている。山積みにされたバナナは……つまり、卑猥な感じがした。長年、雑誌はバナナの挿絵がある広告を載せるのを嫌がった――現代でも、バナナを食べる女性の写真はご法度だ。

プレストンはベーカーの収穫をまるごと買い占めた。シーバーンズ&モリソンの重役たちは、これにはいい顔をしなかった。つまり……まあ、この若者だがね、たしかにいい青年だし、働き者でもある。しかし、一品目に全予算をつぎ込んだんだよ。それも、保存の仕方も売り方も皆目わからない代物にだ。だが、それは、まあいいとしよう。だれしも我を忘れるってことはあるものだ。しかしね、その荷下ろしが終わったとたん、のこのこ出かけてまた買うとはどういう了見なんだ。と、思っているうちに、また買ったんだよ。とうとう、ベーカーが持ち込んだバナナを一本残らず買い占めちまったじゃないか……ということだ。こんなふうにして、シーバーンズ&モリソンにとって、最初はちょっと気になる程度だったのが、明らかな問題になった。それでも、アンドリュー・プレストンは、バナナについて話すのをやめなかった。先のベーカー、そしてのちのザムライのように、プレストンもまたニッチに目をつけたのだ。プレストンにはバナナが大ヒットするとわかっていた。ただわかっていたのだ！　直感のある人が大勢いるのは知っている。四チャンネルステレオは大ヒットする！　ビーニーベイビーズのぬいぐるみは大当たり間違いなし！　けれど、たいてい忘れられてしまうのは、ほとんどがはずれるからだ。

　プレストンは、はずれなかった。プレストンはシーバーンズ&モリソンを辞めて、ベーカーと手を組むことにした。何年ものあいだ、ふたりの契約は非公式なものだった。ベーカーがプレストンのところへバナナを運び、際限なく広がっていく市場でプレストンがそれを売る。プレストンは、バナナのビジネスモデルを変えようとしていた。それまでは少量を高値で売るというモデルだったのを、安いバナナを、金持ちにも貧乏人にも大量に売るモデルにするつもりだった。このモデルを達成するには、バナナの供給を増やして品質を管理しなければならない。最初の頃、ベーカーは手に入るものは何でも運んでいた。たとえば、カベンディッシュ、レディ・フィンガー、ジャマイカン・レッド。これからは、ビッグ・マイクのみを運ぶ。買い付けをする者は、自分が何を買おうとしているのか知っている必要がある。ビッグ・マイクには固さという利点があって、積み重ねても痣《あざ》ができない。また、皮をむいたとき、ビック・マイクの皮は他のバナナの皮より湿気がある。そんなわけで、この品種が絶えたとき、バナナの皮で滑る人がいなくなったのだ。

　一八七七年に、ベーカーは供給をもっとよく管理するためポートアントニオへ移る。これで、ふたりの役割がはっきりした。これこそ、バナナ事業を特徴づける役割分担だった。プレストンはボストンに留まり市場を管理する。ベーカーは熱帯地方にいて作物を扱う。売上が急増すると、プレストンとベーカーは会社を設立することにした。事業を拡張しなければ、これ以上先へ進めないところまで来ていたのだ。事業を拡張するためには資本が必要になる。ところが、銀行を訪ねると、この貸し付けの申し込みはリスクが高すぎるといって断られてしまった。たったひと夏、問題が起きたらそれでおしまいだから、というのだ。そこで、ふたりは、金を借りるかわりに投資家を集めて合資会社を設立し、投資家たちは投資する金と引き換えに株を受け取った。ボストン・フルーツは一八八五年に創業している。最初の投資家は、プレストンとベーカーの他にボストンの投資家が一〇人。その多くが一五〇〇ドル投資した。

一八九七年までに、ボストン・フルーツは資産が四〇〇万ドルに達し、急速に成長を続けていた。にもかかわらず、この会社は繰り返し同じ壁に突き当たっている。供給が需要に追いつかないのだ。このままでは、遅かれ早かれ値段が上がり、この会社の成功要因となったビジネスモデルが崩れてしまうだろう。おまけに、ボストン・フルーツのバナナはすべてジャマイカから来ているという事実が、この会社をさらに無防備な存在にしていた。これこそプレストンが銀行にそっぽを向かれた理由なのだ。失敗する可能性が大きすぎる。プレストンとベーカーは大金を稼いでいて、一八九九年までに、ボストン・フルーツは合衆国のバナナ市場の七五パーセントを握っていた。にもかかわらず、バナナ取引はキノコの収穫と同じようなものだと思われていた。すべては天気しだいだからだ。

一八九九年、バナナ・ゼロの年という最悪の事態になったとき、プレストンはふたたび銀行を訪れている。このときばかりは、プレストンの調子も違っていた。われわれの問題は大きくなり過ぎたせいだと思う人間もいるだろう。しかし、本当の問題は、われわれがまだ小さすぎることなのだ。われわれは、もっとずっと大きくなる必要がある。もっと多くのバナナをもっと広い範囲にわたって育て、嵐ひとつであんな苦境に立たされることなど二度とないようにしなければならない。いってみれば、ユナイテッド・フルーツは災害から生まれたようなものだ。ロックンロールの生みの親、ボ・ディドリーならこんなふうに歌うかもしれない。あれは稲妻の息子、ハリケーンがはらませた、と。

この会社が成長するためにはふたとおりの道があった。すなわち、プレストンが土地を探し、バナナを植えて収穫するか、または、もうすでにこれを実現している人間を見つけるか、だ。

五〇歳の誕生日を迎えるまでに、マイナー・キースは地峡地帯の六つの共和国に土地を所有していた。コスタリカの一〇〇ペソ紙幣にはこの人の顔が刷ってある。小柄で色が黒く茶目っ気にあふれた顔だ。フォーチュン誌はキースを「リンゴ頭で小柄な、狂信者の目をした男」と書いている。驚くほど太っていて小柄な大物実業家のキースが、高価な靴に無理やり足を押し込んでいる姿が掲載されている。ブルックリンで生まれたキースは、一八七一年にコスタリカへたどり着くまでにあらゆる国を旅している。コスタリカでは、兄のヘンリーが家族の縁故で雇われて、地峡地帯を横断する鉄道を建設することになっていた。鉄道のことをほとんど知らないヘンリーが、太平洋岸のプンタレナスでマイナーの到着を待っていた。地図を広げながら、ヘンリーは簡単そうなルートを指でなぞった。プンタレナスからプエルト・リモンにいたる八六・四キロの平地となだらかな丘陵。実際に土地を間近で見たいと思ったふたりは、徒歩とラバで国を横断することにした——西洋の装備を身にまとった兄弟が、ブーツを履いた足を重そうに引きずって歩く。ふたりしてコルディレラ山系にも登った。地峡に連なる山々の背骨に当たる部分だ。三日後、標高約一一七〇メートルのサンホセに到着した。ふたりが進むにつれて起伏が激しくなってゆく。谷は下生えで塞がれていた。ジャングルの大半は生物が棲息せず、打ち捨てられ、病気が蔓延し、黄熱病やコレラの巣窟となっていた。先住民は低地には住まず、高地に村をつくっていた。スペイン人も同様だった。これがバナナ会社成功の一因となる。グリンゴが安い値段で土地を買い上げたことを、地元の地主たちは棚からぼたもちだと考えていた。低地は危険で何の価値もないと思われていたのだ。

最後の丘に立ったキース兄弟には、カリブ海の入り江の奥にあるプエルト・リモンが見えた。ふたりは道に従い町に出ると、飲み屋に入った。マイナーがどうやってここまで来たかを伝えると──コルディレラ山系をラバで来た──バーテンが一杯おごってくれた。バーテンの言うには、「古いことわざがあって、陸路を通ってカリブ海まで来るやつは、一回なら英雄、二回めはただのバカ」らしい。

とりあえず、キース兄弟を英雄にしておこう──ほどなくバカになるだろうが。

最初の枕木が敷かれたのは数カ月後のことだ。鉄道敷設の公示のなかで、ヘンリー・キースは一年以内に鉄道がコルディレラ山系に達するだろうと述べている。実際は、この作業が想像よりずっと困難なものになるとヘンリーがいつ気づいたかは定かでない。作業を開始して数日後ではないかと、わたしは思う。地峡に線路を敷く作業は悪夢以外の何物でもない。ジャングルには岩盤がないため、レールの一部を敷くやいなやずれが生じる。ときに大雨が降ると、敷いたレールが全部谷に向かって傾いてしまう。雑草が枕木を覆い、根が路床を歪める。作業員たちは暑さや病苦にさいなまれた。最初の一年で三〇〇人以上が亡くなり、できあがった線路は七キロにも満たなかった。

二年目の夏が半分ほど過ぎた頃、ヘンリー・キースは体調を崩していた。熱っぽくて、触ると熱い。目を見ると――なんてこった、この目は！　黄熱病だった。一度ブルックリンの家へ帰り、回復してから戻ってこい、とマイナーは兄を説き伏せた。ところが、ヘンリーはひと月もせずに戻ってきて、その後まもなく亡くなった。マイナーは兄の使っていたテントに移り住み、作業を続けた。そして、弟のチャーリーを呼び寄せた。ちょうど、自分がヘンリーに呼び寄せられたように。その弟が死ぬと、今度は末弟のジョンを呼び寄せた。ジョンが死ぬと、ひとりきりで作業を続けた。こうして、マイナー・キースはコスタリカの英雄になった。この献身は疑いようがない。血を分けた兄弟たちをジャングルの生贄として捧げたのだから。

初めて列車が走ったのは、一八八五年一二月七日のことだ。この一五年間で少なくとも四〇〇〇人が亡くなっている。デビルズ・エルボーの手前まで来ると、車掌が列車を止めた。連なる山々にかかったぐらつく橋を渡るこの難所で橋が崩れるかもしれないと思ったのだ。キースは車掌と言い争うと、星条旗をつかんで機関車前部の排障器に座りこむ。前方を見据えたキースが声をはり上げる。「出発進行！」。列車は午後一一時にプンタレナスに到着し、あふれかえる人波が出迎えた。キースは短いスピーチをしたが、キースのスペイン語は実務をこなすレベルには程遠い。「紳士の皆さん、どうかお許しを。わたし演説者ちがう、ただ作業者」。片言でそう言うのが精いっぱいだった。

自由な時間があると、マイナー・キースはラテンアメリカを放浪し、大小の町を探検している。キースが初めてバナナとめぐり合ったのは、このような探検途上のことだ。でっぷりした実をつけたバナナの茎が、暖かい風に吹かれてきしむような音を立てていた。一八七三年、カリブ海沿岸のコロンビアでのことで、大航海時代のスペイン帝国にビッグ・マイクが初めて姿を見せた場所だった。ほどなくして、ニューヨークのフランク兄弟がパナマ鉄道沿いにバナナを植えているという話が、キースの耳に入ってきた。しかも、そのバナナをニューヨークで売っているというではないか！　キースがカール・フランクに会いにいくと、カールはバナナ・ビジネスについて説明してくれた。草創期のバナナ業者は競争を恐れていなかった。バナナが需要を満たすことなど決してなさそうに見えたのだ。

マイナー・キースに根茎を売ったのはカール・フランクで、キースは買った根茎をコスタリカ鉄道沿いに植えた。キースはバナナが鉄道作業員向けの安い食料になるだろうと思ったのだ。だが、やがてフランクと同じように、北に膨大なバナナの市場があることに気がつく。キースは、トロピカル・トレーディング&トランスポート・カンパニーを設立し、収穫したバナナの大半を別の業者に売り渡した。キースは自身を鉄道屋だと考えていて――ニューヨークから南米大陸最南端のティエラ・デル・フエゴまで鉄道を敷設するのがキースの夢だった――この鉄道事業はバナナに支えられていた。キースはこの地域一帯に根茎を植える。一八八二年までには、コロンビア、エクアドル、コスタリカ、ニカラグア、ホンジュラス、グアテマラ、メキシコにまたがってバナナを育てるまでになっていた。一八八三年には一一万八〇一茎、一八九〇年には一〇〇万茎以上を輸出するようになった。一八九四年に、キースはボストン・フルーツと契約を結ぶ。すべての収穫をボストン・フルーツに売ることに同意する内容だった。

この契約にもかかわらず、キースの経済状態は危険なほど不安定だった。それは、何もかも債権者しだいという鉄道建設の性質によるものだ。一見金持ちのように見えても、貸し手に金を返せと言われたらそれでおしまいになる。キースは銀行に数百万ドルの負債があった。鉄道を完成させるために借りた金だ。一八九八年、貸し手のひとつ、ニューオーリンズのホーダリー&カンパニーが倒産してしまう。債券を引き継いだ会社は、キースに九〇日以内に一五〇万ドルを払い戻すよう言ってきた。

プレストンとベーカーはこの成り行きを見守っていた。キースは最大の納入業者だ。キースに何かあったら自分たちも道連れになる。ボストン・フルーツは、金はあるがバナナがいる。マイナー・キースは、バナナはあるが金がいる。一八九九年三月、四九歳になっていたマイナー・キースはボストン行きの船に乗り込んだ。

三人の男がボストン・フルーツのオフィスで顔を合わせた。一時間もしないうちにすっかり話がついた。貸付金も暫定措置もない。あるのは合併のみ。不朽の問題に対する永遠の解決策として、キースは金を、プレストンとベーカーはバナナを手に入れた。新規事業はユナイテッド・フルーツ・カンパニーと名付けられ、一八九九年三月三〇日にニュージャージーで法人化された。それから、ユナイテッド・フルーツ（ＵＦ）の株が既存二社のあいだでやりとりされた。ＵＦ三万一七五五株に対してボストン・フルーツが全五〇〇〇株を提供する。ＵＦ三万九九六四株に対してマイナー・キースが地所などを提供する。こうしてＵＦは、資本金二〇〇〇万ドル、ならびに八五九平方キロの土地を、ドミニカ共和国、キューバ、ジャマイカ、コスタリカ、ホンジュラス、コロンビアにわたって所有することになった。プレストンが初代会長、キースが副会長に就任した。

ユナイテッド・フルーツは二〇万の株式を発行し、一株一〇〇ドルで売りに出した。最初の売買のあとも、一八万四〇〇〇株が売れ残った。プレストンは計画の第二段階を実行に移した。混沌とした業界に秩序をもたらすためのずるがしこいやり口だ。プレストンは港から港へ移動し、バナナが大量に取引される都市を隈なくまわった。そして、何十もの輸入業者や仲買人を脇へ呼んで、ひとりひとりに同じことを言う。仲間に入れ、大きくなって、生き残れ、と。割り当て金の見返りとして、業者たちはUF株を受け取る（おしゃべりオウムを一羽一〇〇〇ドルで売って、支払いを一〇〇〇ドルのおしゃべりオウムで受け取るようなものだった、とロレンツォ・ベーカーはのちに語っている）。バナナ・ゼロの年を生き抜いた商人たちには、安定と引き換えに喜んで独立を売り渡すものが多かった。設立から半年のあいだにユナイテッド・フルーツは七二のバナナ会社を合併していた。その様子は、スティーブ・マックイーンの初主演映画『マックイーンの絶対の危機』で、触れるものを次から次へと取り込んでいく人喰いアメーバのようだ。

このようにして吸収された会社の名前が、沈没したクリッパー船の側壁から読み取れる。

コロンビア・ランド・カンパニー
スナイダー・バナナ・カンパニー
J・D・ハート・カンパニー

J・M・セバロス&カンパニー
オー&ラウベンハイマー・カンパニー
ケイマーズ、マコーネル&カンパニー
ニューオーリンズ＝ベリーズ・ロイヤルメール&セントラルアメリカ・スティームシップ・カンパニー
W・W&C・R・ノイズ
ジョン・E・カー&カンパニー
J・H・シーウォード・インポーティング&スティームシップ・カンパニー
アスピンウォール・フルーツ・カンパニー
ウェスト・インディアン・フルーツ・カンパニー
モニュメンタル・トレーディング・カンパニー
ウエスト・インディア・トレーディング・カンパニー
ヘンリー・ベイヤー&サン
ケイマー＝ワインバーガー・バナナ・カンパニー
J・B・セファル&ブラザー
S・オテリ
ブルーフィールズ・スティームシップ・カンパニー
W・L・ラスバン&カンパニー

ひときわ目を引く買収事例がひとつある。それは、バッカロ・ブラザーズ・カンパニーの買収で、この会社は、ニューオーリンズから来たシチリア人の三兄弟が経営するバナナの輸出業者だ。のちにスタンダード・フルーツと呼ばれるこの会社は、最終的に独立を取り戻しドール社の一部となる。ドール社は、現在青果物事業において最も力を持つ会社のひとつだ。長年にわたりバナナ取引はこの三社、ユナイテッド、クヤメル、スタンダードによる寡占状態になる。

当時は企業合同トラストの時代で、鉄鋼と石油の会社が手を組み業界を独占していた。それと同時に独禁法取締官の時代でもあり、ロックフェラーのまねをして取引を締め付けようとする者があれば、容赦なく政府に追及された（反トラスト法の中心的な法律「シャーマン法」が一八九〇年に可決されている）。このような背景があるので、プレストンは何の市場であれ四九パーセント以上事業をコントロールすることのないよう配慮していた。業界を支配できるぐらい大きくなりたいのは山々だが、起訴を免れる程度には小さいままでいたほうがいい。この波を生き抜いた独立企業は――それまでのすべてをつくり変えるほどの大変動だった――ユナイテッド・フルーツの都合で存続が許された。健全な競争が存在する証拠として残されたことになる。別の言い方をすれば、商売敵ですら、UFが繁栄するために存在していたということだ。

UFは、カリブ海を支配する白い大艦隊、グレート・ホワイト・フリートを手中に収めることでその足場を固めていく。一〇年とたたないうちにこの艦隊――熱帯の太陽を反射するため船はみな白く塗られていた――が、バナナのみならず、中央アメリカの郵便や貨物も運ぶようになっていた。ストライキや対立があれば、UFはただ地域の商業活動を停止してしまえばよかった。

合併の際にUFが所有していたのはたった四隻、補助的な蒸気機関のついた帆船で果物運搬船と呼ばれる船だった。プレストンは、これをそうそうたる艦隊に置き換えた。ファラガット号、デューイ号、スライ号、サンプソン号。「二軸船、全長八四メートル」で、猛烈なスピードを出せるエンジンが搭載されている。ホンジュラスからボストンまで一四日間、ホンジュラスからニューオーリンズまでは五日間。ベーカー船長の夏場の仕事として始まったものが、今や一二カ月稼働となり、一年じゅうどの週をとってもバナナが実るようになっていた。UFは一九〇三年に初めて冷蔵設備のある船を導入する。川で貨物を運んでいたビーナス号という船にカナダの科学者が手を加え、氷の塊、動物の毛、空気孔、送風扇などの原始的な仕掛けがほどこされた。この話を聞いたとき、ニューオーリンズのフレンチクォーター界隈で飲んでいたリー・クリスマスは、カウンターに拳を叩きつけこう言っている。「商売のためにビーナスを冷蔵するなんざあ、北米人《ヤンキー》どものやりそうなこったな？　で、ビーナスをかっさらって、牛の毛を巻いて、腹に氷と団扇《うちわ》を詰め込んだってわけか？　そりゃあ、ボストン野郎のやるこったな、兄弟！　ボストン野郎のな！」

一九一〇年までに、ユナイテッド・フルーツは世界有数の私設海軍を有するようになっていた。一一五隻の船がプレストンの娘ベシーのデザインした旗――白い菱形が青と赤の三角でかたどられ、それぞれの色が地峡と太陽と迫りくる海を表している――のもとに航海した。UFがこの艦隊をどれほど誇りに感じていたか、この会社の古い壁画を見るとよくわかる。重いバナナの茎を運ぶ先住民が描かれていて、ヤシの葉をかき分け湾に錨を下ろした船を見上げたところに、まばゆい文明の光が差し込んでいる。

ユナイテッド・フルーツは、この時期に広大なジャングル地帯を買い占めた。これらの土地は切り拓かれて建物でいっぱいになり、羽目板とスチールでできた居住区になった。「ユナイテッド・フルーツ・カンパニーの及ぼす偉大な文明の影響が十分に評価されるようになったのはグアテマラにおいてである」と、一九〇三年にナショナル・ジオグラフィック誌が伝えている。

一九〇五年までには、バナナ取引といえばユナイテッド・フルーツを意味するようになっていた。UFがほとんどの船を所有し、土地にバナナを植え、金を手中に収め、供給と需要の両方をコントロールした。植える根茎の数を増減することで供給を、市場を拡大することで需要を支配していたのだ。この頃、UFはニューヨークの南フェリーターミナルに代理人を常駐させるようになっている。移民局のあるエリス島フェリーが発着するターミナルだ。下船してくる移民ひとりひとりにバナナを手渡しながら代理人が話しかける。「ようこそアメリカへ！」。新大陸の珍味としてバナナとアメリカを結びつけようとしたのだが、アメリカ育ちのバナナは一本もなかった。実のところ、どのバナナも下船してくる善男善女と寸分たがわぬ外国育ちだったのだ。同じ頃、UFはバナナでできたベビーフードを発売し、物心つく前の顧客をつかもうとしている。一九二〇年には、バナナのホットドリンクを紹介してコーヒーの座を奪おうとしたが、この作戦は失敗に終わっている。バナナ

ナ粉やバナナパンも誕生した。一九二四年、UFは料理本を出版してバナナの売上増をはかっている。たとえば、

バナナ入りコーンフレーク

シリアルボウルにコーンフレークを半分まで入れ、熟したバナナ半分を刻んで上に載せる。ヘビークリームをかける。好みに応じて砂糖をかける（ただし、砂糖なしでも、バナナの持つ自然な甘さで十分甘く感じられるはず）。

こうした努力はどれも、バナナを始まりと結びつけようとするものだ――人生の始まり、一日の始まり、アメリカ人としてのキャリアの始まり。こうして、エキゾチックだったバナナが日常食になり、世界一身近な、当たり前の必需品になっていった。こうして、バナナ・ビジネスはにわかに景気づいた。一九〇八年までにユナイテッド・フルーツは年間三六〇〇万茎のバナナを輸入するようになった（アメリカ合衆国で消費されるバナナの六〇パーセントにあたる）。その頃には、UFは中央アメリカを支配するバナナ業者になっていた。

ユナイテッド・フルーツは競争に対してふたつの態度で臨んだ。すなわち、吸収するか叩き潰すかだ。UFの支配があからさまになっていないアメリカ国内でさえ――実際に現地へ行って自分の目で確かめなければわからない――人々は疑問を呈するようになってきた。あそこまで権限のある

会社があっていいのか？　この疑問はしつこくつきまとい、合併により怪物が誕生してから一〇年後、ついにアンドリュー・プレストンの恐れていたことが現実となった。

モービルにあるアメリカン・バナナ・カンパニーの起こした訴訟に司法省が介入してきたのだ。「シャーマン法」に違反しているとしてユナイテッド・フルーツを起訴している。シャーマン法は、市場独占を目的とする会社「連合」の解体を意図する法律だ。これ以上明らかに違反している会社を想像するのは難しいだろう。一八九九年から一九〇五年のあいだにユナイテッド・フルーツは数十もの自営業者を吸収し、ひとつにまとめて業界を牛耳っていた。消えたのは、波止場でしつこく値切るような家族経営の商人や、自分で値段を決める手押し車の行商人だった。

司法省によると、ユナイテッド・フルーツはオスマン帝国のように広がったトラストの帝国であり、競争により得られる重要な利益（よりよいものをより安く）を消費者から奪い取るものである。UFの弁護士の反論は、会社が大きくなればその逆の効果がある、安いバナナを安定して供給できるようになる、というものだ。実のところ、いまだ需要を満たせていないのだから、独立した企業はどこもこのビジネスに参入する余地がある、と弁護士は述べている。

この訴訟は、一九〇九年に最高裁に達している。もし司法省が勝訴していたらと考えるのは興味深い。この二年後に石油会社スタンダード・オイルに勝訴したように、ユナイテッド・フルーツにも勝訴していたら、いったいどうなっていただろうか。仮にUFが分割されていたとしたら、仮にこの巨大な怪物が六つの小さな怪物になっていたとしたら、ラテンアメリカにおけるアメリカ合衆国の歴史は大きく違ったものになっていたかもしれない。エル・プルポのいない地峡では、アメリカが今と同じように悪者扱いされることはない。だが、司法省は勝たなかった。負けもしなかった――判決という意味では（当時のＵＦの状況は、どう考えても独占としか言いようがない）。かわりに、最高裁の下した判決は、調査対象の事例は大半が国外で発生しているため判断を下す権限がない、という内容だった。これはとてつもなく大きな決定で、意図せぬ影響が広がることになる。この判決文を書いた、最高裁判事オリバー・ウェンデル・ホームズ・ジュニアによると「別の法域でなされる行為をなすための国内の謀議は、これ自体がその行為には当てはまらないし、現地の法律で許可されるなら不法行為には当たらない」ということだ。

現地で生産したものを当地で売ることで、ＵＦは、節税や法律回避を可能にする前代未聞の仕組みに行き当たったのだ。この判決によってホームズ判事は、現代の花形企業にもその道を開いたことになる。アメリカの法律の内にありながら同時に外にもあるグローバル企業、どこにでもあってどこにもない、決して死ぬことのない巨大企業の逃げ道を。

第7章　ニューオーリンズ

New Orleans

一九〇五年頃、サム・ザムライがニューオーリンズに移ったのは、頑張り屋が常に大きな町へ向かうのと同じ理由から、つまり、次の行動を起こすためだった。

ニューオーリンズは、当時全盛期を迎えていた。人のあふれかえる通りには工場のスモッグが立ち込め、ミシシッピー川を貨物運搬船や外輪船がところせましと行き来する。埠頭には区分があって、穀物や綿花専用の埠頭からは、南部のプランテーションでとれた作物を積んだ船が出港し、バナナ専用の埠頭には、熱帯地方でとれた作物を積んだ船が入港する。ニューディール政策時代の公共事業促進局が一九三八年に発行した『WPAニューオーリンズ・シティガイド』によると、「日がな一日、コンベアーが音を立て、船倉からバナナの茎を引き上げる。男たちは列をなし、日がな一日、バナナを運ぶ。日が暮れて灯りが瞬きはじめると、長い影がユラユラ揺れて、人工の光の下でバナナの緑が増したように見える」ということである。

ザムライは波止場の近くに住んでいた。詳細な住所はわからない。フレンチクォーターあたりの建物だろうか。ひょっとしたら、壁にひびが入り天井の傾いたボロ家で、暖気は逃げ、霧が入り込むようなところかもしれない。事業が成長するにつれ、ザムライは住宅地区に居を移してこの町の富を追いかけた。もう何十年も、フレンチクォーターからは富が逃げていくばかりなのだ。二九歳になったザムライは金もあるし、ニューオーリンズでは顔を知られた存在になっていた。背が高く、漆黒の瞳の横顔は鷹を思わせる。流行好きで、体重にとりつかれていたザムライは、数々のダイエットを試している。肉を絶ってみたかと思うと、肉以外はいっさい絶ってみたり。バナナしか食べなくなったかと思うと、バナナだけは食べなくなったり。毎食後、十五分間の逆立ちもやってみた。消化によいとどこかで読んだのだ。ザムライにとって友人は同僚で、相談相手や敵もまた同僚だった。ひとり暮らしの独身だったが、寂しいとは思わなかった。ザムライにはなすべきことがある。つまるところ、アメリカンドリームをつかもうとしているのだから、用心深く慎重に行動せざるをえない。ザムライは決して手紙を書いたりメモを書き留めたりはせず、直接会うか電話で話すほうを好んだ。ザムライは内気だったと言われるが、これは注意深いと言うほうが当たっているのではないかと思う――記録を残したり注意を引いたりしたくなかったのではないだろうか。ロシアで暮らした子供時代に、ユダヤ人が新聞に載るのは問題に巻き込まれたときだと学んだのかもしれない。

ハバード・ザムライのオフィス――すでにクヤメル・フルーツと呼ばれるようになっていた――は、キャンプ・ストリート二一一番にあった。瀟洒《しょうしゃ》な住宅街にあって、間口よりも奥行きがあり、ベランダは三段高いところにある。クヤメルは輸入業者だが、自分でバナナを育てるのではなく、中央アメリカの農夫たちからバナナを買っていた。ザムライが気にかけているのは、バナナの仕入のことや、うまく値段を設定して輸出業者との取引条件を決めることだった。クヤメルは年間数十万ドルの総利益を上げていて、その大半は農夫や船乗りへの支払いや、現地の役人への賄賂に使われていた。旅に出ていなければ、ザムライは一日じゅう電話口で怒鳴ったり怒鳴られたりして、それが終わると歩いて家へ帰った。機嫌の悪いときには、家を通り過ぎて歩きつづけたかもしれない。まだ妻子がおらず、家族に降りかかる不幸に心を痛めることのない頃、ザムライは夜になると、セント・ピーター・ストリートからオーデュボン・パークを抜け、ミシシッピー川の堤防に出ることがあった。蒸気船から漏れる灯りが川面を照らしている。あ、霧笛が聞こえる！　順風だ！　潮の匂いが鼻をつく！　もし、ザムライの目をのぞき込んだら、機械が回転するのが見えただろうと、南アメリカでザムライのために働いたフランク・ブローガンが言っている。「あの人には、そういうところがあった。常にどこかで計算している。ああいう人間の言葉には耳を傾けてしまう。あの人にはわかってたんだ、教えることのできない何かが」

ザムライがこの町に居場所を見つけるのは、たやすいことではなかった。この町は、地位やら階級にご執心の貴族連中に支配されていたからだ。ザムライには金があったし、頭もよく、見た目もさして悪くなかったが、それ以外は不利なことばかりだった。ザムライは外国人だ――「外人野郎」と波止場では呼ばれた。「よそ者」「ノミ」「ユダヤ人強制居住地域から来たロシア人」と言われたこともある。ニューオーリンズは、よそ者にとってそう悪いところではない。ユダヤ人はずっと昔からニューオーリンズで成功を収めてきた。アメリカの大物ユダヤ人も長年暮らしている。ジユダ・トゥーロとジュダ・ベンジャミンは、南北戦争時代、南部連合の国務長官を務めたし、ダニエル・ウォーバーグは初めてアメリカに定住した銀行家の家系だ。しかし、トゥーロとベンジャミンは南欧系のユダヤ人（ダニエル・ウォーバーグはドイツ系）で、一九世紀末にやってきた東欧系のユダヤ人とは血筋が異なる。彼らは学識があり、洗練され、もはや見分けのつかないほどこの地に同化して、一〇〇年以上も遡ることのできる閉鎖社会を形成していた。このような人々は自らの地位に執着し、ザムライのような連中に脅かされるのを恐れていた。こういう意味で、ザムライは二重に拒否されていたと言える。カソリックやプロテスタントの人々から背を向けられたように、ドイツ系ユダヤ人の集まりからもまた拒絶されたのだ。

　ザムライがニューオーリンズで拒絶されたことについてたずねたとき、トーマス・リーマン（八六歳のリーマン氏は南部で最も古くからある有力なドイツ系ユダヤ人一族の長老で、ザムライのために働いたことがある。彼の父モンテ・リーマンも同様）は、この問いを一笑に付してこう言った。

「そういうことを気にする人間なら気にするだろうが、わたしはミスター・ザムライがそういう人間だったとは思わないね」

　だが、だれにわかるだろう？　一九世紀半ばから南部で重要な地位を占めてきた家系のトーマス・リーマンにならわかるだろうか？　アイビーリーグに匹敵する《ヒドゥン・アイビー》と言われるテュレーン大学を卒業し、ハーバード大学のロー・スクールで学んだトーマス・リーマンになら？

　ザムライは、気にするような人間ではなかったというより、自分は気にするような人間ではないと思い込むことのできる人間だったのではないだろうか。ザムライだって人間なのだ。地位を得たい、受け入れてもらいたい、と思ったはずだ。これは、人間として基本的な欲求なのだから。ザムライは、受け入れられずに地位を求め、地位を得られずに権力を求めた。ザムライは静かな男で不平を言わず、何事も黙して語らなかった。だが、だからといって、内側に怒りを秘めていなかったとはかぎらない。ザムライは、何が何でも手に入れたいと思ったはずだ。だからこそ、あんなにも長いあいだ激しく闘いつづけたし、敵を壁にピンで留めつけ、冷静な目で観察したのだろう。

ザムライはセント・チャールズ・アベニューにある寺院、テンプル・サイナイに通うようになったが、会堂に来る知人の目には、特に信心深いようにも、精神活動に従事しているようにも見えなかったようだ。ザムライに宗教的なところがあるとすれば、近代アメリカ的な意味においてだろう。神秘主義とはかかわりのない私用として。大祭日には会堂の末席に連なるが、そうでなければ姿を見せず、たっぷり寄付をして埋め合わせをする、ザムライはそういう男のひとりだった。

ザムライが信仰していたのは、水際の倉庫や荷積み場、鉄道や貨車だ。これがザムライの避難所で、ここにいれば、自分が何者なのか、何をすればいいのかはっきりわかる。外套を着たザムライは、細長い燭台のような小屋のなかに立って、大声で指示を出した。一九〇〇年代の初めまでにニューオーリンズの港は産業化され、九〇隻の蒸気船が就航し、二隻の将官艇が寄港し、九つの鉄道路線が走るようになっていた。エラート、ディザイア、ポーリンの各ストリートに大きなバナナ専用の埠頭が三つあり、自動荷下ろし機が一時間に二五〇〇本のバナナを運ぶ。毎年二三〇〇万茎のバナナが町を行き来した。UFはタリア・ストリートに自社設備を持っていた。ニューオーリンズは当時現役の港町で、ちょうどシカゴやフィラデルフィアと同じぐらい活気があった。現在のニューオーリンズには見る影もない。立ったまま死んでしまったのに、酔狂にもまだ立っているみたいに見える。こんなことを言うのは、ザムライ像をより明確に伝えたいと思うからだ。観光地では、ザムライは大きな存在ではない。ザムライは、アメリカ南部の最大の港で大きくなろうと野心を抱いた男なのだ。

ザムライは、町にいれば、波止場で取引をし、質問を浴びせ、目録と積み荷を比べ騙されていないか確かめた。通りが閉鎖されたとか、家を買おうとして門前払いされたとか、そういうことがあったときには、ただ川に行けばよかった。ザムライはこのあたりにいる連中の名前をみんな覚えていたが、とりわけ古参組を気にかけていた。帆船時代から取引をしている連中だ。白髪交じりで歯はタバコのヤニで黄ばみ、縁付き帽をかぶって海賊みたいに日焼けしている。昔はたいそう羽振りがよかった彼らも今では細々と食いつなぐばかりになっていた。

なかでも華やかなのが、ジェイコブ・ワインバーガーだ。通称「パロット王ジェイク」で知られている。ジェイクは一八四五年にハンガリーからテキサス州ガルベストンにやってきたあと、当時メキシコから併合されたばかりのバリアー島に移り住んだ。一八五〇年代初期から地峡地帯を旅している。ステープル帆船を借りて大西洋岸の小さな港町をめぐり、行く先々で詰めかける子供や商人に迎えられた。若い頃は背が高く痩せこけていたが、年をとって恰幅のよくなったジェイク・ワインバーガーは、南の人々から好奇の目で迎えられた。

小間物、スカーフ、おもちゃのラッパ、口琴、履物、木綿など、現地の産物（工芸品、衣類、ココナッツ）と交換できそうなものなら何でも運んだ。ジェイクが初めてバナナを買ってテキサスへ運んだのは一八六〇年代のことだ。一時はオウムとコンゴウインコを独占的に扱った。熱帯の鳥をただで捕まえて、雑貨店やペットショップのオーナーたちに売ったのだ。カリブの海賊から聞き覚えた怪しげな言葉をしゃべる鳥もまだいた（「クラック・ザ・ジェニーズ・ドーター（ジェニーの娘をやっちまえ）」）。こうして、ジェイクは富を築いた――というか、とにかく最初の富は。実のところ、ジェイク・ワインバーガーは何度も大金を手に入れては失っているのだけれど、当人は気にしていなかったように見える。ジェイクにとって、商売は旅の手段なのだ。エキゾチックな寄港地、さまざまな経験、おもしろい出来事。『エンパイア・イン・グリーン・アンド・ゴールド（Empire in Green and Gold）』のなかでチャールズ・モロー・ウィルソンは、ジェイクをこう評している。「愛想のいい南部人。賭け事が大好きで、よく考えもせず賭けをした。過激な英語と片言のスペイン語がごちゃまぜになった、なんとも独特の言葉で話した」

ジェイクは、地峡地帯のあらゆる国に友人がいた。町や政府を動かす連中と顔見知りで、どんな取引がなされるか熟知していた。一八七〇年にニカラグアに移り、ブルーフィールド・バナナ・カンパニーを立ち上げ、会長兼熱帯在住支配人を名乗っている。「灼熱の、蚊がブンブン唸るブルーフィールドで、ジェイク・ワインバーガーは白い肌をした『皇帝ジョーンズ』のように振る舞っている」とウィルソンは続ける（ユージーン・オニールの劇中で自らを皇帝に任じるジョーンズは黒人だ）。「ジェイク・ワインバーガーは、ニカラグア人を気に入って手厚くもてなし、子供には菓子を与え、大人には酒を振る舞った。ニカラグアの人々がこんなジェイクのことを、『ヘイコブ』と自分たちの言葉で呼んで慕ったのも無理はない。だれもがジェイクのために働き、バナナを育てて収穫し、暑い荒れ果てた沼地を実りある畑にするのに手を貸した」

最も出来がよかった年には、ブルーフィールドは一〇〇万本のバナナを輸出している。こうしてジェイクは、モービル、ニューオーリンズ、ガルベストンとニカラグアを行き来するようになった。バナナ取引の賢者となり、またたく間にジャングルをプランテーションに変えてしまう魔法使いになった。ジェイクは、モービルでアンドリュー・プレストンのリストに載っていたバナナマンのひとりだ。プレストンがユナイテッド・フルーツの株取引をしてまわったときのことだ。しかし、ニューオーリンズでザムライが会ったときには、ジェイクはすでに過去の遺物になっていた。いにしえの銃使いの名人を手元に置くのは、あっぱれな腕前を見込んでというよりも知恵と彩を添えるためだ。ザムライはジェイクを仲裁役として雇った。言ってみれば、任務なきバナナマンだ。全盛期は過ぎていたが、ジェイクはこの地方のことをよく知っていたし、地峡の大物たちとはひとり残らず口を利く関係だった。

ジェイクがもたらしたのはそれだけではない。ジェイクにはセーラという名の美しい娘がいた。おそらく、ザムライがセーラに会ったのは、ジェイクの家でコーヒーを飲みながら男ふたりが仕事の話をしたときのことだろう——ザムライはジェイクの話を聞いているが、考えているのはベランダで本を読んでいる女のことだ。わたしは、若かりし日のセーラの写真を三枚見たことがある。一枚はパスポート写真で、出生情報が記されている。

生年月日：一八八三年一二月一三日
出生地：テキサス州ガルベストン

父の出生地：ハンガリー
母の出生地：メキシコ

わたしとしては、オーケストラに合図をして音楽をかなで、ザムライの頭のまわりをハートマークがまわっているところを想像したい。一四歳のときから仕事一筋だったこの男が、恋に落ちたところをお見せしたい。だが、それは無理な話だ。そんなふうに事が運んだ証拠はどこにもないのだから。手を握り、顔を赤らめて話した瞬間があっただろうか？　そうは思えない。ふたりの関係はお見合いだった形跡がある。ザムライは三一歳。成功しているとはいえ独身で、妻が必要だ。セーラは美人だが二五歳。当時の基準ではもう若いとは言えない。セーラのほうも将来の保証が必要で、だとすればこれは良縁だ。ビジネスマンが同僚の娘と結婚すれば、結束がさらに固くなる利点がある。結婚を社会的約束と呼ぶのはそういう意味だ。

サミュエル・ザムライとセーラ・ワインバーガーは、一九〇八年五月に結婚した。夫婦が所帯を構えたのは、現在テュレーン大学の新キャンパスのあるあたりだ。第一子ドリスが一九〇九年の一一月に生まれている。父親になると将来の捉え方が変わるものだ。それまで半分ぐらい信じてきたことが現実になる。内なる声が真剣に問いかけてくるようになる。どれだけあれば足りるだろう？　この娘を守るために何が必要だろう？　サム・ザムライがもっと大きくならなければ、もっと手に入れなければと決意したのは、ドリスが生まれてからだ。そのためには事業を拡大するしかない。そして、事業を拡大するためには自分のバナナを植えるしかない。それに気がついたザムライは、生涯かけてひとつの道をたどることになる。南へ向かうジャングルにつながる茨の道を。

黄

Yellow

第8章　地峡

The Isthmus

一九一〇年が明けると、ザムライは数週間ホンジュラスを旅してまわった。ホンジュラスには前にも来たことがあるが、やがて故国となるこの国を広く見てまわるのはこれが初めてだ。アシュベル・ハバードとジェイク・ワインバーガーも同行している。ザムライは土地を買うつもりでいた。酒場や飲食店で聞きかじったスペイン語を話すようにはなったものの、ザムライは南での暮らしがどんなに長くなっても、片言以上のスペイン語を話せるようにはならなかった。英語の訛りがあるうえに、その英語にはロシア語の訛りがあるのだから。考えてみれば、これがザムライなのだろう。役割の上に役割を、人生の上に人生を上塗りして生きてゆく。

一行はプエルト・コルテスに上陸した。低床式のブロックでできた住居の並ぶ、海沿いの町だ。通りは湾沿いに弧を描いて丘のほうへ続き、丘の上にはコロニアル様式の大邸宅がそびえ立っている。遠くから眺める山々はただの緑に見えるが、近づいてみると恐ろしいほどの野生が感じられる。店も、ヤシの木で窒息しそうな小径も、あらゆるものがちっぽけに感じられる。プエルト・コルテスは南半球で最も古くからある町のひとつだが（六〇〇年以上、人が住んでいる）、それでも仮住まいにしか見えない。ザムライが到着したときには、フロンティアの町といったおもむきで、政府や法律とは無縁に見えた。南アメリカの首都であるボゴタやキトよりも、西部開拓時代の辺境地ドッジシティやトゥームストーンに近い。毎晩のように拳銃の撃ち合いがあり、通りは酒と金であふれかえる。ダンスホールから三〇メートルも離れれば、あるのは丘の稜線に、波の音と星ばかり。ここは、怪しく危険な場所だ。小さいのに大きくて、取るに足らないのにこのうえなく重要なのだ。

ホンジュラスがアメリカと犯罪人引渡し条約を結んでいないため、プエルト・コルテスは犯罪者の逃げ場所になっており、逃亡中のアメリカ人であふれていた。「出納係ブラウン」として知られるフランク・ブラウンは、一九〇〇年にケンタッキー州ニューポートにある銀行から一九万五〇〇〇ドルを持ち逃げし、プエルト・コルテスにやってきた。ニューオーリンズの穀物商アレックス・オーデンダールは、同じ頃、二〇万ドルを持って行方をくらまし、プエルト・コルテスへやってきた。髭を生やし白いスーツを着てセニョール・ハリスと名乗っている。ニューオーリンズ出身の元連邦保安官補アルシー・レブランクは、金を持ち逃げし、行方をくらましてやってきた。ルイジアナ州財務官だったエドワード・バークも同様だ（鉱山王になったバークは、傭兵にあとを追われている）。「不履行者たちの居留地」という見出しのニューヨーク・タイムズ紙の記事によると、「全国に名の知れわたったおたずね者を含め、七人以上もの公金横領者が、あのちっぽけな共和国でひそかに亡命生活を送っている。実のところ、ホンジュラスはかくも華やかな自主的亡命者の住処になっているのだ。亡命者たちは、ふたたび故国の土を踏もうとは夢にも思わないだろう。蒸気船が出てゆくのを憂いに満ちた目で眺め、一隻一隻、その姿が見えなくなるまで見守っている」

ウィリアム・シドニー・ポーターは、ザムライが到着する数年前にプエルト・コルテスにやってきた。テキサスで兼業の新聞記者をしていたが、以前に出納係をしていたオースティンの銀行から数千ドル盗んだあと、プリメラ・アベニューにあるバーに身を隠した。そして、そのとき聞いた革命論者やバナナ・カウボーイの話を『キャベツと王様』という一冊の本にまとめ、一九〇四年にオー・ヘンリーの名前で出版した。「バナナ共和国」という言葉を考えだしたのはオー・ヘンリーだ。この短編集（わたしには、フロリダのモーテルの壁にかかっているような水彩画を思わせる）は、ザムライが初めて経験した頃のホンジュラスの様子をよく捉えている。「カリブ海の大嵐にさらされたこの大陸の切れ端は、海に向かい、コルディレラ山系を戴く密林の恐るべき境を示しつつ、なお謎と浪漫に満ちている」とオー・ヘンリーは書いている。「その昔、断崖には海賊や革命家たちの声が響きわたった。コンドルが絶え間なく上空を舞う、緑の木立のなかでは、火縄銃やトレド剣でコンドルの餌が供された。海賊に奪われたり、敵に奪い返されたり、あるいは抵抗勢力が突如蜂起して、この歴史ある四八〇キロの海岸は、何百年ものあいだはっきり支配者と呼べる存在を持たずにきた。探検家ピサロやバルボア、海賊フランシス・ドレーク、革命家ボリバルたちが、ここをキリスト教国にしようとありとあらゆることを試みた。ジョン・モーガンやジャン・ラフィットのような海賊たち、暴れん坊どもが次々と押し寄せ、攻撃を加え……このゲームは、いまなお続いている」

ザムライたち一行は、町にたったひとつのホテルに宿を取り、数日滞在したあと出発した。冬の頃の、地峡の雨期が終わってまた始まるまでのいちばんいい時季だ。一行は北岸沿いのバナナランドを訪ねた。途中で小さなカリブの村に立ち寄る。どの村も違うようでいて、みな同じだ。町と町のあいだは、神に見放された沼地のように野生が広がる。樹木にはインコが群れ、下生えにはサルやバクがたむろしている。このあたりには、オソ・カバロ（クマ・ウマ）という幻の動物がいるらしい。一行は、ホテルに泊まったり、地元の商人の客間に泊めてもらったり、海岸で毛布にくるまって寝ることもあった。車で移動することもあったが、この頃は馬の時代だ。一行はたいていラバの背に揺られて旅した。ホンジュラスのラバは、耳のピクピク動く、黒目で出っ歯の動物で、乗り手の言うことをまったく聞かないことで悪名高い。初めてラバに乗ったとき、ザムライは地面に投げ出された。二度目には、つまさきを噛まれた。三度目は、ラバが倒れてのたうちまわった。五度目は、ザムライを川の真ん中まで乗せていって置き去りにした。だが、これしきのことでへこたれるザムライではない。辛辣で有名なホンジュラスのラバに、ザムライはとうとう打ち勝った。年配のカウボーイがよく言うように、「ラバを理解するまで、決してバナナ・ビジネスは理解できないし、ラバを理解することは決してできない」のだ。

ザムライは、何かというと限界に挑むところがあった。辛抱するのが大好きなのだ。同行者たちが疲れ果て、お手上げだという様子で「セルベッサ（ビール）、セニョール、セルベッサの時間です」と言うのを眺めながら、その力を存分に発揮した。ラバの背に揺られホンジュラスを横断したおかげで、ザムライは、この国のことを学び、人々と出会い、土地を探し出すことができた。しかしそれだけでなく、ずっとあとになって、わたしのような人間が「ラバでこの国を横断したグリンゴ」とザムライについて書くことになるのだ。

　ホンジュラスはペンシルベニア州ぐらいの大きさで、北はグアテマラ、西はエルサルバドル、南はニカラグアと国境を接している。大西洋から太平洋までは、最も狭いところで三二〇キロ。ザムライが到着した頃の人口は五〇万人ぐらいで、大半が貧しい「メスティーソ」、つまり先住民と白人の混血の人たちだった。ホンジュラスは分断された国家で、大西洋側の低地は中央アメリカというよりカリブの色合いが濃く、海辺にヤシの葉が生い茂り、アフリカ人奴隷の末裔たちが多く暮らしている。これに対して、高地のほうは、コンキスタドールたちの知っている古代マヤ文明の風景を思わせる。

　一五〇二年にはコロンブスがこの国を訪れている。海岸に沿って、のちにオモア（クヤメル・フルーツの拠点）、テラ（ユナイテッド・フルーツの拠点）、ラ・セイバ（スタンダード・フルーツの拠点）になる場所を帆船で通過した。この国にホンジュラスという名前をつけたのはコロンブスだ。ホンジュラスは「深い」という意味だが、実際の湾はかなり浅い。そのため、バナナ取引がまだ初期の頃、桟橋ができるまでは、貨物船は一キロほど沖で筏《いかだ》がバナナを運んでくるのを待たなければならなかった。つまり、「ホンジュラス」という名前には看板に偽りがあるのだ。

　コロンブスは、のちのトルヒージョにあたる場所に上陸した。スペインのイサベル女王に宛てた手紙のなかで、トルヒージョについてこう述べている。「草木の生い茂る美しい土地で、マツやカシの木、七種類のヤシの木、スペイン語ではホビと呼ばれるミロバランなどがふんだんにあります。ピューマやシカ、ガゼルなどもたくさんいます」。コロンブスは、袖なしの綿入れを着た、この地方の先住民たちに出会っている。コロンブスはできるかぎりそっと核心に触れようとした。コロンブスが黄金郷についてたずねると、先住民たちは身振りで南を示す。ちょうど次の丘の向こう、あの地平線を超えたところだと言うように（エル・ドラードが遠のいてゆく）。コロンブスは海岸をさらに南下して、熱帯まで達している。自分のいるのは極東の、マルコポーロが伝えた国で、ガンジス川から歩いて一〇日のところだと信じて。ヨーロッパから同行した役人の大半は、コロンブスがいるのは日本でもインドでもなく、だれも見たことのない未知の場所だとすでに気づいていたが、当のコロンブスは混乱したままだった。

　コロンブスはホンジュラスで二カ月すごしたあと、船出したが、二〇キロ沖で、嵐に見舞われる。記憶の奥底に刻み込まれるような大嵐だ。「雨や雷鳴、稲光が果てしなく続き、この世の終わりのようだった」とコロンブスは書いている。「このような耐えがたい嵐が続き、太陽も星も頼りにできない。船団はなすすべもなく風雨にさらされ、帆は破れ、錨もロープも鎖もなくなり……補給品の多くは海に放り出され、乗組員はみな船酔いに苦しんだ。だれもが罪を悔い、神と向き合った。みな誓いを立て、命を助けてくれたら必ず巡礼をすると約束していたし、互いに罪の告白を始める者も多かった」。歴史家はこの嵐が二八日間続いたとしているが、コロンブスは一〇〇日間と書いている。永遠に続いたという意味の、コロンブスなりの表現かもしれない。ここは荒っぽい国、ウミヘビやウミボウズの縄張りだ――というのが嵐からのメッセージだ。

　コロンブスの上陸から二〇年後、ホンジュラスにはエルナン・コルテスやスペインから来たコンキスタドールたちが住みつくようになる。メキシコが征服されてから間もない頃だ。コルテスはスペイン西部のエストレマドゥーラ州に生まれた。この町は多くの探検家を生んでいる。ホンジュラスでわたしを案内してくれたガイドのマイク・バラダレスは、「コルテスは養豚家で、親父の代もそうだ」と言っていた。
コルテスもその父も養豚家ではないが、マイクの言いたかったのは、アステカ帝国を破壊するようなやつはロクなやつじゃないということだろう。

中央アメリカ地峡は、最も幅の広いところで五六〇キロ、パナマにある最もくびれたところで五五キロの幅がある。コルディレラ山系が走り、細く連なる山々に、岩や滝、断崖、渓谷がある。もし、わたしが「コルディレラ」という言葉を多用しているとしたら、それはこの言葉がスペイン語で最も美しい言葉だと思うからだ。この言葉を聞くと、一車線の道路や急斜面のジグザグ道、世界一標高の高い場所にあるコーヒーのプランテーションがくっきりと目に浮かぶ。地峡の頂点部分は、標高およそ四二六七メートルある。この部分は、陸の塊というより廊下とか瓶の首みたいだ。ハイウェイに入る立体交差路のような、こちら側からあちら側へ渡るための通路は、永遠に狭間にあって宙ぶらりんの感じがする。地峡を車で縦断したいと思ったら、メキシコから南下してコロンビアへ走るといい。コロンビアからは土地幅が広くなり南アメリカが始まる。パンアメリカン・ハイウェイを行くのがいちばんだ。アラスカを出発点に世界の底まで続く四万八〇〇〇キロ。この道は、いくつもの道路がつながってできていて、ひとつひとつの道路は、コンキスタドールや屈強な強者たちによって地図に加えられたものだ。ところどころ、狭いでこぼこ道があったり、上り下りがあったり、ジャングルや山々と格闘したりしたあげく、パナマの熱帯雨林のなかで唐突に終わってしまうのにはがっかりする。道路そのものが自然に打ち負かされ、ぶつぶつ言いながら歩き去ったかのようだ。道は一〇五キロ先、つまり裂け目の反対側からふたたび始まる。この裂け目はダリエン・ギャップと呼ばれる。ダリエン・ギャップは中央アメリカの未完成な、あらゆるものに進行中の看板がかかっているような感じを象徴している。ロシアならシベリア鉄道。ドイツならアウトバーン。合衆国ならルート66。中央アメリカではダリエン・ギャップだ。

地峡ではずっとこの調子だ。たくさんのプロジェクトが始まり、完成するものはほとんどない。始まりは多く、終わりはほとんどない。どのブームのあとにも、どうしようもない失敗が続く。最初はコンキスタドールの到来だ。彼らが殺戮のかぎりを尽くしたあと、じわじわと金や仕事がもたらされるようになった。しかし大儲けができたのは、コルテスから一世代を経て、ペルーの存在がヨーロッパに知られるようになってからだ。宮殿に、鉱山に、金銀財宝。この宝の山が集められ運び去られるときに、地峡は中継地の役割を果たした。太平洋から大西洋へ歩いて渡る最短の近道。金貨は一枚残らずあのくびれた土地を担いで運ばれた。コロンビアの太平洋岸にあるベラクルスから、大西洋岸のポートベローまで三週間。到着すると、船員たちがラム酒を飲み、海賊がお宝を狙っている。この港町では、やり手や詐欺師たちが浮かれ騒ぎ、ブラスバンドの笛吹きたちも裸足で埃にまみれていた、と当時の人々は証言している。『ア・ブリーフ・ヒストリー・オブ・セントラル・アメリカ（A Brief History of Central America）』のなかで、著者エクトル・ペレス＝ブリニョーリは、この頃の地峡のことを「奇想天外な夢物語」と呼んでいる。

スペインの探検家バルボアがやってきた一六世紀初頭から、ペルーの鉱山がついに枯渇し北アメリカが台頭する頃まで、このブームは二〇〇年に及んだ。一七三九年に最後のスペイン艦隊がポートベローを発ったあと、地峡はどっぷりと停滞し、数世紀にわたる眠りの時代に陥った。銀とともに、海賊とエル・ドラードの夢は去ってしまったのだ。この地域は地図上から消え、忘却と孤独のなかに取り残された。人口は激減し、村々は打ち捨てられた。ヨーロッパから来る船は一隻もないまま、一年が過ぎることもあった。最後のスペイン財宝艦隊が発ってから最初のバナナマンが姿を現すまで一世紀以上が経過した。その頃までには、メキシコ、グアテマラなどの、中央アメリカの国々はスペインとのつながりを絶っていた。ホンジュラスは一八二一年に独立を宣言している。

『百年の孤独』のなかでガブリエル・ガルシア＝マルケスは、新時代の到来を北アメリカからのひとりの起業家の到着として描いている。

……あまたある水曜日のひとつに、丸々太った、笑顔のミスター・ハバートがマコンドにやってきて、家で食事をした。

一房めの最初のバナナを食べ終わるまで、この男が食卓にいるのにだれも気がつかなかった。アウレリャノがミスター・ハバートに出くわしたのはホテル・ヤコブで、部屋がない、と言って片言のスペイン語で抗議していたのだ。よそ者を見るとたいていそうするように、アウレリャノはミスター・ハバートを家に連れてきた。ミスター・ハバートは係留気球の商売をやっているおかげで、地球を半周し、かなりの利益を上げていた。けれども、マコンドではまだだれも乗せるのに成功していない。ジプシーの空飛ぶカーペットを見たあとでは、だれもが係留気球は時代遅れだと思うようになったからだ。それで、ミスター・ハバートは次の列車で帰ることになっていた。昼食のあいだは食堂に吊るしておくのが習わしになっている、トラ縞模様のバナナが食卓に供されると、ミスター・ハバートはさしたる熱意も見せずにバナナを一本手に取った。ところが、ミスター・ハバートはしゃべりながらバナナを頬張りつづけ、味見をしたり噛みしだいたり、食いしん坊が喜んで食べているというよりは、賢者が心乱されているという面持ちで一房食べ終えると、もう一房持ってきてくれるよう頼んだ。そうして、肌身離さず持っている道具箱のなかから小さな容器と光学機器を取り出した。ダイヤモンド商人のような疑り深い目つきで、ミスター・ハバートは細心の注意を払いつつバナナを吟味した。手術用のメスでバナナを切り分け、薬剤師用の秤で一切れずつ重さを測り、鉄砲工用の測径器で幅を計算した。そうして、箱から次々と道具を取り出すと、温度や大気中の湿度の具合や光度を測った。あまりにも興味をそそられる儀式だったので、だれも落ち着いてバナナを食べることができず、ミスター・ハバートが最終的な判断を下すのをみんなが待っていた。ところが、ミスター・ハバートの意図がわかるような言葉は、一言も発せられなかった。

ミスター・ハバートは、サミュエル・ザムライだ。やり手の果物売り。歴史のある国ではなく、金銀を埋蔵する鉱山に目がいく人間。ハバートは事業計画とダイヤモンド取引の道具が詰まった鞄を携えてやってきた（食べているあいだ黙っていたのは、言葉を発すれば値段をつり上げることにしかならないからだ）。バナナ事業の原罪は、あらゆる者に達していた。バナナマンが地峡の人々や土地を見る目は、資源を見るのとたいして変わらない。バナナの根茎や土、太陽、雨を見るのと同じなのだ。安価な労働力や南国情緒しか見ていない。邪悪さの定義のひとつは、他人のなかに人間性を見いださなくなることだ。他人を物や道具として、利用すべきものとして見る。バナナ取引は、最初から植民地主義の精神に汚染されていた。

ザムライは、ホンジュラスの北岸にある旧植民都市、オモアのはずれに最初の土地を購入した。土地の大半はクヤメル川の南岸沿いにある。このあたりは丘陵地帯で美しく、緑の陰が無数にある。この土地は長年、ガラクタ扱いされ、無価値と見なされて手入れもされていなかった。二〇〇〇ドル、全額借金をして、ザムライは二〇〇〇ヘクタール買った。まもなくニューオーリンズに戻ったザムライは、はたして二〇〇〇ヘクタールで十分だろうかと思案していた。これで、ユナイテッド・フルーツと張り合えるだけの供給が得られるだろうか？　十分かどうかは問題じゃない、とアシュベル・ハバードが言う。金がないんだから。目の前に積まれたカードの山に、ほしいカードが潜んでいるときがある。今を逃せば二度と手に入らない土地が入手可能になるときがある。優秀なビジネスマンは、気圧が下がるときのようにこの瞬間を感じる。そして、偉大なビジネスマンは、この瞬間、金がなくても行動を起こすほど愚かである。

第9章　コリンズまで

To the Collins

一九一〇年の春、ザムライは計画を携えてホンジュラスに戻ってきた。痛いほど単純で美しいまでに効果的な計画だ。すなわち、舗装された道路を超えて北上し、クヤメル川の三角州地帯に入る。札束をちらつかせ、金が底をつくまで買えるだけの土地を買い占める。ザムライは、借金をして勝負をしていた。ニューオーリンズとモービルで借りられるだけ借り尽くし、ニューヨークやボストンの銀行まで手を広げていた。貸してくれる者があれば、だれであろうと受け入れる。ザムライは手を広げすぎ、危うい状態になっていた。ザムライもリスクを気にかけてはいただろうが、今こそ勝負の時だと信じるしかなかった。こんな安値で土地が手に入ることは二度とないのだ。オモアの食堂にいるザムライの姿を想像してみよう。図体の大きいロシア人が入り口にいて、みんなに酒をおごる。たいていのバナナ業界の重役たちと違って、ザムライは地峡の人々といると落ち着いた気分になった。「ザムライは相手の暮らしに自分を合わせていた」とフォーチュン誌は伝えている。「友情を築き、農民たちと飲みかわすのを恥じたりはしなかった。ザムライは現地の言葉を巧みに操り［ママ］、罵り言葉さえ使うのをいとわなかった。ザムライは現地の人間、ホンジュレーノになったのだ」。ザムライは先住民たちに富とよい仕事をもたらすと約束した。実際に人を雇う段になると、相場の一〇倍の賃金を払うと言って他の雇い主の怒りを買っている。数カ月のあいだに、ザムライは未耕の土地を買い集め、それが最初のプランテーションになった。

土地の値段を決める際には、ザムライは、現地の地主たちの無知につけこんでいる。ザムライは情報に勝り、ホンジュラス人の知らない重要なことを知っていた。農民たちにとって、この土地は病気のはびこる沼地で、一〇〇年たったとしてもやはり価値のないものだ。ザムライは土地の者よりも知識があった。農場育ちのザムライは、雑草の下に広がる黒い土の意味に気づいた。果物売りとして働いた経験から、この土にすくすく育つであろう果物が持つ価値にも気づいた。安値で手に入れたこの土地は、実は世界一価値があるバナナランドだった。バナナを育てるには低地の森が必要だ（バナナは九〇〇メートル以上の高地ではうまく育たない）。ホンジュラスには、ロームとして知られる土質、灌漑、二〇〇〇ミリから五〇〇〇ミリの年間降雨量。それに、これらがみな揃っている。「カリブの低地は何の価値もないし、白人には住めないと思われていたが、バナナの栽培には願ってもない土質であるとわかったのだ」と、サミュエル・クローサーは著書『ロマンス・アンド・ライズ・オブ・ジ・アメリカン・トロピクス（Romance and Rise of the American Tropics）』に書いている。

こうして、ザムライはホンジュラス全土をまわり、政府の役人と話をした。ホンジュラスの大統領ミゲル・ダビラからの使者とも面談している。ザムライは、税金や輸入税を免除する馴れ合い協定を求めていた。このような賄賂による了解事項はバナナ取引の世界では日常茶飯事で、営業特権とか非公式な取り決めとか、それ専用の名前もあるぐらいだ。どんなバナナマンもこれなしでは立ちゆかない。バナナ取引は、安価なバナナに依存していて、それは安価な労働力と土地、余分な経費がかからないことによって成り立っている。ごくわずかなコストが追加されるだけで――仮に、一房一セントであっても――ユナイテッド・フルーツの設定する市場価格を上まわってしまう。ダビラ政権は最も融通が利くというわけではなかったが、ザムライは最終的に（リベートや賄賂を使って）営業特権を取り付けた。クヤメル・フルーツは、ホンジュラスにあるあらゆる設備の輸出税を免除されることになった。これには貨物機関車、鉄道の線路、枕木、蒸気ショベル、鉈《なた》なども含まれる。他に土地、労働に対しても非課税で、輸入税も免除される。ザムライのバナナはこうした費用の負担なしに合衆国に届けられる。それはつまり、ザムライはユナイテッド・フルーツ並みに安く商品を売ることができるということだ。のちには、この営業特権のおかげでジャングルを切り拓き、埠頭や鉄道、橋を建設することもできるようになり、それらはみなザムライ個人の所有物となった。

最初のプランテーションを建設していた、この初期の頃のザムライを一言で表現しろと言われたら、わたしは「衝動」という言葉を使うだろう。衝動、野心、精力、ガッツ、何と呼んでもかまわないが、ザムライをセルマからニューオーリンズへ、さらには地峡のジャングルの町へと突き進ませたものだ。精霊が解き放たれ、男たちが熱狂する地峡の町へと導いたもの。金を儲けたい、痕跡を残したい、頂点まで上り詰めたい、偉そうなやつらの鼻を明かしてやりたいという、この衝動がザムライを駆り立てたのだ。なぜ、バナナを選んだのか？　それがいちばん手近にある商品だったからだ。バナナは南部の市場で匂いを放っていた。もしザムライがシカゴに落ち着いていたなら、ビーフを選んだだろう。ピッツバーグなら鉄、ロサンゼルスなら映画だ。つまるところ、何を仕入れるかは問題ではない。問題は売ることなのだ。それにしても、この野心は、いったいどこからきたのだろう？　ひょっとしたら、何世代にもわたってヨーロッパの強制居住区《ゲットー》に押し込められ、思うままに生きられなかったユダヤ人の鬱積したエネルギーからだろうか。それとも、今は忘れてしまった子供時代のトラウマからだろうか。それとも、ザムライにはどこか欠けたところがあって、競争のなかにそれを見いだした（だれよりも強く求める者が、だれよりも先まで進む）のだろうか。それとも、もしかすると、ザムライには生まれつき備わっていたのかもしれない。自らを突き動かす得体の知れない何かが。

一九一〇年の秋、ザムライはオモアにオフィスを構えた。このオフィスはプエルト・コルテスから一三キロ北上した海岸にあって、今は博物館として保存されている。小屋のなかには机が置かれ、西側の窓からなだらかな丘が見晴らせる。プランテーションは、オフィスから二四キロ内陸に入った大西洋側の斜面にある。秋になり雨期が始まると、ザムライは畑にあるバンガローに移り、作業員たちの仕事ぶりを監督した。作業員は大半がジャマイカ人で、ジャングルを切り拓き、最初のバナナを植えた。

バナナ・プランテーションの造成は、鬱蒼《うっそう》とした雑草や蔓《つる》草を、整然とした畝や柵や小屋に置き換える作業だ。その頃までには科学的な手順で、決まった段階に沿って行われるようになっていた。

最も頼りになる手引書は、ユナイテッド・フルーツの発行した本だ。この本には、プランテーションをつくるのに十分な土地を購入したら、鬱蒼たる土地にエンジニアを派遣するよう書いてある。エンジニアは、双眼鏡とノートと鉛筆を携えて、隅々まで土地を計測し、凹凸の具合、霧がたまる溝、水が海に流れるときのコースなど、ひとつ残らず地図に描き入れる。この地図を使って、土地はできるかぎり同じ大きさになるように区切られ、一区画が一二ヘクタールか、または地形の許すかぎりそれに近い大きさになる。作業員のチームが畑を歩きまわり、ひもで境界の印をつけ、低木の茂みを切り拓く。この作業には火が使われることもあって、そのときは、海岸から見えるほどの黒雲が上がり、樹木の焦げる匂いが熱帯の空気に立ち込める。たいていの場合は手作業で行われ、ザクザクザク、サクサクサクと斧《おの》が上下に振るわれる。この作業には数週間かかる。ジャングルは刈り株になるまで刈り取られ、しまいには、巨木以外には何もなくなる。残っているのは、一〇〇メートルにも達しそうな先史時代の怪物たちだ。たとえば、グアナカステの木。この木は、成長して天蓋のようになる。カポックの木もある。大理石の円柱のように伸びるこの木の樹皮には、点々と棘がついている。カポックはマヤ族にとって神聖な木で、黄泉の国への入り口だと考えられている。人気のないだだっぴろい草原にカポックの木がそびえる姿には、畏怖の念を呼び起こされる。

下生えが刈り取られると、作業員が畑に畝の印をつける。それから、男がふたりやってきて、ひとりが九〇センチ間隔で三〇センチの穴を掘ると、もうひとりがその穴にバナナの根茎を落としていく。巨木が切り倒されるのはそれからだ。モンタナ式というやり方で、西インド諸島の先住民がふたりがかりで巨大なのこぎりを押し引きすると、やがて木が揺らぎはじめ、だれかが大声で合図する。いにしえのカポックが倒れるぞ、聖なる聖なるカポックが《ホーリー、ホーリー、ホーリー》。倒れざま木の葉が舞い散り、幹が地面に叩きつけられ張り裂ける。切り倒された木は最高の肥料になる。腐敗する過程で数百年分の栄養が土に溶け出すのだ。巨木が倒れた次の日、地面は枝やら木の葉やらが散乱している。数カ月もすると、幹はジャングルに呑み込まれ消えてしまう。その頃までには作業員が何十回も畑を行き来し、作物の畝に立ち寄り、鉈で雑草を刈り取っている。

　わたしがこんなふうに書くのは簡単だ。デスクに向かい窓から冬景色を眺めながら、しょっちゅうキッチンに行ってコーヒーを淹れたりしながら書いているのだから。だが、実際には世界一きつい仕事なのだ。もし、本書がわたしの思い描くようなものになっていたら、熱と恐怖に満ちた畑の感覚が読者にも伝わるはずだ。茂みに潜んだ蛇は一発で仕留めなければならない。刺されて毒がまわると横になりたくなるから。一分だけカポックの木陰でひと休み、と思うと、サソリが上から落ちてきてシャツのなかに入り、肌の露出したところを探しだす。黄熱病をもたらす蚊の大群。マラリアにうなされて見る夢。沼地や壊れた道具やアーセニックの木。いかにして健康が損なわれ、手に水膨れができ、腰がやられるか。ちゃんと水を飲むのを忘れたら、世界がどんなふうに見えるか。望遠鏡を逆からのぞいたみたいに、何もかもが小さく見える。

　ザムライは北岸で数百人の作業員を雇った。作業員たちは、最初の数週間テントで寝泊まりしたあと、丸太小屋から、仮小屋、バンガローへと移り住む。働くのは午前四時から正午まで。それを過ぎると暑すぎて屋外にはいられなくなるからだ。だれもがサンダル履きで、シャツをへそのあたりまで開け、麦わら帽をかぶって、ズボンの腰に鉈をさげていた。いちばん人気のある鉈は、コネチカット製で、刃渡り一五センチの三日月形だ。木の取っ手の近くにコリンズという製造者名が浮き彫りになっている。ときおり、ふたり以上の作業員がケンカを始めると、鉈をチラつかせて「コリンズまで突き刺してやる」と言うことがあった。いつしか、この「コリンズまで」という言葉が、熱帯地方で男たちを待ち受けている、あらゆる種類の死を意味するようになった。

種を蒔いてから三週間すると、土から芽が出る。数日のうちにみな、畑はバナナの木で埋め尽くされる。鉈を持った男たちが畝を行き来し、次々と生えてくる雑草を刈り取る。バナナ・プランテーションでは、雑草の除去は呼吸を意味する。この作業がなければ、バナナの木は死んでしまう。

バナナの木が小さな子供ぐらいの背丈——だいたい四年生ぐらいの青々として前途有望な頃——になると、エンジニアが戻ってきて仕事をする。畝の合間を縫って走る鉄道の路線を決めるのだ。収穫されたバナナはこの鉄道で倉庫に運ばれ、選別され数を数えられて貨車に積み込まれる。鉄道は簡素なつくりで、枕木のあいだには草が生えている（「生まれ落ちたその日から、わたしは何度も何度も聞かされた。ユナイテッド・フルーツの鉄道や仮小屋は夜間につくられたんだ。だって、昼間は太陽のせいで持てないほど道具が熱くなるからね」と、ガルシア＝マルケスは自伝『生きて、語り伝える』で書いている）。実際、線路は夜明け前の涼しいときに敷かれている。これには数週間以上はかからなかった。野生化したり、休閑地になったりしている畑があると、線路を解体して再利用した。今でも、ホンジュラスではこうした路線の名残が見つかる。スーラ・バレーの草木の生い茂る畑で、絵本に出てくるような蛇やインコのいるジャングルで、ボウボウに伸びた草の陰に鉄の道がキラリと瞬く。

ザムライは、エンジニアや植え付け人、鉈を持った男たちのそばで働いた。泥にまみれ汗にまみれて刃を振るう。プランテーションの地図を描き、根茎を植え、雑草を刈り、線路を敷くのを手伝った。ザムライは蛇退治の名人だった。たいていの作業員たちより背が高く、釘のように強靭で細身のザムライが、声をはり上げて片言のスペイン語で命令を出す。ザムライは、肉体労働には超越的な力があると考えていた。男は肉体を消耗することによって、魂を解き放つことができるのだ、と。机に向かうオフィスの生活は、現実との関係を絶った軟弱者のすることだ。ザムライは屋外で食事をした。ふかひれのスープにプランテン・バナナ、カニとオクラのスープに酸っぱいワイン。ジャングルで暮らした年月のおかげで、ザムライはバナナ取引の世界では稀有な経験を得た。他の競争相手とは違って、ザムライはこのビジネスのあらゆる部分を理解していた。株式が操作される重役室から、緑のバナナが黄色くなる熟成室まで。ザムライは、プランテーションには来たこともない、北部暮らしのバナナマンたちをばかにしていた。あんな間抜けどもにいったい何がわかる？あいつらはオフィスにいて、おれたちは現場にいるんだ！

畑の植え付けが終わると、プランテーションの町が建設される。大半の町は、アメリカの小さな村が地峡の荒々しさに呑み込まれたような感じだ。交差点や尖塔、緑の広場があって、青果店や雑貨店が並ぶ。重役たちには、磨き上げられたカウンターにダンスフロアのあるクラブ、中堅の社員たちにはビリヤード台とポーカー・テーブルのあるクラブ、作業員たちにはビール樽とウィスキーに、ケンカだ。ザムライは、男たちが暴力をふるわぬよう管理するためにニシキヘビを輸入している。蛇がそばにいれば、我を失くすまで飲んだくれはすまいと考えたのだ。

ザムライは、最終的にバナナタウンをいくつも建設し、どの町も基本のパターンにそって同じように配置した。重役たちの家は丘の上に置かれ、地位が高いほど上にある。支配人の家が頂上だ。プランテーションが平地に開かれた場合には、丘が造成された。こうして、バナナタウンの景色は、会社の階層を反映してつくられた。「西部劇に出てくる鉄道の停車場が、われわれの列車の駅と似ているのに気がついた」とガルシア＝マルケスは書いている。

のちに、フォークナーの小説を読みはじめた頃、彼の作品に出てくる小さな町もわれわれの町と似ているような気がした。驚くにはあたらない。その町はユナイテッド・フルーツ・カンパニーの救世主のような啓示のもとに、いずこも同じ仮住まいの、間に合わせの様式で建てられたのだから。広場にある教会も、おとぎ話に出てくるような原色で塗られた小さな家も、わたしはすべて覚えている。黒人の作業員たちが夕暮れどきに歌う姿も、お屋敷にある掘っ立て小屋のそばで、農民が一息ついて貨物列車が通るのを眺める姿も覚えている。朝になると、土曜日の乱痴気騒ぎのせいで、首を叩き切られた刈り取り人が溝で見つかったのも覚えている。アラカタカやセビージャにあったグリンゴだけの町も覚えている。線路の向こう側にあるその町は、養鶏場のように帯電柵に囲まれ、涼しい夏の明け方には、その鉄柵が焼け焦げたツバメで黒くなっていた。クジャクやウズラのいたのんびりした青い芝生も、赤い屋根と針金格子の入った窓も、ヤシの木とくすんだバラの茂みのテラスで食事をするための、小さな丸テーブルと折り畳み椅子も覚えている。ときおり、鉄条網の向こうに、物憂げな美しい女性が姿を見せ、モスリンのドレスに紗の帽子をかぶり、金のはさみを手に庭の花を切っていた。

ザムライは、一九一〇年に最初のバナナを収穫した。ホンジュラスに到着してまもなくのことだ。刈り取られ積み上げられた豊作のバナナは、畝から運び出され、数を数えられたあと、藁《わら》を敷き詰めた貨車に詰め込まれる。貨車のドアがガシャンと閉まる。乗務員が親指を立てて了解の合図をし、機関士がうなずくと、列車はキーッという音を立てて動きだす。初めはゆっくりと、しだいにスピードを上げてゆく。車輪の回転が増し、やがて見えなくなる。列車は蛇のように丘の合間を抜け、ジャングルを突っ切って、旧植民都市のはずれに姿を現す。ガタゴトと音を立て路地や裏口を通りすぎると、ニワトリの骨が積み上げられ、迷い犬がうろついているのが見える。初期の頃の列車は六両編成で、バナナがぎっしり詰め込まれていた。熱にさらされた幾千もの房が匂いを放つ。列車が走る度、男たちはチームで働く。車掌は機関室、主任は最後尾の車掌室にいる。護衛はライフルを持って屋根に上り、列車が乗っ取られないように見張りをする。ここは、荒くれ者の国、バナナ・フロンティアだ。プランテーションにも列車にもいないとき、ザムライはオフィスの窓から外を眺め、列車がオモアから港へ向かって疾走するのを見ていた。

最初の出荷に、次の出荷が続き、三回、五回、一五回と続いた。これがバナナの偉大なところのひとつだ。木綿やタバコと違って、シーズンがない、というよりもシーズンがずっと続く。終わりのない夏が、ときおりハリケーンや旱魃《かんばつ》にさえぎられる。冬、霜、早い夕暮れ、にわか雪——そういうのは、神に見放された、別世界の話だ。正しく植えれば、バナナ・プランテーションは、決して尽きることのない天の恵みになる。

ザムライは、さらに土地を探しはじめた。土地が手に入れば、鉄道も作業員も家も、もっと増やすつもりだった。そのためにはもっと金が必要になる。しかし、ザムライはすでに手を広げすぎていた。アメリカじゅうの銀行から金を借りている。自分にはもう、びた一文、貸す者がないとわかって、ザムライは他の資金源を探しはじめた。もし自分がザムライだったら、どうするだろう？重要な側面にある起業家が、今こそすべてを賭けるときだと知る。これがチャンスなのだと、ただわかっている。だが、銀行には断られた。問題は金なのだ。しかし、自分には金持ちの伯父もエリートの知り合いもいない。だとしたら、どこへ行くか？　歴史書や論文には、通常とは異なる方法で必要な資金を調達したと書いてある。利子が五〇パーセント近い逼迫した条件で。これは、どう考えてもギャングだ。セント・クロードとデゥメインの角にいる、派手なスーツを着た知恵のある連中から借りたのだ。

アシュベル・ハバードは、銀行から借りて土地を購入するのに、一度目は同意したし、二度目も、控えめならかまわないと言った。が、今度ばかりは限度を超えていた。ザムライが今こそすべてを賭けるときだ、チャンスを逃さないうちに、と考えているのに対して、ハバードは、事業が軌道に乗るのを待つほうがいいと思っていた。まず、入手した土地にバナナを植えて、借金の一部を返済してしまおう。そうすれば、もっと土地を手に入れることを考えてもいい、と。しかし、ザムライはこのビジネスは拡大しなければ生き残れないことに気づいていたはずだ。すべてを投げ打つか、さもなければ、きっぱり手を引くか。若いザムライは、すべてを賭けて勝負をしたかった。巨万の富をもたらすのは、大きな賭けだ。そんなリスクを冒すほどの度胸をハバードは持ち合わせていなかった。ハバードは神経質になり、このロシア人の共同経営者の行動を警戒するようになった。ニューオーリンズの新聞記者にザムライをどう評するかと訊かれたときには、大きなアイデアを持った人物だ、と答えるのが精いっぱいだった。

ハバードが限界に達したとき、ザムライはハバードの持ち株を買い取ることに同意した。クヤメル・フルーツの出資金の四五パーセント。これで、ザムライの持ち分は九〇パーセント、残りの一〇パーセントはユナイテッド・フルーツが所有している。この取引の詳細はいっさい報告されていないが、クヤメルの価値が四〇万ドルだったということは、ザムライは一八万ドル程度を支払ったと思われる。そしてこの金も、ザムライが他の金を借りたのと同じ筋の人間から借りたはずだ。

借金に借金を重ね、リスクにリスクを重ねて、ザムライはいったい何を考えていたのだろう？　ハバードの持ち分を買い取ることで、ザムライはすべてを自分の肩に背負い込んだ。けれど、それが何だと言うのだ？　ひとりで失敗するのも、ふたりで失敗するのも同じことだ。失敗すれば、どのみち、すべてを失うのだから。

第10章　革命しよう！

Revolutin'!

　ビジネスマンというものは、ある程度の賄賂は気にしない。もしかしたら、あったほうがいいと思っているかもしれない。役人に金を払ったり、便宜を図ってくれる官僚にリベートを渡したりすれば、払った人間は、少なくとも自分の立ち位置がわかる。このような賄賂のことを、ニューヨークでは「オネスト・グラフト（正直な接ぎ木）」と呼ぶ。シカゴでは「ザ・マシーン（例の仕組み）」と言う。取引は取引。払ったものは手に入れる。ところが、賄賂を受け取った役人が約束を反故にしたり、買収した役人が突然、期待通り動くのを止めてしまったりしたら、いったいどうして商売が成り立つだろう？　これはまた別の汚職であり、性根の腐った話であり、そんなことになったら会社は立ち行かずに潰れてしまう。正しいとか間違っているとかいう問題ではない。倫理の問題なのだ。もし、だれかを買収したら、その人間は買収されたと見なす権利がある。

　にもかかわらず、バナナの生産がまだ軌道に乗る前から、こんな噂がザムライの耳に入るようになった。ザムライがホンジュラスでした取引や、したいと思っている取引（ダビラ政権は最も融通が利くわけではない）は、危ない。ホンジュラスはロンドンの銀行家から何百万も借りており、いつまでたっても返せそうにない。一八六〇年代から未払いになっているこの負債は、政府が四つの借金をして債券を発行し、イギリスの銀行がホンジュラス鉄道に融資したものだ。ホンジュラス鉄道の物語には、地峡の暮らしが凝縮されている。一八七〇年、政府はジョン・C・トロートワインという技師を雇い、大西洋側のプエルト・コルテスから、テグシガルパを経由して、太平洋側のフォンセカ湾まで鉄道を敷設しようとした。だがこのとき、完成した距離単位で支払いをするという間違いをしでかした。一八八〇年にこの事業が破綻したとき、ホンジュラスに残されたのは、低地のあちこちに点在する九六キロの役に立たない鉄道だった（テグシガルパは、今でも列車の運行していない、世界でたったひとつの首都だ）。一九〇〇年、債券者に対する負債額は、元本に四〇年分の複利が加わり、一〇億ドルに達していた。銀行家はこれを清算するよう迫り、この問題はイギリス海軍によって解決せざるをえないと、脅すようにほのめかした。一八九四年には、実際にイギリス海兵隊がニカラグアの太平洋岸、プエルト・コリントに上陸したが、回収できた負債の額はたった七万四〇〇〇ポンドだった。

アメリカ合衆国大統領ウィリアム・ハワード・タフトは懸念していた。西半球でヨーロッパの軍事行動につながるようなことは、それが何であれ、モンロー主義に対する挑戦になるからだ。そこで、国務長官フィランダー・ノックスが一計を講じた。アメリカ最強の銀行家ジョン・ピアポント・モルガンを採用し、ホンジュラス鉄道の未払いの債券をすべて買い上げて、イギリスの銀行家を満足させたのだ。モルガンはその後、負債の再融資を行い、新たに五〇〇〇万ドルをミゲル・ダビラ大統領の政府に貸し付けている。この貸し付けに同意するにあたって、モルガンは以下のような条件をつけている。すなわち、この貸付金と業務に対する見返りとして、モルガン銀行の担当者がプエルト・コルテスの税関業務に携わり、全輸入品にかかる税金を徴収する、というものだ。銀行の手数料を差し引いたあと、担当者が差額をホンジュラス政府に送金する。モルガンは、この条件を条約に明記しテグシガルパの国会で批准するよう主張した。これは多くのホンジュラス人を激怒させた。これでは、国家の主権を剥奪するようなものではないか。

イギリスの銀行家はノックスの計画に満足し、鉄道の債券を売却することに同意した。額面五〇ドルの債券を一枚七五ドルで売却した。ダビラ大統領も満足した。これで守ってもらえると思ったからだ。モルガン銀行の担当者がホンジュラスで働いていれば、アメリカ海軍には彼らを守る義務があり、ホンジュラス政府を革命家たちから守ってくれるだろう。ノックス計画は、だれにとってもいい計画だった。たしかに、ホンジュラスの国民とサミュエル・ザムライ以外には、だ。ザムライのビジネスは、営業特権と馴れ合い取引なしには成立しないのに、モルガンはそれを禁じようというのだ。実際、ノックス計画は、ザムライのような可能なかぎり支払っている人間から取り立てる仕組みなのだ。もしこの計画が成立すれば、一房一セントも余計にかかることになり、クヤメルのビジネスは立ち行かなくなってしまう。

ノックス計画の条件を聞くやいなや、ザムライは行動にでた。目標はいたって単純だ。弱体化させ、覆し、反故にする。叩き潰して葬り去るのだ。初めのうち、ザムライは従来の方法でそれを実行しようとした。ロビイストを雇って国会議員を話に引き込み、ホワイトハウスに圧力をかけさせている。よその国の国家問題に首を突っ込むようなまねはやめさせなければならない、というわけだ。この運動に勢いがついてくると、ノックスは警戒心を抱きはじめ、新聞記事や社説など、野党の情報の出処を追及した。この運動はどこからきたのだ？　黒幕はいったいだれだ？　まもなくノックスは、ロビイストたちが食費もホテル代も払っていない事実をつきとめた。請求書はすべて、ルイジアナ州ニューオーリンズのミスター・ザムライ宛てになっていた。

一九一〇年の夏、この日は、ザムライの人生で最も奇妙な一日だったにちがいない。ザムライはワシントンから伝言を受け取った。合衆国国務長官のオフィスに出頭するようにとのことだった。アメリカに来てまだ二〇年もたっていないというのに、ザムライは最高レベルの国務に巻き込まれてしまった。小さな町《シュテットル》から来たユダヤ人が皇帝《ツァー》に謁見を賜りに行くわけだ。朝早くワシントンに着いたザムライは、まだ暗いうちに駅を出て、明けゆく光をあびつつ通りを走り抜けた。ホテルに立ち寄ってから、旧行政府ビルへと向かう。美しい円柱が立ち並び、屋根付き窓や煙突が目立つ建物だ。ザムライは、まず国務長官の特別補佐官を務めるアルビー・エイディーと対面した。エイディーは、白髪交じりの顎鬚に鋼色の目をした上品な紳士で、米西戦争中には国務長官代行を務めた政府の古株だ。エイディーは、ザムライを尋問してから、ノックスのオフィスへ連れていった。木と真鍮でできた部屋に地球儀や本や油絵がある。写真で見るノックスは、大きく、柔和で丸い感じの印象を与え、フィラデルフィアの旧家であるこの一族特有の、威厳ある鼻をしている。目は眠たげで悲しそうだ。少女のような顎ががっしりとした首に決然として据えられているように見える。ザムライはノックスよりも背が高く引き締まっていて、顔つきは鋭いが笑うと表情が変わる。

この会議の詳細は、ザムライが友人や数人のジャーナリストに伝え、彼らが記事にしたり他の人に話したりしている。そしてこの話は、いつしか伝説になっていった。わたしの想像するのは、こんな場面だ。ノックスが噛んで含めるように地峡の歴史を言い聞かせるのを、ザムライが座ったまま辛抱強く聞いている。ラテンアメリカ諸国やラテン的性格が不安定なこと、ホンジュラス鉄道の大失態とそれに伴う負債。他国による侵略の危機。体面の問題。ノックスは、モルガン氏の役割を説明し、それがいかにホンジュラスのためになるかを語る。

はい、はい、おっしゃるとおりです、とザムライは答える。だけど何かしらの期待を持って投資をしたビジネスマンの立場はどうなるんですか？　ここまで力を尽くしてきたのに黙って捨てろとおっしゃるんですか？

ノックスは煮え切らない。ザムライは答えを要求する。さまざまな筋から集めた情報をつなぎ合わせたところによると、その結果は、以下のようなやりとりになったようだ。

——お越しいただいたのは、値段交渉のためではありません。

——じゃあ、いったい何で呼んだんです？　おまえはおしまいだと言い渡すためですか？

——それは、わたしにかかわりのないことです。

——いいですか、長官殿、何か単純な糸口が見いだせたら……

——話し合おうというのではないのです、ミスター・ザムライ。交渉をしているのではありません。合衆国の方針をお伝えしているのです。それはご理解いただいたわけですから、できるかぎり丁重に申し上げているのです。帰国してこの問題にはかかわらないようにするほうがいい、と。ホンジュラスに首を突っ込むのはやめていただきたい。あなたには関係のないことなのです。

——いやいや、関係あるんです、長官殿。この条約が締結されたら、わたしの事業はおしまいだ。

——それは遺憾なことです、ミスター・ザムライ。しかし、わたしの考えているのは、あなたのバナナ・ビジネスよりも広い範囲のことなのです。

——けど、営業特権が認められたら、どんな害があるっていうんですか？

——特定の懸念があるのであれば、ミスター・モルガンとお話しになるといいでしょう。

——「長官殿、わたしはミスター・モルガンのお気に入りの孫じゃありません。ミスター・モルガンがわたしの話を聞くわけがない」

——それは、わたしにはかかわりのないことですな。

「わたしは、自営の植え付け人からバナナを買う小さな事業をやっていますが、もっとこの事業を拡大したかったのです」と、ザムライはアメリカン・マガジン誌に語っている。「鉄道を敷設して自分の果物を育てたいと思いました。鉄道の設備にかかる輸入税は法外な値段——四五〇グラムあたり一セント——で、これが非課税で輸入できる営業特権が必要でした。もし、モルガン銀行がホンジュラスを支配し輸入税から借金を取り立てるようになったら、いったいどうすればいいのでしょう？」

ザムライが立ち上がって帰ろうとすると、ノックスは二度目の警告を発した。余計なことをするな！　大人しくしてろ！　手を出すんじゃない！　ホンジュラスの政治に首を突っ込んだ話など聞く耳は持たない！

ザムライはうなずいて納得したように見えたが、ノックスは安心できなかった。

ザムライは人を安心させようとしたが、権力者の前には、思いどおりにならない人間として立ちふさがることが多かった。ザムライが何をしようとしているか知りたければ、ザムライが納得したように見えるもののことは忘れて、ザムライが何に興味を持っているかを考えてみるといい（ええ、ええ、ホンジュラスに首を突っ込んだ話を聞くことはありませんよ）。ザムライが出ていくとすぐに、ノックスは何本か電話をかけて指令を出した。財務省の役人にニューオーリンズでシークレット・サービスのチームを取りまとめるよう指示する。このバナナマンを見張らせるためだ。ザムライも、ザムライの息がかかった者たちも、この国から出すわけにはいかない。

ザムライになったつもりで考えてみよう。アメリカに来てまだ二〇年もたっていない。アメリカに来る前はロシアで暮らしていた。ユダヤ教のラビであふれる貧しい農村だ。今はアメリカにいて相当な収入のある起業家になったが、まだ心のどこかで、自分は裏口からこっそり入ってきたロシア人だと感じている。夫であり父であり、幼い娘がひとりいて、まもなくもうひとり生まれてくる。そんな自分がワシントンに呼びつけられ、国務長官に警告された。こんなとき、どうするだろう？身を潜めて、口をつぐむだろうか？　部屋の片隅に腰かけて、自分の幸運を神に感謝するだろうか？　まあ、たぶん、ふつうの人はそうするだろうけれど、サム・ザムライは違った。ニューオーリンズに帰る道すがら、ザムライは何やらぶつぶつとつぶやきつづけた。バカ言うな！　引っ込んでろ、だと？　バカ政府を転覆させてやったとしたらどうする？　出しゃばりすぎか？　おまえらの取引したのは、ホンジュラス大統領のミゲル・ダビラだな？　なら、セニョール・ダビラが大統領じゃなくなったら、いったいどうする？

何たる豪胆さ！

フィランダー・ノックスもジョン・ピアポント・モルガンもものともせず、ザムライはアメリカで最強の権力者ふたりに闘いを挑もうとしていた。

ザムライの計略は、革命を装ったクーデターだったと言えるだろう（ホンジュラスの民の怒りを掻き立てるのは難しくはなかった。たいていのホンジュラス人はノックス計画を忌み嫌っていたのだから）。マニュエル・ボニージャ将軍は、一九〇七年に退任に追い込まれるまでホンジュラスの大統領だったが、いくつかの理由から、この反乱の指導者の役を振られることになった。たとえばホンジュラスでよく知られているから。ニューオリンズに住んでいるから。ホンジュラスのビジネスマンから信頼されているから。ザムライがボニージャを気に入っていて、我が将軍《ミ・ゼネラル》と呼んでいるから。ボニージャもザムライを気に入っていて、ザムライを「天から遣わされた天使」と呼んだこともあるから。ホンジュラス国内に、ともに闘ってくれる味方がいるから。そして、褐色の肌に広い鼻幅という、外交官たちの言う先住民の特徴を持っていて、この作戦に民衆の反乱というオーラを与えることができるから……というのがその理由だ。

ザムライは、ボニージャとその右腕リー・クリスマスとともに手はずを整えた。対外的な場面で、前面に立ったのはクリスマスだ。英語のほうがよくできたし、人前に出るのも得意だったからだ。ザムライは、フレンチクォーターにある、ホテル・モンテレオーネのカルーセル・バーで、このふたりを見つけたのだろう。このバーにたむろするのは、追放されたラテンアメリカの指導者や北アメリカの軍事活動家《フィリバスター》、政府を転覆させる機会を求め、いつまでも仕事を探しつづける傭兵たちだ。

ボニージャは絵になる男で、ときおり小柄な体を騎兵将校の制服に包み、乗馬靴に鞭を携えて現れた。部下に囲まれたボニージャは、テグシガルパに凱旋すると固く誓っていたが、実のところ、ザムライが連絡を取ったときには最後のドルを使い果たし、ロイヤル・ストリートのお湯も出ないアパートでその日暮らしをしていた（合衆国国務省のウィリアム・メリーはボニージャを「先住民と黒人の混血で、無学でたいした能力もない」と評している）。目下のところ、ボニージャの利害はザムライとぴったり一致していた。ザムライには金と船と銃がある。ボニージャには正統性とやる気と、あのすばらしい先住民の顔があった。

一九一〇年の夏、リー・クリスマスはボニージャの指揮する解放軍の募集を開始した。フレンチクォーターの売春宿や酒場にいる男の肩を叩いたり、メキシコ湾岸の港町から連れてきたりして集める。可能なかぎり慎重を期して動いてはいたが、窓や通りの向こうからこちらを見つめる目があった。ノックス直属の財務省の諜報員たちだ。町じゅうのだれもがクリスマスの動きを承知しているかのようだった。ニューヨーク・タイムズ紙の記事によると（ニューオーリンズは「革命の温床でフィリバスターのメッカ」と呼ばれている）、「ひょっとしたら、革命家と言われる人間がこれほどニューオーリンズにいるのは初めてかもしれない。この男は、アメリカをはじめ各国の諜報員二

○人ほどと追いかけっこを繰り広げている」

クリスマスがこっそり何かするというのは、笑い話だ。救いがたいほど注意を引いてしまうこの男は、荒々しく騒がしく、土曜の午後の連続ドラマから跳び出してきたように見える。逸話を持つ他の傭兵と同じく、兵士というより興行師に近く、お行儀のよいアメリカという国のために演技をして見せるポップスターのようだ。色白の顔にセイウチ髭を生やし、ロミオのようにきれいな青い目をしている。状況が許せば、軍服も着る。ダブルの真鍮のボタンに、縁飾りやひものついた軍服はパリのテーラーであつらえたものだ。剣を携えてみることもある。クリスマスは、近代の生んだ混成種《ハイブリッド》だ。本物であると同時に偽物でもあり、大まじめでありながらよく笑う。いくつかの戦争に従軍して、撃たれた数も少なくないのに、大衆に向かって演技をする道化でもある。一八六三年にルイジアナ州リビングストン郡にある綿花のプランテーションに生まれたクリスマスは、人生の端役を演じるのを拒んで冒険の旅に出る。一八九〇年から一九二五年までのあいだ、クリスマスは中央アメリカの政治を描いた喜歌劇の主役だった。

クリスマスは、一八九三年に初めてプエルト・コルテスにやってきた。一〇年もたたないうちに、さまざまな戦闘に従軍して征服や殺戮を繰り広げ、スターになった。リチャード・ハーディング・デイビスのベストセラー小説『ソルジャー・オブ・フォーチュン（Soldiers of Fortune）』の主人公はクリスマスがモデルだと言われている。クリスマスは一九〇〇年代にボニージャ将軍とめぐり合い、まもなく友情を育んだ。最初は盟友だったふたりが、やがて友となり、兄弟になった。一九〇七年には、ボニージャの大義のためにクリスマスが命を賭して戦っている。このとき、ボニージャ将軍は、戦闘で兵士を打ち負かされ、国外に追放された。

クリスマスは数百人の兵士とともにテグシガルパ郊外の丘で捕らえられた。望みがないと悟ったクリスマスは兵士たちに降伏するよう命令し、そのあいだに自分は急いで逃げることにした。ヘルマン・ドイッチュの『ジ・インクレディブル・ヤンキー（The Incredible Yanqui）』によると、クリスマスは配下の者にこう言ったそうだ。「おれは行く。薬莢が七発あるはずだから、最初の六発で追手から逃げる。最後の一発はおれの分だ。万が一捕まったときのためにな。だが、約束する。暴徒の前に引きずり出され、見せ物にされたあげくとどめを刺されるようなことは断じてない」

ひと握りの男がクリスマスに同行したいと願い出た。一行は、拳銃と斧《おの》を手に明け方出発した。一丸となって敵陣を突破し、激しく馬を駆る。三人の男――テッド・レイズ、フランシス・バラホーナ、フレッド・ミルズ――が撃ち殺された。クリスマスは開墾地を横切り、林へ逃げ込もうとする。あと少し。ほんの少し。ほら、もう目の前に……ズドン！　馬が撃たれ、クリスマスが宙に浮く。倒れるまでの時間が永久に続くようだった。馬の下敷きになったクリスマスの片脚はひどい骨折をしていた。敵の兵士たちが駆け寄ってくる。クリスマスが銃を構える。ドイツ製のルガー銃だ。たしか三発残っているはず。クリスマスは二発撃ち、銃口を咥《くわ》えると、引き金を引いた。カチッ。もう一度引く。カチッ。クリスマスは昔から算数に弱かった……。クリスマスは敵に囲まれた。汚れた軍服を着て仰向けに横たわるクリスマスをいくつもの顔が見おろしている。青い空、緑の山々。クリスマスの生涯における伝説の一場面だ。

「どいつもこいつも地獄に落ちやがれ！」とクリスマスが叫ぶ。「ちっとでも度胸があるんなら、今すぐおれを撃て。撃って終わりにしろ。だがな、おれを埋めるんじゃないぜ。地面に残して腐るにまかせろ」

「埋めるなって？　でもいったいどうしてだい、将軍さん？」

次の言葉は、クリスマスが前もって用意してあったか、あるいは、あとででっちあげたか。はたまた、実際にそう言ったのか。クリスマスの物語に謳い文句のようについてくるこの台詞は、ダーティ・ハリーの決め台詞「今日はツイてるか、このクソ野郎？」さながらだ。

「ハゲタカに喰われて、おまえらの上を飛びまわり、その黒い顔に白いクソを引っ掛けてやりたいからさ」

クリスマスがこう言ったのは、兵士たちがこれを聞いて激怒すると思ったからだ。挑発して自分を殺させようという思惑だった。だが、兵士たちは笑い出してしまった。「あんたは勇敢な男だ、指揮官殿《ヘフェイ》」敵の指揮官がクリスマスに言った。「これに免じて、処刑はいっさいなしとしよう」

小枝や若木で担架が作られた。クリスマスは山々を越えテグシガルパまで運ばれた。クリスマスの脚は、そこでふたたび折ってつながれた。回復したクリスマスはホンジュラスから追放され、最終的に郵船の船でニューオーリンズへ向かう。ニューオーリンズに戻ると、また聞きの情報に頼る新聞がクリスマスの死を伝えていた。ニューヨーク・タイムズ紙は「命知らずのアメリカ人、ニカラグア兵士に八つ裂きにされる」という見出しでクリスマスの物語を伝えている。自分の葬式に参列でもするようにカルーセル・バーに姿を現したとき、リー・クリスマスの伝説は不滅のものになった。

ここで、リー・クリスマスがマニュエル・ボニージャ軍のために集めた男たちを紹介しよう。ネブラスカ州ブロークンボウのトレイシー・カスター・リチャードソン。フォークソングの英雄みたいな、さすらいのばくち打ちで、蒸気船の雑役をしたり油田の整備士をしたりしたあとニカラグアの内戦に参加した。メキシコ国境戦争、第一次世界大戦の西部戦線に従軍し、第二次大戦中にはワイルド・ビル・ドノバンのOSS（戦略情報局）の一員だった。リチャードソンも、ニューオーリンズの他の傭兵たちと同様、事実と伝説を切り離すのは難しい。どれほど深く掘ろうとも岩盤に当たらない——掘っても掘っても物語に突き当たるだけなのだ。つまるところ、この男は自分で作った曲のだれよりも偉大な歌い手で、小説やら三文犯罪小説のなかで自身の物語を何度も繰り返し語っている。クリスマスに声をかけられたとき、リチャードソンはバーボン・ストリートでよく見かける、酔っぱらった若者のひとりだった。

「闘うユダヤ人」サム・ドレブン。ロシアから来てすぐアメリカ陸軍に入隊した。フィリピンでは、アメリカ初の対反乱作戦に参加している。これは、ベトナムやアフガニスタンの先駆となった戦争だ。ドレブンは、待ち伏せ、偽装爆弾、追跡、接近戦での殺しといった、地峡にぴったりの技能を身につけた。ドレブンの手のつけられない凶暴さはブラックジャック・パーシング将軍の目に留まるところとなり、「アメリカ外征軍の傑出した英雄」の勲章を授与されている。ニューヨークのローワー・イーストサイドに戻ったドレブンは、新聞記者のあいだで引っ張りだこになった。物書き連中にしてみれば、ドレブンは奇妙な存在なのだ。闘うのが大好きなユダヤ人。ユダヤ人といえば、縫物をしたり貯めこんだりするものなのに。新聞に登場するドレブンは、いつも不運なユダヤ人の衣をまとわされ、まるでボードビル劇を見るかのようだ。ドレブンの死後、一九二五年にニューヨーカー誌に載った評論には、「(ドレブンは) すぐむきになるミシン職人のように見えて、余裕綽々たる悪鬼のごとく闘った。戦火の下で見せた、この予想外の資質のおかげで、ドレブンはたちまち組織内で非公式の高位を勝ち取った。忙しがり屋のサム・ドレブン、いつも小さくなっていたロシア系ユダヤ移民が、生まれて初めて敬意というものを味わった」とある。

ガイ・モロニー。一六歳のとき、ニューオーリンズから逃げ出してボア戦争に従軍した。当時は兵役にロマンの感じられた時代で、少年たちはラドヤード・キップリングの呼び声を心に留めていた(「スエズの東に乗せてゆけ、最高が最低に見えるところへ/モーゼの十戒のない、男が渇きを解き放てるところへ」と、「マンダレー」と題する詩のなかでキップリングは書いている)。二〇歳になる頃には、モロニーは世界を股にかける男になっていた。南アフリカやフィリピンで戦い、機関銃の操縦法を身につけている。モロニーは戦闘様式よりも武器に重きをおく近代軍人の典型だった。ニューオーリンズに戻って警官をしていたモロニーは、自由気ままな日々に思い焦がれていた。クリスマスの部隊に加わったのは、ニューオーリンズに移ってカルーセル・バーの常連になっていたドレブンからの紹介だ。「ダビラを打倒する準備をしてるんだ」と、ドレブンはガイ・モロニーに話した。「どうだ? 一枚かまないか?」

ドレブンがモロニーに紹介状を渡し、モロニーがそれを持って住宅街へ出向くと、別の紙を渡された。それを持って別の家に行くと、乗船切符を手渡された。こうして、モロニーはベリーズ沖合の船でクリスマスと対面した。クリスマスはバラバラになった機関銃をモロニーの足元に投げてよこし、「組み立てろ」と言う。モロニーがあっという間に終わらせると「よし合格だ」とクリスマスが言った。

ザムライの傭兵部隊には、ひょっとしたら、一〇〇人の兵士が集まったかもしれない。寄せ集めの傭兵に、ボロをまとった海賊くずれ。見た目もばらばらだし、武器もやる気もさまざまだ。この一団に地峡で募集した新兵が加わった。ニューヨーク・タイムズ紙には、「マニュエル・ボニージャは現在ニューオーリンズにいて、数人の腹心とともにホンジュラスの大西洋岸に向けて出発する準備をしている。ホンジュラスですでに編成されている武装部隊を率いて、革命の御旗を今一度掲げるものと思われる」とある。

ホンジュラスにおける最初の試みは、のちに評されたとおり「茶番劇」に終わった。ボニージャは後援者の反応を恐れたが、ザムライは今さら手を引くわけにはいかなかった。この将軍にすべてを賭けると決めたザムライは、手を引くのではなく、なぜ失敗したかを分析して建て直しをはかることにした（これが、ザムライの生涯における、たいていの物事に対する見方だ。すなわち、物事を解決すべき問題と見なす）。軍人ではないが、ザムライは優れた戦術家で人間と機械の流れを理解している。たちまち、この失態の理由を見極めた。第一に、政治的気運が熟していなかったのだ。ホンジュラス人はノックス計画をそれほど警戒していなかった（この状況は気のいい新聞記者が、まもなく変えてくれるだろう）。第二に、反乱軍は海で大差をつけられていた。こちらにあるのはたった一隻、それも老朽化した船だけで、ホンジュラスの海軍には及びもつかなかった。ザムライはこの不均衡を修正する。第三者を通じて、時速一五ノットのスピードが出せる全長四八メートルの戦艦を調達した。ミゲル・ダビラの艦隊のどの船よりも速い。ホーネット号というこの船はアメリカ海軍艦隊に所属し、米西戦争の際キューバのマンサニージョ港の戦闘に参加している。それを政府が五一〇〇ドルで商人に払い下げ、その商人が秘密裏にザムライの代理人に売り渡したのだ。取るに足らない情報のひとつとしてノックス長官はこの船の購入話を聞いたはずである。

法律上できることはたいしてなかった。ザムライは自分の痕跡をいっさい拭い去ったので、ザムライがホーネット号を所有していることは容易に証明されなかった。ニューオーリンズ港の役人から見れば、この船はれっきとした貿易業者が所有しており、カリブ海を横断するのに使用するのだ。仮に戦闘に配備されたなら、船の所有者は中立法に違反するが、将来起こりうるという理由で資産を差し押さえることはできなかった。船が購入されたということは、間違いなく戦争になる、とダビラは考えた。知らせを聞くやいなや、ダビラは大西洋岸にある港町周辺に塹壕を掘るよう軍に命じ、ニューオーリンズにスパイを送り込んだ。しかし、このスパイたちはセント・チャールズ・ホテルのロビーで一目でそれと見抜かれてしまう。ブルーのジーンズにカウボーイ・ブーツを履き、山高帽をかぶったスパイの姿は、見るからにインチキなグリンゴだった。

ホーネット号は、アルジアーズ・ポイントで錨を下ろした。対岸のジャクソン・スクエアから渡ってきた財務省の諜報員が、乗船して船内を捜索するのが日課になった。遠くから見るとまだ町がグレーに見える早朝に、街灯が黄色く見える夜更けに、川がまどろみ、甲板がニスのような匂いを発する昼下がりに、捜索は何度となく行われた。しかし、何も出てこない。地図もナイフも書類も弾丸も、何ひとつ見つからなかった。

一九一〇年一二月一五日、ホーネット号の船長、チャーリー・ジョンソンは、ニューオーリンズから出港する許可を申請した。わざわざ理由を告げるほどのことはない。ジョンソン船長は商人でニカラグアへ取引の旅に出るのだ。現地では鉄鉱石の買い付けが手配してある。この架空の旅は一七日間かかる予定になっていた。ニカラグアまで六日間、港で三日停泊し、八日かけてニューオーリンズへ戻る。何ら疑わしいところはない。おまけに、ノックスが諜報員に見張るよう命じた男たち――ザムライ、ボニージャ、クリスマス――はホーネット号に近づきすらしていなかった。

ホーネット号が一二月二二日に出港すると、ニューオーリンズの一〇〇キロほど下流で財務省の諜報員が三人乗船してきた。革命家がこっそり潜り込んでいないか確認するためだ。ミシシッピー川の河口付近の停泊所で三人は下船した。ジョンソン船長は、税関を通り過ぎメキシコ湾に出ると、エンジンを止めてコルクのように漂った。合図が来ると、船長は東へ舵を切った。ミシシッピー海峡に浮かぶ島々のあいだを縫って進んだところで、錨を下ろして待つ。寒くてどんよりとした時期だ。ジョンソン船長は、ついにザムライのしゃれた小船がこちらへやってくるのを見つけた。下のキャビンでは傭兵たちがポーカーをやっている。小船はスピードを上げ、ホーネット号のほうに向かっている。近づくにつれ、その姿がいっそうはっきりと見えてきた。小船がホーネット号の船側につながれ、丈の長い外套を着た、背の高い引き締まった体つきの男がのぼってきた。ザムライだった。

「何か問題は？」とザムライが訊く。

「いえ、異常ありません」

「よし。今、他の連中を連れてくる」とザムライが応じた。

数分後には、ボニージャとクリスマスとモロニーがホーネット号の上で武器を積むのを手伝っていた。ライフルや弾丸、手榴弾、機関銃が積み込まれた。新聞社は、ザムライの一味が突如消えたのに気がついた。一二月二四日付けのニューヨーク・タイムズ紙は以下のように伝えている。「昨夜出港した蒸気船ホーネット号と時を同じくして、前ホンジュラス大統領マニュエル・ボニージャ将軍、幸運の兵士リー・クリスマス将軍、および、ダビラ大統領に敵対する革命遠征隊の首謀者と噂されるひとり、それに、中央アメリカの戦闘に加わったことのあるアメリカ人数名が、ニューオーリンズから姿を消した」

甲板に立ったザムライはボニージャが震えているのに気がついた「なんてこった、マニュエル。いったいどうしたっていうんだ？」

「なーに、ちょっと、寒いだけさ。アミーゴ」

ザムライが外套を脱いで、ボニージャの幅の狭い肩にかけてやる。「何もかもあんたに賭けちまったからな。外套もかけるとするか」

ザムライが小船に戻り、ホーネット号は出港の準備が整った。

ホンジュラスまでは五日の旅だった。退屈な時間とおしゃべりが延々と続き、ポーカーをしてはラムを飲む。南へ向かうにつれ、世界が鮮やかな色に満たされてきた。クリスマスにとっては、里帰りをするようなものだ。ホンジュラスから追い出されたクリスマスは、復帰して、最高の時をすごした町や飲み屋に帰るつもりだった。ホーネット号の甲板で腰かけて、メキシコ湾岸をのんびりと眺めつつ、ひょっとしたら、昔のことを思い起こしているのかもしれない。

子供の頃、クリスマスは鉄道の機関士になるのが夢だった。慎ましく聞こえるかもしれないが、一八九〇年代には、この世でいちばん速く走るものは列車だったのだ（命知らずはいつだってスピードに憧れる）。一八歳のとき、ニューオーリンズとシカゴを結ぶグレート・ジャクソン鉄道の機関助手として雇われる。二二歳になる頃には、ニューオーリンズでイリノイ・セントラル鉄道の機関士になっていた。一八九七年の夜更けのこと、五四時間の交代勤務を終えたクリスマスがバーに現れ酒を飲みはじめた。イリノイ・セントラルの職員がクリスマスを捜しに来たのは午前四時だ。その頃には、クリスマスは立つこともできないありさまだった。が、そんなのは職員の知ったことではない。バトンルージュまでバナナを載せた列車を走らせるのにクリスマスが必要なのだ。もし、積み荷が台なしになったら、全部バナナマン・サムの手に落ちてしまう。

あまりにも酔っぱらっていて逆らうこともできなかったと、クリスマスはのちに語っている。職員に引きずられて荷積み場まで来ると、クリスマスは機関室に押し込まれた。太陽がのぼろうとしている。背後には貨車が何台も連なっている。クリスマスの義父がコーヒーを持ってきて、「飲め」と促した。転轍手が合図をすると、クリスマスが調整弁《スロットル》を押して、町の中心から郊外を通り抜ける。酔っぱらった機関士の目には、この行程が、さまざまな光景のモンタージュのように映った。

建物の輪郭がスピードでぼやける。線路が猛スピードで飛び去る。スラム街が歪んで見える。犬が線路から大慌てで逃げだす。窓で悪魔が笑っている。列車は、ルイジアナ州メテリー付近の信号を疾風のように駆け抜けた。蒸気全開で、時速一〇〇キロ近いスピードが出ていた。機関士が変速機の上に倒れ込み、眠りこけているのを見た、とのちに制動手が語っている。

病院で意識を取り戻したクリスマスは、何も覚えていないと証言している。列車に乗り込んだことも、コーヒーを飲んだことも、スロットルを押したことも、何ひとつ覚えていない。最初に覚えているのは、機関車の残骸のなかで蒸気が吹きつけてくる痛みだった。クリスマスが死ななかったのは奇跡といえる。クリスマスの列車は脱線し、カーブにいた別の列車ぶつかった。貨車はひしゃげた鉄塊になり、あたりには煙が立ち込めていた。鉄道会社の歴史が始まって以来最悪の事故だったと、のちにイリノイ・セントラルの広報誌『イリノイ・セントラル・マガジン』に書かれている。

（クリスマスは）五四時間勤務したあと、休憩なしで勤務に戻るよう命令された。その結果、居眠りをしたまま駅を通過し、別の列車と破滅的な衝突をした。残骸のなかで、クリスマス機関士は厳しく叱責され、右目を殴られた。だが、この目はまだ使いものになる。本人の弁によると、右目を殴られたのは三回目で、一回目は子供の頃のケンカでということだ。

リー・クリスマスはイリノイ・セントラルをクビになり、他の鉄道会社からも追放された。クリスマスもまた、あの何もかも手に入れては失ってしまう男のひとりなのだ。その後の三年間は、酔っぱらって朦朧《もうろう》とすごし、あちこちうろついて、耳を貸す者があれば嬉々として自分の物語を話して聞かせた。ナチェズの材木置き場やメンフィスの鉄道ホテルなどで雇われて働いたこともある。ニューオーリンズでドブさらいをしながら、放浪者のように暮らし、畑で眠り、酒をたかった。しゃれた服がボロボロになっていった。逮捕もされたし、盗みも働いた。娘が生まれて初めて、クリスマスは必ずや生まれ変わってみせると神かけて誓った。クリスマスはイリノイ・セントラルで夜間の助役をやっている友人に相談した。あの事故の真相を知る仲間のうちでただひとりの役付きだ。クリスマスは調査を求め、潔白が証明された。無理のない行程で機関士をやらないかと声をかけてもらった。あとは身体検査に合格すればいい。

医師は胸の音を聞いて脈拍を測り、聴力やら反射神経を確認すると、クリスマスに座るように言った。テーブルの上には、色とりどりのブロックが置いてある。赤、緑、黄、橙、黒、青。新しく導入された色覚異常の検査だ。クリスマスの事故を受けて、イリノイ・セントラルは各駅の入口と出口に赤と緑の電気信号を設置するようになった。医師はクリスマスに赤いブロックを選ぶように言った。クリスマスは青いブロックを取った。黄色のブロックをと言うと、オレンジ色のブロックを取った。緑と言うと、青。クリスマスは、自分が完璧にやっていると信じていたが、医師が首を振るのを見て心配になってきた。

「残念ですが、ミスター・クリスマス。あなたには、色覚異常があるようです」と医師が言った。

「……っていうと?」

「この鉄道で機関士として働くことは、二度とないということです」

クリスマスがふらふらと廊下に出ると、友達のボイド・セッティが待っていた。「足を引きずって、こっちへやってきたんだ。あれはいつもの歩き方じゃなかったな」と、セッティはのちにヘルマン・ドイチェに語っている。「おれは言ったよ。『どうしたんだよ、またおれたちと一緒に働くんだろ』って。そうしたら、やつは言うんだ。『シカゴから来た何とか先生に色覚異常だって言われたんだ』って。やつは、木の葉よりも緑の糸を手に取って、血の滴よりも赤い糸と一緒に置くと、どちらも同じ色だって言うのさ。で、『リー・クリスマス』と、おれは言った。『頼むから、きっぱりと言ってくれ。これが同じ色に見えるのか?』。すると、やつは困ったような顔でおれを見て、『違うのか?』って言うのさ。『同じだって!』。おれは大声を出しちまったよ。『こっちが木の葉よりも緑で、こっちが血の滴よりも赤いのが、おめえには、わからねえのか?』って」

クリスマスは通りに出た。そこから先、どこをどう通ったかもわからないまま、気がつくと川まで来ていた。蒸気船が、乗船ぎりぎりの客に汽笛を鳴らして合図をしている。クリスマスは船に乗り、夢でも見ているように、渡り板がはずされるのを甲板から眺めていた。乗務員から切符を見せろと言われたクリスマスは、二ドルを手渡した。これが全財産だった。

「この船は、どこへ行くんだ?」とクリスマスはたずねた。

「プエルト・コルテスです」

「そりゃ、どこだ?」

「ホンジュラスです」

これが、クリスマス自身の語った伝説だ。

のちにクリスマスが少年たちの英雄になると、この物語は大衆向け小説や新聞の人物紹介に登場し、一種の法螺話《トールテール》になっていった。話のたびに会話や言い回しがつけ加えられる。このような記事の調子からは、クリスマスのことよりも、むしろあっけにとられた新聞の読者の様子が伝わってくるだろう。クリスマスはこういう記事を集めていて、亡くなったときにはベッドの脇からスクラップブックが見つかっている。たとえば、一九一一年一月二九日にオハイオ州トレドの新聞に載った記事によると、クリスマスは「しばらく、ニューオーリンズの波止場のあたりをぶらついていた。するど、バナナの香りが鼻孔をくすぐる。バナナを下ろしたばかりの蒸気船が出港の準備をしているところだった。クリスマスは船に乗り込み、蒸気船が埠頭を離れても降りようとはしなかった。『どこでもいいから切符をくれ』。乗務員に肩を叩かれて、クリスマスが言った」そうだ。

あるいはまた、ザ・レールロードマンズ・マガジン（The Railroad Man's Magazine）誌の一九一一年五月号の記事では、クリスマスは乗務員に「どこに行くんだ?」とたずねたことになっている。

「プエルト・コルテスが最初の寄港地です」

「そりゃ、ホンジュラスだな?」

「はい、そうです」

「あそこじゃ、色覚のテストをやるのか?」

「さあ、どうでしょう。先住民はかなり黒いと思いますが。そういう意味でしょうか?」

ザ・ニューオーリンズ・デイリー・ピカユーン（The New Orleans Daily Picayune）紙には、

クリスマスは「埠頭をさまよい、今まさに出港しようとする蒸気船に乗った。船が出ると手すりの前にたたずみ、敗北の地に別れを告げる。この船路の果てに大いなる魅惑が待ち受けているとも知らずに」とある。

一八九四年にクリスマスはプエルト・コルテスに到着し、まもなく鉄道関係の仕事を見つける。色覚のテストはなかった。ここには電気がないうえに何もかも緑だからだ。クリスマスは、サン・ペドロ・スーラから海岸までバナナと氷を運んだ。一八九七年の春、ホンジュラスは内戦により大きく揺らぐことになった。ある日の午後、反乱軍の一団がクリスマスの列車に乗り込んできた。このときの様子をクリスマスは、決して世に出ぬ回想録の一部として、自分の言葉で表現している。

「一八九七年四月一三日にカクメイが勃発した。おれは革命家に捉えられ、銃剣で脅されて無理やり機関車を操縦させられた。合衆国弁護士による保護を申請したが、もちろん却下された。それから、酔っぱらった将軍のところへ連れていかれ、おまえは撃たれるだろうと宣告された。もちろん、おれにとっちゃ、これほど辛い話はない。で、おれは、将軍に言ってやった。わかった、どうせ標的にされるんなら、せめて銃をよこせ。そうすりゃ、途中で、ろくでなしの野郎どもを殺《や》っちまえるかもしれないからな、って」

反乱軍の司令官はクリスマスにサン・ペドロ・スーラまで兵士を乗せて行くよう命じた。そのためには敵対する政府軍の領域を突破しなければならない。これを念頭において、クリスマスは列車を走る要塞に仕立て上げた。木材を積む長物車を機関車の前に配置し砂袋を巻きつける。二・五センチほどの金属でできたボイラーを機関車の真ん中に据え付け、狙撃手の基地にした。政府軍は町の外の線路の上に氷の塊を積み上げて、機関車を減速させるか脱線させるつもりだった。ところが、クリスマスが到着するまでに氷はほとんど溶けてしまい、機関車は疾風のごとく駆け抜けた。政府軍の兵士たちは銃撃を開始し、反乱軍がこれに応戦した。クリスマスは機関室で伏せているよう言われたが、戦闘が始まったのを聞くと、出てきて銃撃を始め、いつの間にか兵士たちに大声で命令をしていた。反乱軍は撤退を余儀なくされたが、ここに、驚くべきヤンキーの神話が生まれた。クリスマスは、のちに自分のことを「無理やり巻き込まれたから戦争を始めたが、この新しいゲームが気に入ったから留まった」ふつうの男だ、と三人称の語りで書いている。

これは、一八九七年四月一四日、サン・ペドロ・スーラ付近の丘陵に囲まれた盆地での出来事だ。「ラグーナ・トレッスルの戦い」と呼ばれるこの戦闘で、リー・クリスマスは一躍有名人になった。クリスマスは宣誓して、反乱軍に加わった。数週間後、クリスマスはまた戦闘に加わっている。ザ・ニューオーリンズ・ステーツマン（the New Orleans Statesman）紙によると、クリスマスは「政府軍を山間の小渓谷に追い込み、政府軍は降伏かさもなければ死を選ぶしかなくなった。政府軍は降伏した。クリスマスは小銃を落とし、アメリカから持ってきた赤いバンダナで顔を拭こうとした。これは今でもこよなく愛する鉄道の象徴なのだ」。記事はさらに続く。司令官に連れていかれたクリスマスは「派手な軍服を身に着け、立派な口髭をたくわえた小柄で陽気な男」に引き合わされた。男は感極まった様子でまくし立てた。「すばらしい」「見事なものだ」「天才だ」「最高の戦士だ」――リー・クリスマスは自分がこんなふうに呼ばれるのを聞いた。この自分を褒めたたえている男こそ、他でもない、この革命の指導者マニュエル・ボニージャだった。「君を将校に取り立てよう」とボニージャが言った。「我が軍の指揮官に任命する。君を金持ちにしてやる。権力も与えよう。テグシガルパさえ陥落させてしまえばな」

一九一〇年一二月二九日、ホーネット号がホンジュラス沿岸に浮かぶロアタン島沖に姿を現したとき、その姿はどこからともなく湧いて出たように見えた。ダビラは沿岸の町を攻撃されるのを想定していたが、クリスマスは守備の手薄な湾岸の島々こそ開戦にうってつけだと考えた。島を抑えれば、さらなる攻撃の拠点にできる。ホーネット号は午後一一時、霧の深く立ち込めるロアタン港に入った。町の灯りは夕闇のなかほとんど見えない。黄色い点と丘の稜線がわずかに見えるだけだ。海岸砲が発射されたが、まったく役に立たなかった。船は難なく埠頭に入った。五分後、クリスマスは数人の男を率いてだれもいない道をたどっていた。男たちは、背後から旧スペイン要塞に到達した。ひとしきり乱闘があったあと、要塞と大砲は反乱軍の支配下に置かれた。多島海を渡り、グアテマラにある反乱軍の基地に報せが届けられた。瞬く間に、兵士が到着した――マニュエル・ボニージャの反乱軍だ。反乱軍がロアタン征服の勝どきをあげている頃、ホーネット号の船長は、フローリアン・ダバディという男とともに甲板にいた。書類に署名がなされ、だれもが握手を交わす。四万ドルを支払うという約束のもと、ダバディはホーネット号の所有者となった。かくして、ホンジュラス在住市民の所有物となったホーネット号は、合衆国中立法に違反することなく戦争に参加できる運びとなった。

数日後、反乱軍は一〇キロほど向こうにあるウティラ島に侵攻する計画を立てた。あの島には政府の出先機関があり、丘の上にある邸宅に政府の役人が住んでいる。しかし、その夜、もう朝の三時だったが、空には眩いばかりの星が瞬いていた。酔っぱらっていたリー・クリスマスは、待つまでもないと判断する。男が数人いれば、たった今ウティラ島を征服できる。クリスマスは漁師を雇い、五人の男が小船で海を渡った。浜に着くと、走って、笑って、大声を上げ、空に向けて銃を発射した。波止場の歩哨兵は武器を放り出して降伏し、数分後には、ボニージャ軍に加わると誓っていた。クリスマスは、丘を上って邸宅に着くとドアをドンドンと叩いた。ウティラ島の総督が下着姿で出てきた。クリスマスが全島降伏を要求すると、総督はこれを受け入れた。クリスマスが、おまえも降伏しろと言うと、総督はこれも受け入れた。それでも飽き足らなかったクリスマスは、家じゅう走りまわって、「ボニージャ万歳！」と大声で三唱しろ、と総督に命じた。

ミゲル・ダビラはテグシガルパにある公邸で指揮を執った。港の守備を固めて検問を固めたうえで、プエルト・コルテスに武装した運搬車を送り込んだ。ここには政府の資金が蓄えてあるのだ。ダビラの命令で五万五〇〇〇ドルの銀塊がラ・セイバに移された。多くの軍事専門家が難攻不落と信じている町だ。「無敵のラ・セイバ」という神話のために、この町は標的にされた。陥落するようなことがあれば、大きな打撃になる。そのような事態になれば政権はおしまいだ。バナナ戦争のときがそうだったように、敵が二戦目をしかけてくる前に、だれもが寝返ることになる。

一月九日のトルヒージョ攻撃の成功にはホーネット号もかかわっていた。二週間もしないうちに、ホーネット号はアメリカの「中立法」に違反したという理由で合衆国小砲艦タコマ号に拿捕されてしまう。所有権に関するボニージャの抗議を退けた海軍は、ホーネット号をニューオーリンズまで曳行し、犯罪捜査の証拠として留め置いた。一週間早ければダビラを助けたはずのこの拿捕が、奇妙なかたちで、ダビラの足を引っ張ることになってしまう。トルヒージョに基地を確立した反乱軍には、もはやホーネット号は必要ない。しかしホンジュラス人にとっては、この拿捕があったことでアメリカが内戦に介入し政府側に味方しているように見えた。これはプロパガンダのなせる業だ。ボニージャとクリスマスは、ザムライと組んで、この戦争を反政府活動に仕立て上げるのに成功したのだ。グリンゴやヤンキーの銀行家に国を売り渡そうとする政府に対して反乱を起こした人民、というわけだ。しかし、実際はそれよりずっと悪質な、奥の深いものだ。アメリカの一私人である会社の社長が、借金に苦しんでいるとはいえ主権を有する国家を相手に挑んだ戦闘だった。

大きな攻撃は一九一一年一月二五日の朝やってきた。反乱軍の一団が海側からラ・セイバに接近し、政府軍のクルップ式火砲の発砲を誘ったが、これは牽制だ。本物の攻撃は、通り抜け不可能と思われた海岸沿いの道からやってきた。クリスマスの戦略は、意思の力がもたらす奇襲攻撃だった。この男は、だれもが不可能だと思うことをやってのけるのだ。海岸沿いの道を下った先は湿地になり、雑草のなかに消えている。反乱軍は、何時間もかけて雑草を叩き切り、この道をよじ登った。クルップ火砲――まさに小型の大砲だ――とともに要塞にたどり着いたのは、一日でいちばん暑い時刻だった。反乱軍が、生い茂る草のなかに腹ばいになり、ハチの巣になるまで要塞を撃ちまくる。政府軍の反撃が弱まり、やがて止まった。ついに好機が訪れた。隠れていた男たちが姿を現し、草原を駆け抜ける。いにしえの要塞の階段を駆け上り、場内の広場に突入した。乱闘を覚悟していたが、そこにはただ死体が横たわっていた。モロニーの機関銃が壁を貫いたのだ。生き残った者は、武器を置いて逃げ去った。クルップ火砲は海に沈められていた（クリスマスは海から火砲を引き上げてその後の戦闘に使用した）。反乱軍は、ラ・セイバの中心まで政府軍を追いかけていった。ピンクの石でできたこの美しい町には、遊歩道があり、カリブ海を臨むホテルが並んでいる。

大広場で小競り合いがあり、政府軍の大半が降伏を余儀なくされた。ラ・セイバ防衛の任務を与えられていた「少年《チコ》」フランシスコ・ゲレーロ将軍が、白いラバにまたがり斧《おの》を振り回し、戦えと言って部下を急き立てた。臆病者、ろくでなし、と兵士を叱咤する。振り返りざま敵と向き合うと、ゲレーロは拳銃を引き抜き、大声で叫んだ。「意気地なしめが、真の男がいかに戦うものか見せてくれる！」。将軍はラバに鞭をくれ疾駆させようとしたが、一〇メートルも行かないうちにハチの巣にされてしまった。ここから先、ゲレーロの話はいくつかの伝説に枝分かれする。ひとつは、ゲレーロ将軍がラバに拍車をかけ、イギリス領事館まで走らせたというものだ。イギリス大使の腕のなかで息絶えつつ、「我が国に命を捧げた」と叫んだことになっている。他には、ラバがパニックになって町じゅうを駆けまわり、将軍の死体が引きずられていったというのもある。ニューヨーク・タイムズ紙によると、「ゲレーロは……雄々しくもこの町を死守した。銃撃されたときには、配下の者に革命家たちを攻撃させようとしていた。兵士たちは将軍を見捨て、ラバにまたがり銃を振り回す将軍をひとり置き去りにした。将軍は銃撃を始めたが、それより先に塹壕にいた五〇人の反乱軍が小銃による銃撃を開始した。将軍の乗っていたラバはイギリス領事館まで駆け戻り、断末魔の将軍がラバの背から振るい落とされた」ということだ。

クリスマスは、アメリカ海軍の司令官に通達を送っている。反乱軍の援軍がこちらに向かっている――この戦闘が大虐殺に発展する前に、ダビラは降伏しなければならない、と。これは、はったりだった。援軍など来はしない。ところが、これが当たった。アメリカ軍がダビラに伝言を伝え、町を放棄するよう急き立てた。日暮れまでには、ラ・セイバは反乱軍の手に落ち、公庫の銀塊も反乱軍のものとなった。

その後もいくつか小競り合いがあった。この戦闘の様子をいちばんよく伝えているのは、クリスマスが死の床で眺めたスクラップブックのなかにあるセピア色の写真だろう。植民都市の路地で裏切り者たちに制服を手渡すクリスマスの写真。ダンティーリョの外の砂地に小山積みにされた小銃の写真。反乱軍がここで裸になり海に入ったのだ。クリスマスがペドロ・ディアス将軍を打ち破った草原の写真。かつて反乱軍の司令官を捕らえ、足を焼いて、テグシガルパの通りを裸足で歩かせた将軍だ。機関銃を構えるガイ・モロニーの写真。その背後で、生い茂る草がジャングルに取ってかわる。ときの声があがり、敵が姿を現す。剣を携えた何百人もの先住民だ。モロニーはひたすら待つ。ダダダダダッ。機関銃が音を立て、男たちが倒れ伏す。さらに来て、されに倒れ伏す。やがて、草原が死体で覆いつくされる。

わたしは本書の執筆中に、最後のバナナ・カウボーイ、フランク・ブローガンと話をした。高齢のブローガンは、ニューオーリンズから見てポントチャトレイン湖を挟んだ対岸にある、ルイジアナ州のコビングトンで暮らしている。ザムライを知っているかとたずねたとき、こうだったらいいのにと思うような、深みのあるざらついた声で話してくれた。「もちろん。知っているとも。ダイナマイトで魚を獲る方法を教えてもらった」。ザムライのもとで長年働いたブローガンについては、あとでもっと詳しく触れることになる。しかし、ここで紹介するのは、この人が一九一一年の戦争を伝説としてではなく、わたしにも理解のできるもの――企業の汚いやり口――として説明してくれたからだ。ブローガンは、ニューヨークで知り合ったガイ・モロニーからこの話を聞いたそうだ。「ったく、あのとき、ガイは、今のおれより年上だったんだからな」とブローガンは話してくれた。「警察の主任をやっていたが、おれの会ったときはもう引退していた。やつの家のベランダで飲みながら、昔の話をした。やつのするボニージャの戦争の話ときたら、そりゃひどいもんだった。どうやって草原に機関銃を据え付けたか教えてくれたよ。先住民たちが走ってくるのをどうやって待ち伏せたかもな。そうして、撃ちはじめるんだ。撃って撃って撃ちまくる。死体が木の葉みたいに積み上がるまでな。で、草原が死体で埋め尽くされるまで、ずっと続ける。そうなって、やっと、先住民たちも自分のやっていることに気がついて、降伏するんだ」

プエルト・コルテスは、戦わずして降伏した。反乱軍が港と国庫を手中に収めた。クリスマスはホテル・ラフィーバーに移った。毎晩バーで酒を飲み、耳を傾ける者があれば喜んで話を聞かせた。クリスマスは華々しい新聞の見出しを考えだしたが、これが、クリスマスの死後、その名声が瞬く間に衰えた理由のひとつでもある。クリスマス本人が広めなければ、伝説を語り継ぐ者はないに等しいということだ。「革命に勝利した」と、クリスマスはニューオーリンズから来た記者に語っている。「プエルト・コルテスからの撤退は……攻撃のすえに大勝するのよりよかった。ダビラ大統領が民衆の気持ちを察したということだろう。首都には、最後まで抵抗する政府軍がいるだろう。われわれはテグシガルパを包囲し、籠城攻めにできる。これ以上の流血は必要ではない」

ダビラ大統領は、テグシガルパの宮殿に立て籠った。五四歳にして、打ち負かされたスペイン君主たちの黄昏時に加わったのだ。最後には、すべての物語がガルシア＝マルケスによってひとつの物語に紡がれる。自らつくった迷宮に踏み入る将軍の物語。ダビラは軍服を来て腰にサーベルをさげている。救われる道はただひとつ。いわゆるモルガン条約を国会に批准させることだ。条約が調印されれば、アメリカが参戦し政府側につくと、ダビラは考えていた。一九一一年二月八日のホンジュラスの国会が開かれる前に、ダビラは自分の言い分を主張した。名誉や伝統、信念について語り、保守的信条の大黒柱に訴えかけた。モルガン条約については「神意が……ホンジュラスに対し、アメリカの助力を確実なものにするこの機会を与えたもうたのだ」と述べている。ダビラが話し終えても拍手する者はなかった。不満の声も上がらない。もっと悲惨な、完全なる沈黙だった。条約は三二対四で否決された。

アメリカ大使は、ボニージャに対しアメリカがともに働く意思のあることを伝えた。つまり、フィランダー・ノックスは河岸を変えたということだ。ノックス長官は、これまで求めてきたものを今も求めていた。すなわち、借金をなんとかして、イギリス海兵隊を地峡に近づけずにおくことのできる、強力なホンジュラス政府だ。ダビラに無理なら、ボニージャにできるかもしれない。二月九日、アメリカ大使との面会のあと、ダビラは停戦に同意し、和平交渉開始の決定を発表した。交渉はUSSタコマ号（ホーネット号を拿捕した小砲艦）の甲板で行われた。プエルト・コルテスの一・六キロ沖。話し合いは長引いた。ニューヨーク・タイムズ紙によると、「ダビラは、国の安全を保障するためなら辞任するのもいとわないが、ボニージャを大統領代理として受け入れるのは拒否している。それは、ボニージャがアメリカの大手果物会社の手先だから、というもっともな理由によるものだ」とある。

結局、ダビラはフランシスコ・バートランドというホンジュラスの役人に権力を譲り渡したが、これは、大統領選挙が実施されるまでのあいだだった。数カ月後、地滑り的圧勝でボニージャが大統領に就任した。一九一二年二月一日にテグシガルパで就任式が行われている。「ボニージャは後援者のことを忘れなかった」とライフ誌は伝えている。「就任後の初仕事のひとつは、ザムライにこの先二五年間の営業特権を与えるよう国会の承認を得ることだった」

ザムライの権利委譲書に含まれるのは、どんな設備も輸入税なしで輸入してよいという許可、どんな鉄道も道路も基盤設備も必要になれば建設してよいという許可、「革命に資金を提供しているあいだに生じた費用」を払い戻すための五〇万ドルのローン、ホンジュラス北岸の一万ヘクタールの土地（これは、後日請求できる）。課税なし、輸入税なし、無料の土地――この条件のおかげで、ザムライはユナイテッド・フルーツと対決できるようになったのだ。

「一九〇九年に、ニカラグアのホセ・サントス・ゼラヤ政権を追放するには、アメリカ国務省、海軍、海兵隊とタフト大統領の力を結集した努力が必要だった」。スティーヴン・キンザーが著書『オーバースロー（Overthrow）』に書いている。「ホンジュラスは、ザムライがひとりでやった」

と。

ダビラ政権打倒のため資金を提供することで、ザムライが手にしたのは税金の免除を超えたものだ。ラテンアメリカの歴史の要注意人物リストに、自分の名前を載せてしまったのだ。本人が気づいたかどうかにかかわらず、ザムライは国家の所有権を握ってしまった。キンザーの言葉を借りれば、「アメリカのビジネスマンが他国の国家的運命をここまで完全に掌握したのは初めてだ」。いつしか、ザムライはホンジュラスの政府よりも権力を持つようになってゆく。こうなると、ふつう国が提供するサービスを国民はザムライに期待するようになってゆく。水の供給や衛生、安全保障など、そのうち提供不可能だとわかってくるものまで求められるようになる。偉大なる勝利のひとつひとつに究極の敗北につながる萌芽が含まれていた。

もともと戦争の原因となった問題について、ザムライはホンジュラスの国債を自分の力で借り換えるつもりで、ニューオーリンズやモービルの銀行とともにイギリスの国債保有者から権利を買い上げている。結局、ほんの少し払い戻すことはできたが、大半は手付かずのままで利子が膨らんでいった。一九二六年の時点で、ホンジュラスは、どこにもたどり着けない鉄道のために一億三五〇〇万ドルの負債を抱えたままだった。

マニュエル・ボニージャは任期を満了しなかった。奇妙な熱帯病にかかり、フランシスコ・バートランドにふたたび権力を譲り渡したボニージャは、高熱に伏し、一九一三年三月二一日に亡くなった。かたわらには、泣きながらボニージャの手を握るリー・クリスマスの姿があった。

クリスマスは、ホンジュラスでたいそうな権力の座についていたが、ボニージャが亡くなってからは影響力を失った。五〇歳になったクリスマスはプエルト・コルテスのパームホテルで暮らしていた。クリスマスの絶頂の瞬間は、この町が降伏したときだ。そこから先は、一歩一歩がゴルゴダへいたる道だった。政府の任命、結婚、離婚、銃撃戦、乱闘騒ぎ。ザムライとも一九一六年に袂を分かっている。何があったのかはだれも知らない。諍《いさか》いがあり、罵りや脅しがあった。オモアのオフィスをクリスマスが物凄い剣幕で出ていく。金をせびりに来たのかもしれないし、仕事がほしかったのかもしれない。おそらく、ザムライは、もうおまえの力を借りる必要はないと言ったのだろう（自前の軍隊があるのに、傭兵を雇うわけがない）。傭兵を思いどおりに動かすのは不可能なのだ。リー・クリスマスのような男はビジネスの邪魔になる。生き残りたいと思ったら、あの連中は国から追い払わねばならない。ひょっとしたら、クリスマスはザムライを脅せると思ったのかもしれない。自分の周りにいる人間をだれかれかまわず脅してきたように。だが、ザムライはクリスマスより若いうえに、体も大きく度胸もある。脅されるような人間ではなかった。

ニューオーリンズに戻ったクリスマスは、第一次世界大戦中、アメリカ陸軍に志願した。地峡での経験があれば、将校に取り立ててもらえるだろうと考えたのだが、歳をとりすぎていると言って断られた。クリスマスはワシントンへ行く。自分は有名だから、ワシントンに行けば、ウッドロウ・ウィルソン大統領に直訴できると考えたのだ。ニューオーリンズに戻ったクリスマスは再度入隊を試みた。またもや断られたあと、クリスマスは大衆に向かって異議を申し立て、四〇歳の戦いを望む男たちに（軍隊の年齢制限は四〇歳なのだ）「活躍の機会を与えろ、年齢制限を廃止しろ！」

と呼びかけている。その後、グアテマラに移り、またニューオーリンズに戻ったクリスマスは、発明家になって特許を取得した。餌なしで使えるネズミ捕りと鉄道安全装置の特許だ。この装置は、機関士がスロットルから手を離した瞬間にエンジンを閉鎖できる仕組みになっている。自身の悲惨な経験に触発された発明だったにちがいない。一九二一年には『ブリタニカ百科事典』を名誉棄損で訴えている。中央アメリカに関する記述のなかで、クリスマスが一九〇七年に「マライタの戦い」で亡くなったことになっている、というのがその理由だ。クリスマスが一〇万ドルの損害賠償を求め、出版社は記述を修正したが、賠償金は支払われなかった。ニカラグアに移ったクリスマスは、（干上がってしまった）油井と民間療法に投資したあと、最後の有り金をサメ肝油につぎ込む。これぞ万能薬だと考えてのことだったのだ。

一九二二年にクリスマスは病に倒れた。最初はなんとなくだるい感じだったのが高熱が出るようになる。誤診されて間違った薬を処方された。ニューオーリンズの医者からは、熱帯性スプルーと診断されている。徐々に衰弱していく血液の病気だった。事業に投資してくれるかもしれない人物に会いに行ったクリスマスは、ニューヨークで倒れてしまう。セント・ビンセント病院で手当てを受けたが、治療代を払うことができなかった。ニューオーリンズ市警の警察本部長になっていたガイ・モロニーが金と一緒に帰郷するための切符を電信で送ってくれた。

ニューオーリンズに戻ったクリスマスは、モロニーに献血してもらって全血輸血を受けた。これは国じゅうの新聞の見出しを飾り、だれもが胸を打たれた。しばらくのあいだ、クリスマスは回復を見せたが、やがてまた衰弱してしまう。その後さらに二回輸血を受けるが、回を重ねるごとにその効果は弱まっていった。死期の近づいたクリスマスは妻とケンカをして、死を目前にしたトルストイさながら列車に乗り込む。長いあいだ生き別れになっていた、メンフィスにいる息子の前に姿を現し、その息子にふたたびニューオーリンズ行きの列車に乗せられている。あまりに衰弱して自力で列車を降りることもかなわず、担いでもらうしかなかったときには涙を流した。クリスマスがふたたび涙を流したのは、ホンジュラスでは最も高貴な婦人のひとりだった妻が、カナル・ストリートでラジオを売って生計を立てていると知ったときだ。一九二四年にはタウロ・インファーマリーに入院する。「アメリカでこの歳になったらな」と、クリスマスがモロニーに話しかける。「役に立たなきゃ、肥やしになるしかねえ」。数週間後、クリスマスは息を引き取った。盛大な葬儀が開かれた。棺桶の担ぎ手は、年老いた傭兵たちだ。マイナー・キースが、葬儀で朗読するための手紙を書いている。そのなかでキースはクリスマスのことを「わたしの理想とする、男らしさと勇気の人」と呼んでいる。ニューヨーク・タイムズ紙は、三〇年ぶりに二度目のクリスマス追悼記事を掲載した。

第11章 地峡往来

To the Isthmus and Back

一九一二年頃、サミュエル・ザムライが拠点にしていた住居を紹介しよう。ホンジュラスの北岸にある、ココナッツの木陰に建つトタン屋根の白いバンガローだ。いつもどおり午後の嵐が吹き荒れると、雨がトントンと屋根を打ち、スチールの庇《ひさし》からカーテンみたいに水が垂れ落ちる。その下でザムライが座ってレポートを読んでいる。ザムライは毎朝早起きして、生野菜とバナナの朝食を食べる。ザムライの話でなければ、わたしは男の朝食などにこだわったりしないと思うのだが、ザムライの競争相手は、こんな些細なことに夢中になったりまごついたりしている。『エンパイア・イン・グリーン・アンド・ゴールド（Empire in Green and Gold）』のなかで、チャールズ・モロー・ウィルソンは、ユナイテッド・フルーツの重役たちが、ザムライの朝食に関する報告に当惑したと言っている。このジャングルで暮らすロシア人は「何週間もイチジクしか食べなかったとか、二〇日間『絶食療法』をやっているとか、日よけの木のそばで逆立ちをして、消化にいいことを実証（あるいは否定）しようとしている最中だとか」いう話だ。

報告書――売上や収穫高、平均的なバナナの長さ、一茎の市場での売値など――に関しては、ザムライはてきぱきと処理する。ざっと目を通し、いくつか頭に入れたら、それでおしまいだ。ザムライは官僚を軽蔑し、書類仕事を嫌った。「手紙の書き取りを命じることはないも同然で、フルタイムの秘書は必要なかった」とライフ誌が伝えている。「ザムライは、六つの国にいる部長たちに電話をかけ、彼らの報告を頭のなかでまとめ、鉛筆に触れることなく心を決めた」。クヤメル・フルーツに伝わる言い伝えを聞くと、この社長について何を知っておくべきかがわかる。ある朝、朝食中のザムライに、共産党官僚《アパラチキ》のような職員が、五、六〇ページはある分厚い書類を手渡した。事業のあらゆる側面に触れた報告書だ。一ページ目に章ごとの見出しと要点を箇条書きにした要約がついている。ザムライは書類をパラパラとめくり、眉をひそめる。おもむろに一ページ目を破り取って残りを放り出すと、こう言った。「ったく、こんな合理的な明細書は見たことがない」

あのクーデター以降、ザムライはほとんどホンジュラスですごした。ニューオーリンズに妻がいるし、娘や息子もいるが、そうするほかないと感じていたのだろう。地峡に自らの地位を確立した今こそ身を粉にして働くときだった。事業を築き上げ、債権者に支払いをし、資金を貯える。一九一三年までには、UFの所有するクヤメル・フルーツの株を買い戻せるだけの金が貯まっていた。買い戻すことができれば、ザムライは自立を確固たるものにできるだろう。

いったん所有した株を売り渡すのはユナイテッド・フルーツにしては珍しいことだが、UFは外部の事情でそうせざるをえない状況に追い込まれていた。一九一三年、国会はバナナに対する課税を提案していた。バナナはすでにアメリカで最も広く食べられる果物になっていた。国内で一本も生産されていないのを考えると驚くべき事実だ。このアンダーウッド＝シモンズ関税法案は「バナナ税」と呼ばれている。ウッドロウ・ウィルソンが大統領を務めた時代のことで、このような税金が国家予算にぽっかり開いた穴を埋めてくれると考えてのことだった。

バナナ業界の主導者たちは騒ぎ立てただろうか？

もちろん、騒いだ。

ロビイストの一団（大半はUFが雇った）がワシントンに詰めかけ、書類を振り回して数字を挙げ、自分たちの言い分を述べ立てた。バナナ税は、長年行われてきた「格安のバナナを膨大な量、売る」ビジネスを破壊する。この信じられないほどの安値は、営業特権や安価な土地、農民の労働、そして「非課税」によって成り立っているのだ。あと一茎五セントでも余分に税がかかれば、バナナは金持ちのための珍味に逆戻りしてしまう。広報担当者のひとりは、「貧しい者のための果物」を攻撃していると言って、国会を非難した。

おそらくロビイストの引き起こした騒動に対する反応だろうが、司法省が独自にユナイテッド・フルーツの調査を開始した。連邦捜査官は、UFが、価格を固定し競争を潰すことで、反トラスト法に違反していると考えていた。司法省の追及が増すにつれ、UFは自分たちが実際の姿（要するに「独占」である）とは違って見える方法を探った。簡単に言えば、ユナイテッド・フルーツにはれっきとした競争相手がいて、バナナ業界は価格競争と企業買収で根こそぎにされてはいない、と示さなければならない。こうした必要に迫られて、アンドリュー・プレストンはサム・ザムライにユナイテッド・フルーツがまだ所有していたクヤメルの株を売却したのだ。ザムライの独立が本物であると示せれば、反トラストの訴えは間違っていることが証明され、この調査は窮地に追い込まれるだろう。

商船漁業の下院委員会に先立つ公聴会で、国会はＵＦのクヤメル株売却を問題にした。多くの人の目には、この売却が政府を欺こうとする試みに見える。麻薬の運び屋が、警官が来るのをみて茂みに包みを投げ込むようなものだ。

プレストンはこのような意見を否定した。国会議員はさらにうるさく追及し、クヤメル株売却の理由を説明するよう求めた。

「ミスター・ザムライが、ぜひ買いたいとおっしゃったのだと思います」とプレストンは答えている。「彼は投機的アイデアの持ち主で、クヤメル社の資産全部を所有するほうがうまくいくと考えたのでしょう。それから、うちの社内にも勧めるものがあって、売却したのだと思います」

起訴にはいたらなかったが、この調査は司法省の切望した効果をもたらした。プレストンがクヤメルの株を売らざるをえなくなったことで、政府は競争の存在する市場を創出したのだ。ザムライが真の競争相手となりうる自由を保証することによって、それが達成された。のちにザムライが強大な権力を手に入れたとき、アナリストたちは、ＵＦの犯した過ちを指摘している。ザムライが危険な敵に成長する可能性を甘く見ていたと言うのだ。実のところ、ＵＦの重役たちは、プレストンとキースを筆頭に、最初からザムライの天賦の才を見抜いていた。ザムライが埠頭から上り詰めていく様子を長年驚嘆の思いで見守ってきたのだ。しかし、ことこれに関しては優先順位の問題だった。本体を救うためには脚を切り捨てる。ＵＦという会社を救うために、バナナマン・サムは解き放たれたのだ。
ユナイテッド・フルーツから解き放たれて、ザムライは有頂天になったにちがいない。これで、何もかも自分で決めてコントロールできるのだ。それに、ザムライはエル・プルポと一緒にされたせいで評判を損ねたと思っていた。数年前、ニカラグアのバナナ生産者がUFをボイコットし、UFの船が大河を通過するのを妨害したことがある。そのとき、UFは封鎖を破るのに自社の艦隊ではなく、クヤメルの船を使った。作業員が集結したところはどこも警察の出動によって血が流されたが、どんなに殴られても諦める者はいなかった。人々はこの惨状を、船体に書かれた名前と結びつける。自分たちが汗水たらして育てたバナナを運び去るのは、クヤメルだ。こうして、長年「パロット王の婿」として敬われてきた国で、ザムライの評判に傷がついた。ザムライはこのときの教訓を決して忘れなかった。どれだけ多くのバナナを運ぶかは問題ではない。評判を失えば、すべてを失ってしまうのだから。

ザムライはふたつの世界に住んでいる。ひとつは、ニューオーリンズの家族や知人たちのいる世界。もうひとつは、純粋な逃避や重労働、斧《おの》の戦いや地峡の酒宴があるジャングルの世界。ザムライは、年に六回地峡を行き来することもあった。船首にたたずむザムライは、ニューオーリンズが見えてくると心が躍ったにちがいない。うねる川の先に、煙突や倉庫が見えてくる。だが、それ以上に心が躍ったのは、ニューオーリンズをあとにするときだろう。港や海岸の待つ、荒っぽい南の

世界へ飛び込み、作業着に着替えると、いつの間にか荒くれ者どもに囲まれている。この男たちが地峡にいるのは、ここを出たら自由の身ではいられないからだ。彼らは地峡をバナナ・フロンティアと呼ぶ。この地があの頃のアメリカを思い出させるからだ。それは、カリフォルニアが細かく分割される前のアメリカ。草原がカウボーイから取り上げられ、商人の手に渡る前のアメリカだ。

中央アメリカは、おとぎの国だ。ここなら、懐郷の念を抱く北米人が、野性味あふれる西部の幻のなかで生きられる。ユナイテッド・フルーツ創業のずっと以前から地峡に住み着いている古参組もいる。自分のエル・ドラードを捜しにやってきて、気づいたときには別の人生を送るにはもう手遅れになっていた男たちだ。出世階段を上る途中でせいぜいひと夏かふた夏滞在するつもりが、そのまま居ついてしまった支配人たちもいる。お祭り騒ぎでやってきたあげく、迷彩服を着て銃を携えるようになった猛者もいる。仕事の一環でやってきて、ここの暮らしが気に入り、留まることにした大卒の社員もいる。あり余る時間に、召使いや紳士クラブ。ドルがあれば何だってできる。ユナイテッド・フルーツの広報誌『ユニフルーコ（Unifruco）』（『ニューヨーカー』に劣らぬ高級誌だ）には、「地峡でアメリカ史の草創期に戻る社員たち」のことが書いてある。その内容は、「女たちに支配され、女のルールやきれいな服で骨抜きにされる前の男として暮らすこと」「西部開拓の英雄デイビー・クロケットや、探検家ダニエル・ブーンの精神に見いだされる、大胆に立ち向かう性質」、「森を、太古から続く荒々しい謎に満ちた存在として見直すこと」などだ。

わたしは、ザムライが地峡を往来した回数を知っている。なぜかというと、各港で記入する積荷目録を見たからだ。果てしない往来を示す書類の束。ザムライはさまよえるユダヤ人の典型といえるだろう。常に前進を続け、どこかにたどり着くことは決してない。船旅用のトランクを携え、ディナーまでに二回着替えをする。地球上の同じ場所に留まることも、一日の同じ時間を生きることも決してない。

ザムライがホンジュラスに到着すると、「親父が戻ったぞ！」という言葉がプランテーションじゅうを駆けめぐる。ザムライが尊敬されていたのは、バナナ取引を理解していたからだ。四〇歳になる頃には、果物師から社長にいたるまで、すべての役割を経験していた。埠頭でも、船や列車の上でも働いた。畑や倉庫でも働いた。ラバにも乗った。バナナも金も、傭兵も政府のお偉方も相手にした。天候の変化が意味するところも、一年のなかで重要な日付も逐一心得ていた。ザムライにできない仕事は何もない。達成できない作業もない（ザムライは、これが成功の秘訣だと考えていた）。毎朝明け方に起床し、朝食のあと逆立ちをして、畑を歩いた。インタビューを受けたり、株主会議で発言したり、パーティに出たりするのは極力避けた。そんなことをしていたら、仕事にならないからだ。ザムライは、毎日立っていられなくなるまで仕事に精を出す男だった。キューバのハバナで、パーティに現れなかったことがある。ザムライが主賓のパーティだったので、補佐官が桟橋まで捜しにいくと、ザムライは乗務員たちと一緒に積荷目録を確認しているところだった。

ザムライには荒々しいまでの野心があり、凄まじい勢いで改革を行った。自分の会社を思いどおりに運営できるようになるとすぐ、ザムライはボートヤードを訪れるようになった。艦隊をつくりたいと考えていたのだ。そうすれば、もう他社に頼ることなく、自分のバナナを運べるようになる。わたしの手元に、ザムライが購入した船団のリストがある。ジャマイカ号、レンピラ号、オモア号、オーガスタ号。一九一五年までに二〇隻、手に入れていた。大半が蒸気船で、ニューヨークやボストンの波止場では寒気にさらされ、ニューオーリンズやプエルト・コルテスでは湿気で汗をかく。甲板には荷積み機が据えられ、船倉には冷蔵がほどこされた。バナナは積み込まれるとすぐに「睡眠」に入る。温度が一三度を超えることは決して許されなかった。船の多くは、航路を廃止した競争相手の会社から購入した。なかには、クヤメル船の性能が上がったために、たった一年でお払い箱になった船もある。一九二一年には、ザムライはブルームフィールズ・フルーツ・カンパニーの船団をまるごと手に入れた。義父の所有していた船だ。その頃には、クヤメルの艦隊はニューオーリンズの水際で馴染みの顔になっていた。人々は親しみを込めて、この艦隊を「小さな海軍《リトル・ネイビー》」と呼んだ。

この頃、ザムライはホンジュラスの本社をオモアからプエルト・コルテスに移し、近代的な桟橋を建設している。浅瀬の上を四〇〇メートルほど海に突き出す構造の桟橋だ。会社は成長に成長を重ね、ホンジュラスばかりか、ニカラグアやメキシコにも土地を手に入れた。ユナイテッド・フルーツの例にならい、ザムライは他の作物にも投資するようになった。ココナッツ、パイナップル、パーム油、家畜、材木、サトウキビ――これは、ハリケーンや旱魃《かんばつ》、市場の値動きに対する防衛策だった。景気にかかわらず大量に売れる基本食料品のサトウキビのおかげで、クヤメルは第一次世界大戦を乗り切ることができた。大戦中にはクヤメル船団の多くがアメリカ海軍に徴用されている。

もちろん、最も重要な指導力を決めるのは目に見えない要素だ。いかにして、危機に対処し、地主をその気にさせ、荒くれ者に言うことを聞かせるか？　ならず者に立ち向かい、しつこく居座る傭兵をどう抑え込めるか？　賄賂を握らせる相手を見極め、確実にものにできるか？　コリンズまで鉈《なた》を突き刺せるか？　ザムライは、デイモン・ラニアンやソール・ベローの書く物語の登場人物のようだ。必要とあらば、だれよりも汚い手も使える（もし、シカゴで生まれていたら、名のあるギャングになっていただろう）。この男が、現場の監督に話しかけるのを見たら、体じゅうの神経が警告するだろう。袖をたくし上げ、目を細め、日に焼けた太い首にそばかすのある、この男には近寄らないほうがいい、と。だから、マイナー・キースがザムライを見くびることは決してなかった。キースは、ザムライが自分の同類だと見抜いていたのだ。ザムライは、バナナ事業を築き上げてきた男たちにそっくりだ。ロクなものも持たずにジャングルに分け入って、一〇〇万ドル持って戻ってきたあの男たちに。バナナ・ビジネスは、北では尊敬に値する仕事かもしれないが、南では荒々しく手に負えない代物なのだ。

地峡にある会社がみなそうだったように、クヤメルもリベートや賄賂、符牒を使った脅迫などの上に成り立っていた。符牒に使われるのは、黒く塗りつぶされた顔写真やふたつに割れた大鎌だ。ザムライは、アメリカ海軍の後ろ盾をほのめかすことがよくあった。要するに、脅しをかけているのだ。脅しをかけるときのザムライは、声を荒げはしないが、いかにも楽しげに悪態をついた。ザムライが囁《ささや》くように話すので、聞いている人間はザムライのほうに身を屈め、一言一句に集中しなければならない。ザムライが何か起きるだろうと言ったら、たいていそのとおりになった。たとえ友人でも、邪魔になれば手荒い扱いを受けるだろう。ホンジュラス政府に融資した金をめぐって、アメリカの外交官がザムライと交わした会話が、内務省の書類に詳しく記録されている。アメリカ政府が回収を後押しできるかと訊くザムライに、外交官はハーグ陸戦条約をほのめかし、この条約を厳密に解釈すれば可能かもしれない、と答えている。「ミスター・ザムライはハーグ陸戦条約のことを聞いて喜んだ。満足のいく保証を得られたと思ったようだ」と職員が伝えている。ザムライが必要としていたのは、アメリカが行動を起こすことではない。行動を起こすかもしれないと思わせるに足る証拠なのだ。それは、暗いバーの片隅でザムライが外交官と会話を交わすという、単純な見せ物で達成されるのかもしれない。

ザムライには無慈悲な印象を与えるほど、率直なところがある。ニカラグアと言えば、悪名高いザムライの言葉がある。「ラバのほうがサツより高くつく」。小冊子や記事や本のなかで、この言葉は繰り返し引用されてきた。まるで、永久に額に打ち込まれ、マントになってまとわりついているみたいだ。この言葉は、ザムライについて知っておくべきことを物語っていると言えるだろう。冷淡な無関心、生命の軽視、邪悪すれすれの一種の腐敗。ザムライは自分の言葉ではないと言っているが、いかにも言いそうだと思われて記録されたのかもしれない。とりあえず、ここではザムライの言葉ということにしておこう。「ラバのほうがサツより高くつく」

この言葉は邪悪だろうか、それとも単なる事実の供述だろうか？

ニカラグアで商売をしようと思ったら、買わなければならないものがある。バナナを運ぶためのラバと、警官への賄賂もこれに含まれる。帳簿をつけていたら、この事実を見落とすわけがない。本当にラバのほうが警察より高くつくのだ。

フランク・ブローガンがこんな話をしてくれた。「ジェイク・ワインバーガーが隠居するのをやめて、息子のレオポルドと一緒にちょっとしたバナナ・ビジネスをやってたんだ。バナナを育てたわけじゃなくて、買ったバナナを売りさばいてた。だが、ミスター・ザムライはこのふたりと競争したくなかった。特にニューオーリンズやモービルでは、ジェイクが安く売ってたからな。で、義理の親父のところに出向いてこう言ったんだ。『なあ、ジェイク、バナナから手を引いてもらいたい。金は出すから心配はいらない。けど、バナナの値段をいじくりまわすのはやめてくれ。値段はおれが決める』ジェイクが『おれは、やめねえぜ。儲かってるんだからな』と言うと、ザムライはこう答えた。『ジェイク、やめるか、さもなきゃ、こっちが値引きして、あんたを干すことになる。そしたら、あんたはおしまいだぜ』」

サム・ザムライのキャリアを考えるたび、わたしは自問することがある。この男はいったい何者で、地峡の歴史のどこに収まるのだろう、という問いだ。地峡に来て破壊活動を行い、自ら貴族階級にのし上がったコンキスタドールのようなものだろうか？　それとも、これは海賊の物語だろうか？　スペイン帝国の財宝を略奪しようと船団を率いてやってきたモーガン船長やジャン・ラフィットのようなものだろうか？　黄金郷を探し求めたフランシス・ドレークのように、ザムライもまたジャングルという新世界に富を探し求めていたのだろうか？　あるいは、どこにでもあってどこにもない多国籍企業を築き、資本主義の罪を我がものとする北アメリカのビジネスマンだろうか？

わたしには、ザムライが橋渡しをする人物に見える。海賊まがいの私掠船の世界と大型金融取引の世界をつなぐ橋だ。クヤメルは多くの近代企業のようにのっぺらぼうではない。それどころか、ザムライの顔が目立ちすぎるほどだ。クヤメルのやり方にはザムライの性格があらわれている。それがこの会社の大きな達成でもあり、大きな失敗でもある。この会社が大成功を収めたすえにやりすぎたのは、ただひとりの人間の意思が、大成功を収めたすえにやりすぎたということだ。だから、ザムライの会社は他のバナナ会社のようには罪深くはない。他社のボスと違って、ザムライは作業員たちとともにジャングルで暮らし、彼らの言葉を話した。彼らが何をほしがり、何を怖がるかわかっていた（ザムライが好んで口にしたとおり、『あんたらはオフィスにいて、おれたちは現場にいる』のだ）。だから、ザムライは嫌われもしたし、愛されもしたのだ。なぜなら、ザムライはひとりの人間だから。意見が違って腹の立つことがあっても、なお敬愛できる人間なのだ。それに引き換え、ユナイテッド・フルーツはのっぺらぼうで、ただ恐れの気持ちを呼び起こす。だから、バナナ畑で働く人々は、エル・プルポから守ってもらおうとこの大きなロシア人のもとに集結した。ホンジュラスの人々のなかに、いまだに切なさを込めてザムライのことを語る者がいるのは、そのためだ。

一九二五年までには、ザムライは債権者に対する返済を終え、完全に自由な身になっていた。ザムライは利益の大半を事業に再投資した。クヤメルはバナナ業界の希望の星だった。この数十年のあいだにユナイテッド・フルーツに闘いを挑んだのはクヤメルが初めてだ。数字のことを言っているのではない。市場占有率と生産量については、UFの右に出るものはなかった。クヤメルの収穫が年八〇〇万房なのに対して、UFは四〇〇〇万房。クヤメルの従業員数一万人に対して、UF一五万人。クヤメルの運転資本三〇〇万ドルに対して、UF二七〇〇万ドル。問題は、利益率や事業の効率、社員の士気と実力なのだ。サミュエル・ザムライがUFを凌ぐビジネスをつくり上げたことが、しだいに明らかになりつつあった。

バランスシートの上には現れないいくつもの面において、クヤメルはユナイテッド・フルーツに勝っていた。UFは複数の会社が買収されひとつに束ねられた複合企業だ。多くの余剰人員を抱え、業務の重複もある。部門ごとに利害関係や競争があり、命令系統も複雑だ。それに引き換え、クヤメル・フルーツは一枚岩の会社だ。すべての意思決定が自信と権威を持ってなされる。ザムライは取締役会からの許可や報告を待たずに動くことができた。クビになる心配をせずにリスクも冒せる。実際にホンジュラスに住んでいて現地の状況を把握しているから、自信を持って人を雇ったりクビにしたりできた。両社のやり方は対照的だ。ユナイテッド・フルーツの経営陣は創業者から会社を引き継いだ者たちで、リスクを冒すよりも現状を維持することに興味があった。ザムライのほうは、自身が創業者で、永遠に攻めの姿勢で仕事に臨み、事態は常に進行中。試行錯誤によって成長し、必要とあらばすべてを投げ打つ覚悟ができていた。プランテーションを見れば、その違いがよくわかる。ザムライは、絶え間なく刷新を続けていた。たいていの人間は、バナナを見て、おいしい果物だと思う。ザムライはバナナに改良の余地を見る。バナナ取引が始まった頃から変わっていなかったバナナ栽培を、ザムライは以下の点において刷新した。

- **間引き**　クヤメルの作業員はバナナ畑をまわって、小さい房を取り除いた。これを、とんでもないことだと考える向きもあった。
- **排水**　大半のバナナ・プランテーションは川の流域につくられていて、川が自然の排水路になっている。ザムライは放水路や運河でこれを補強し、良好な排水設備をさらに改善した。

- **堆泥**　ユナイテッド・フルーツは、堤防を築いて畑が洪水になるのを防いだ。ザムライは特定の畑を水浸しになるにまかせ、そのおかげで、堆泥が増え、上質の肥料になった。
- **支柱**　クヤメルでは、バナナの木が竹の棒に縛り付けられていた。これで茎が強風から守られ、まっすぐ伸びるようになった。
- **頭上灌漑**　従来のバナナマンは水をやるのは資源の無駄遣いだと考えていた。年間五〇〇〇ミリの雨が天から与えられるからだ。ザムライはこれに異議を唱えた。この雨はいつも均等に降るわけではない。雨期のあとには二カ月のあいだ焼けつくような日が続く。天に助けがあってもいいはずだ、と。ザムライは、空から降る雨をまねて畑の上に背丈より高い頭上スプリンクラーを設置し、簡単なボタン操作で水がやれるようにした。

その結果、バナナはぎっしりと房をつけた。どの房も見たこともないほど大きな実をつけている。測ってわかるのではない。一目でそれとわかるのだ。

だれよりも野心に満ちたバナナマンたちがザムライの周りに群がるようになる。何十人ものバナナマンがユナイテッド・フルーツを辞めてプエルト・コルテス行きの船に乗った。クヤメルには、ハングリー精神があった。マイナー・キースが引退して以来、ユナイテッド・フルーツに欠けていたものだ。クヤメルのほうが実入りもいい。クヤメルの株価が上がるなか、ＵＦの株価は下落していた。最初のうちは何か裏があるのではないかと思って、ザムライはこういう変節者を雇うのには消極的だった。しかし、アンドリュー・プレストンのあとを継いでユナイテッド・フルーツの社長になったビクター・カッターが、裏切り者を公然と非難するようになってから、UF最高の人材を積極的に誘うようになった。ザムライは記者に「怪物の膝をつつく」のが好きだと語っている。

ビクター・カッターはザムライに逆上させられた。長年苦労してユナイテッド・フルーツの社長になったのは、果物師ごときに辱められるためだったのか？　カッターはクヤメルを口汚く罵ったが、何の意味もなかった。地峡の人々は、エル・プルポから自分たちを守ってくれる唯一の存在であるザムライを支持していた。「メディアや経済問題のアナリストはザムライが好きだった」と、ピーター・チャップマンは著書『バナナのグローバル・ヒストリー：いかにしてユナイテッド・フルーツは世界を席巻したか』で説明している。「ザムライは世間の注目を集めたいと思ってはいなかったが、注目されたときには、勝ち目がないのに戦う小さきものという、ザムライ好みの姿で描かれていた」

ユナイテッド・フルーツは、闘いを挑まれるといつも、相手を買収するか叩き潰すかのどちらかの対応をした。一九二五年に、ビクター・カッターは買収を試みている。著名な役員、ブラッドリー・パーマーを派遣してザムライとの交渉に当たらせた。

この申し出を拒絶して、ザムライは言った。「ったく、おれはこんなに楽しんでるし、まだ若い。なんで辞めなきゃならないんだ？」

第12章 バナナ戦争

The Banana War

会社も人と同じように歳をとる。年月がたち創業者が死に絶え、二代目、三代目の背広組にあとを譲る。会社を築く土台になった、無我夢中の、リスクをいとわぬ、面白半分の精神が、心地よい中年時代に取って代わられるのだ。前向きで創造的だった会社が、人と同じように自意識過剰になり、動きだすまでにいくつもの問いに悩まされるようになる。どう見えるか？　とか、何と言われるだろうか？　とか。それが金も力もある会社であれば、このあとの世代に権力の座についた経営者たちは、ある種最悪の自信に満ちているのが特徴だ。つまり、金はいつもあるはずだ、だってずっとあったのだから、と考える。私的な集まりや列車の席で、彼らはこんなことを言う。「だれでも知ってるが、ウティラから北の土地はみな我が社のものだ」とか、「あのロシア人の小僧はいったい何をやってるんだ？」とか。

ビクター・カッターは一八八一年に生まれた。父親は、マサチューセッツ州ドレーカットで雑貨店を営んでいた。ローウェル郊外にあるこの町は、今は荒れ地になり、ハイウェイの通る丘に目障りな感じで横たわっているが、一〇〇年前には工場や製作所があって、大量の金が流れ込み大量の製品が送り出されていた。カッターは、若い頃は荷馬車にテンサイやニンジン、トマトを載せて売り歩いたものだ、と言って記者を楽しませている。自分をバナナマン・サムになぞらえようとしたのだ。わたしも行商人だった、わたしも苦難の道を歩んだ、わたしもあのロシア人の知っていることを知っている。しかし、カッターが一度でも行商人の仕事をしたことがあるとしたら（わたしは、それも疑わしいと思っているが）、それは夏休みのアルバイトのようなものだろう。わたしの友人グレッグ・スピッツが、毎夏父親の経営する製紙工場の生産ラインで働くのと同じだ。これでグレッグ・スピッツが工場労働者にはならないのと同じように、雑貨店で働いたからといって、ビクター・カッターが果物師にはならない。カッターの仕事は精神修養のためにやったもので中産階級の道楽だ。ザムライの仕事は生き残るためのものだった。

一九〇三年のバナナ業界のリーダーふたりを並べて思い浮かべてみよう。カッターは身長一八〇センチと少し、体重九〇キロ強、ダートマス大学の級友たちとともに、角帽とガウンを身に着けた姿は、他の学生と見分けがつかない。ザムライは、違った意味で大きく、ゴッゴッとした骨と筋ばかりの体で、ミシシッピー・デルタを貨車で駆け抜け、背後には完熟バナナが壁のように積まれている。カッターは大学で歴史を学び、主専攻はラテンアメリカ、副専攻はスペイン語だった。米西戦争を受け、熱帯地方で急成長する市場を手がける準備だ。修士号を取得するため、さらにダートマス大学のタック行政財政大学院に進んだ。一九〇四年にユナイテッド・フルーツに入社し、ゴルフコースや富裕層との交際で築いたコネにも助けられて、出世階段をのぼりはじめた。ザムライは、ユダヤ人の集まりからも拒絶され、ゴルフを覚えたのは晩年、自分のゴルフコースをつくってからだ。雑誌王ヘンリー・ルースが保守の牙城とするタイム誌が、このゴルフコースについて知っておくべきことを読者に伝えているが、そこでは「オーナー（ザムライ）がときどき一〇〇を切る」コースとして紹介されている。

カッターは、ユナイテッド・フルーツでタイムキーパーとして働きはじめた。大卒新入社員の標準的な職種だ。迷彩服にヘルメット帽という出で立ちで南へ送られ、バナナ・プランテーションにある簡素だが快適なバンガローで生活する。これは見せかけの仕事で、アイビー・リーガーを怖気づかせずに現地を経験させるためのものだ。夜明けとともに一日が始まり、タイムキーパーはクリップボードを片手に果樹園を歩き、倉庫や列車の車庫をまわる。刈り取り役や袋詰め役、荷積み役やエンジニアの作業時間をストップウォッチで計って効率の悪いところを探すのだ。ときおり、車掌車に乗ってコーヒーを飲む。窓の外を見ると、ユナイテッド・フルーツのホンジュラス本社があるテラまで、線路が続いている。テラに着くと、バナナが船に積み込まれるかたわらで、タイムキーパーは埠頭に立ってメモをする。それぞれの作業時間を計測し、その数字は報告書とともに小包でボストンに届けられる。

カッターは、ダートマス出身者特有の皮肉っぽい口調で話す物語で有名だった。なかには、地峡での向こう見ずな冒険譚もあったが、真に受ける者はだれもいなかった。カッターの振る舞いが見るからにオフィス育ちだったからだ。これは、カッターのせいではない。生まれてくるのが遅すぎたのだ。荒っぽい時代はとうに終わっていた。「前の世代なら、バナナランドはアメリカのフロンティアで最も原始的なところだったし、それに相応しい、荒くれ者やならず者がこの辺境を切り拓こうとやってきた」と、チャールズ・ウィルソンが『エンパイア・イン・グリーン・アンド・ゴールド（Empire in Green and Gold）』に書いている。「しかしカッターが登場する頃までには、バナナ・フロンティアの原始的な単純さはなくなっていた」。カッターは、バナナ取引の新しい習慣にぴったりで、とんとん拍子に出世した。一九二四年に、カッターは創業者でない者としては、初めての社長に就任した。これは、UFという会社のキャリアにとって、きわめて重要な変化だったといえる。おそらく二代目世代のなかでは最高の人物だっただろうが、カッターは、昔のバナナマンが持っていたものをたんに持っていなかった。「一九二〇年代に、バナナ取引の偉大な指導者、アンドリュー・プレストンとマイナー・キースは帰らぬ人となっており、新しい経営陣は比較的経験が浅かった」とウィルソンは書いている。「バナナ業界の状況を見抜いている者のなかには、主導権を握る可能性の最も高いのは（UFの新顔連中ではなく）、（カッターから）いまだに『ホンジュラスにいる小僧』と呼ばれている、サム・ザムライだろうと主張する者もあった」

赤道の横切る地峡は、バランスの中心にある。昼と夜が同じ長さで、気候は気が遠くなりそうなほど穏やかだ。季節の境はなく、季節の変化がないので、一年は見分けのつかない一塊になる。時間の概念がまったくないのに、着実に時は流れる。数年がいつしか数十年になる。ひとつの世代が過ぎ、やがて次の世代になる。

バナナ戦争が始まったとき、サミュエル・ザムライは四九歳、カッターは四三歳。一時期、ふたりはウティラ川を挟む両河岸に住んでいた。ウティラ川はコルディレラ山系の頂から流れ出し、曲がりくねって大西洋に流れ込む。何千年もかけて、モタグア・バレーを形成してきた。この流域は世界一肥沃なバナナランドになっている。ここは、草原の向こうにまた草原、山の向こうにまた山の連なる、美しい国だ。ウティラ川は、ほぼホンジュラスとグアテマラの国境に沿って流れ、この川自体が長いあいだ論争の対象になってきた。同時にまた、この川はユナイテッド・フルーツとクヤメル・フルーツを分ける境にもなっている。UFはウティラ川の北岸沿いにあり、クヤメルは南岸付近にある。一九二〇年代半ばに、境界問題が深刻化した。流域に残された未耕の土地を両社が自分のものにしようとしたからだ。この緊張が国家の熱望に火をつけた。いつしか、UFとクヤメルの競争が代理戦争と見なされるようになり、バナナ会社の争いがホンジュラスとグアテマラのあいだの争いの肩代わりをすることになったのだ。北へ向かってユナイテッド・フルーツの領域に侵入しようとするザムライの姿は、ホンジュラスの旗を掲げ、グアテマラに奪われた土地を獲り返そうとしているかのようだ（ユナイテッド・フルーツの南境もこれにしかり）。このようにして、アメリカの会社間の争いが、地域紛争に発展する恐れがでてきた。

第一次世界大戦におけるフランツ・フェルディナンド大公暗殺のように、バナナ戦争にも勃発のきっかけとなる出来事はあったのか？

実は、あったのだ。

一九一二年にマニュエル・ボニージャがホンジュラスで権力の座に返り咲いたとき、ザムライと交わした約束を覚えているだろうか？　営業特権に加え、将来一万ヘクタールの土地をサム・ザムライがどう与えられることになっていたか？

一九一五年、ザムライはこの約束を実行に移し、ウティラ川流域の広大な土地を自分のものだと主張した。これは、ユナイテッド・フルーツが両社間の緩衝地帯と考えていた密林地帯だ。未耕のままにしておくことで、仇敵同士を隔てる役割を果たしてきた（触れれば火花が飛ぶ）。この中立地帯を破壊してザムライが土地を手に入れると、状況は一変した。カッターにしてみれば、競争を規制していた協定は、公式であれ非公式であれ、ひとつ残らず無効だった。

この争いは、双方が相手を愚弄する、嫌がらせ合戦から始まった。ユナイテッド・フルーツの社員が夜間に川を越えて、送水管を切断し、トラックをひっくり返し、線路を引きはがす。これに応酬しようと、ザムライのほうもウティラ川の向こうへ自前の盗賊団を送り込む。送られるのは、テキサスから流れてきた荒くれ者の生き残りだ。フロンティアが閉鎖されて南へ向かう船に乗った、時代遅れの輩《やから》たち。馬と拳銃《ピストーラ》を携え、ただ同然の賃金で働く。ここでわたしは、バナナ・カウボーイに叙情歌を捧げたい――「荒くれた、無精髭の、お騒がせ屋の古強者《ふるつわもの》、地峡の鼻つまみ。紛争があれば銃を取り、革命があればフィリバスター。ニューオーリンズやサンフランシスコ、ガルベストンからやってきて、まともな世界じゃ生きられぬ。噛みタバコの唾をペッと吐き、鞍袋に予備の薬莢を詰め込んで」。こういう荒くれ者は、自分たちと一緒にラバに乗り、酒を飲むザムライのなかに守護者を見いだしていた。バナナ戦争がやってくると、彼らはザムライの先兵になる。夜になると境界を越え、畑で大暴れした。

外から見ると、バナナ戦争は理解しがたいものに見える。ザムライは、資源でも規模でもとうていかなわない相手を敵にまわした。一万ヘクタールほどの、たいして足しにはならない土地のためにだ。なぜ、ザムライはこんなことをしたのだろう？　どうして、交渉をまとめようとしなかったのか？　この問題を理解するためには、ザムライの性格を理解しなければならない。性格とかやり方というのは、歴史においても重大な説明不可能な要因だ。精神力、カリスマ、抜け目なさ、才覚――ザムライを決定づけるこうした特徴は、写真にも記事にも記録されるものではなく、そのせいでザムライは謎に包まれた不可解な存在になっている。ザムライを突き動かしたものは何だろうか？　結局は自分のものにならないと気がつかなかったのか？（いや、だが、これは終わりではない）　フランク・ブローガンのようなザムライを知る同僚には、ザムライの動機は明らかだった。勝ちたかったのだ。そして、勝つためならどんな努力もいとわない。この叩き上げの男は、最も危険なタイプの自信に満ちている。この男は以前にもやったことがあるし、またやれると思っている。それが、この男に荒れ狂う戦士の気配を与えている。おれに盾突くつもりなら、とどめを刺すまでやれ、と言っているみたいに。こういう人間に会ったことがある者には、すぐにこのタイプがわかるだろう。口数が少ないのは、世間話は弱さだと考えているからだ。戦争は、口先三寸で勝てるものではない。わたしの言っているのは、かつてアメリカには不可欠だったが、今はほとんど消えてしまったタイプのことだ。うちのベン爺ちゃんがそうだったし、ハリウッドを築きあげた大物実業家たちもそうだ。自己実現を極限まで突き詰め、愛情も恐れもすべてビジネスにつぎ込んだ男たち。自分の経営する工場やプランテーションや商店に。彼らは妻子を思いやっただろうか？　もちろんだ。だが、それ以上に会社が必要だったのだ。逃亡中のギャンブラーを思い浮かべるといい。心にあるのはたったひとつ。目を上げないとしたら、それは浅はかだとか愚かだとかいうわけではない。目を上げたとたん、呪文が解けてゲームに負けるとわかっているからだ。

一九一七年になる頃には、バナナ戦争は一カ所の土地に集中していた。ウティラ川の北岸にある二〇〇〇ヘクタールの土地で、両社ともここを手に入れたいと思っていた。ユナイテッド・フルーツが先に問題に気がついた。グアテマラとホンジュラスが領有権を主張する領域にあるこの土地には、ふたりの異なる法定所有者がいるようなのだ。このふたりがだれかはわからないが、仮に、ひとりはグアテマラシティに住む老婦人だとしよう。この人は未亡人で、地主で畜産業者だった夫が亡くなり、証明書の詰まった箱を相続した。地峡中に散らばる土地の権利証書のなかには、くだんの二〇〇〇ヘクタールも含まれている。老婦人はこの土地を見たことがないし、たいして興味もないのだが、目の前に権利証書もあるし税金の受領書もある。仮に、ふたりめの所有者はテグシガルパから来た投機家だとしよう。くだんの二〇〇〇ヘクタールはずいぶん昔にした賭けだ。バナナ・ビジネスの爆発的な成長を見てモタグア・バレーの土地が急騰するだろうと見込んで購入したのだ。

この権利書のゴタゴタが明るみに出たとき、ユナイテッド・フルーツは、官僚主義偏重の大企業が常に取る行動に出た。すなわち、弁護士や調査員を雇ってあらゆる書類を確認し、正当な所有者を突き止めようとしたのだ。これには数カ月を要した。そうこうしているうちに、ザムライのほうはふたりの地主に個別に会い、たんに両方から土地を買い上げてしまった。ザムライは同じものを二度買ったことになる。たしかに少しばかり余計に払ったかもしれない。しかし、弁護士連中にかかる費用を考慮に入れたら、おそらくUFより安くすんだだろうし、何といっても土地が手に入った。

ビクター・カッターは激怒した。屈辱感も並ではない。カッターにしてみれば、クヤメルは違反をしたことになる。ウティラ川の北岸は今までずっとUFの領域と見なされてきたのだ。その土地を買い取ることで、ザムライはだれもが尊重すべき一線を超えたのだ。

尊重だと？

笑わせるんじゃない！

ザムライはUFが来る前からホンジュラスにいたのだ。UFは以前バナナの大半をコスタリカやグアテマラ、ジャマイカで育てていた。ホンジュラスが驚くほど生産的だとサム・ザムライが証明して、あとからのこのこやってきたのではないか。

ユナイテッド・フルーツは、新しいプランテーションを締め上げ、ザムライを川向こうへ追い返そうと決意を固めた。

ザムライが作業員を送り込んで土地を耕し、根茎を植え、家を建てると、ユナイテッド・フルーツは、グアテマラ政府に苦情を申し立て、ザムライが国境線を侵しているとして非難した。クヤメルはホンジュラスの会社だが、問題の土地はグアテマラが領有権を主張している。この結果、国際司法裁判所が乗り出し調査が行われることになった。公聴会の予定が決まり、隣国間の緊張がしだいに高まっていった。グアテマラがケンカ腰の声明を発表し、ホンジュラスもこれにならった。アメリカ合衆国国務省は、両バナナ会社の社長に競争を鎮静化するよう要請した。アメリカは、このふたりのせいで地峡が戦争に突入するのを恐れたのだ。

時が流れ、ザムライは畑を耕し、バナナを植えつづけた。ユナイテッド・フルーツは、ホンジュラスのティブルシオ・カリアス大統領に接近した。一九二四年に権力の座についた実力者のカリアスは、軍事政権の指導者好みの威厳ある口髭を蓄えた、リベートの達人だ。ザムライは、今も国内で特別待遇を受けていたが、マニュエル・ボニージャが亡くなってからその影響力は徐々に衰えつつあった。実のところ、カリアスはますますユナイテッド・フルーツ寄りの姿勢を強めている。クヤメルがウティラ川に橋をかける許可を求めたとき――バナナをプエルト・コルテスまで運ぶための橋だ――カリアスはこれを拒絶した。橋がなければ、列車が通れない。列車が通れなければ、バナナが運べない。

さらに時が流れたが、カリアスは、相変わらずユナイテッド・フルーツ寄りのままだった。ザムライはどう対処したか？　南に向かうバナナ船にスペースを確保した。作物や種ではなく、鉄器や銃、弾薬を運ぶためだ。これらの武器は自由主義の反政府軍の手に渡り、ホンジュラスの丘に運ばれた。もし、指導者が敵の手にあれば指導者をすげ替える、というのは常に選択肢のひとつだ。当時、フランク・B・ケロッグが責任者だった合衆国国務省は、武器密輸の報告を受け取った。ニューヨークのハドソン川の桟橋に投錨したクヤメルの船が港湾委員会の捜索を受け、五万ドル分の武器が見つかった。ニューオーリンズでも別の隠し場所が発見されている。このニュースは、一九二八年五月四日付けのタイムズ＝ピカユーン紙の一面に掲載された。

木曜日の夜、中央アメリカの新たな革命の兆しを思わせる、小銃、自動拳銃、弾薬が押収された。マライス・ストリート一四五八番から六〇番の二軒続きの家屋から、刑事および政府のシークレット・サービスの諜報員により発見されたものである。

クヤメル・フルーツは中立法違反で告発された。ニューオーリンズで行われた裁判でクヤメルを弁護したのはジョセフ・モントゴメリーだ。この男は以前ニューオーリンズ地方検察官として、クヤメルを起訴した人物だ。これが、手強い敵に遭遇したら味方につけるという、ザムライの好む戦術だった。

ウティラ川に橋をかける許可は決して得られないと悟ったザムライは、いつもの手を使った。すなわち、刷新である。この世のものとは思えないほど長い埠頭を両岸から築き、エンジニアに仮設橋を設計させたのだ。もちろん、だれにも橋とは呼ばせなかったけれど。空気注入式の装置が、延長された埠頭から埠頭へと、瞬く間に投げ渡せるようになっていて、線路は片方の桟橋で終わり、もう一方の桟橋から始まった。ライフ誌によると、「この奇妙な仕掛けは、組立・解体ともに三時間以内で行うことができた」ようだ。クヤメルが許可なしに橋をかけたと言って、ユナイテッド・フルーツがホンジュラスの役人に抗議すると、ザムライは笑ってこう答えている。「何を言ってるんだ？　あれは橋じゃない。ちょっとした桟橋が、ふたつばかりあるだけじゃないか」

UFがラ・リマに近いホンジュラス高地に数万ヘクタールの土地を購入した。高地はバナナ栽培には適していないので、これは不可解な購入だ。カッターは何をしようというのだろう？　まもなくその理由を察したザムライは、背筋が凍り付いた。この土地にはスーラ・バレーを潤す川の源流が流れている。そして、クヤメルのバナナの大半はスーラ・バレーで栽培されているのだ。この川を汚したり流れを変えたりすれば、カッターはザムライを潰すことができる（「昔は神の摂理に委ねられていた方法を与えられ、［バナナマンたちは］雨のパターンを変え、収穫の周期を早め、白い石と冷たい流れとともに、川を昔あった場所から町の反対側に動かした」と、『百年の孤独』でガルシア＝マルケスは書いている）。

一九二八年の秋までには、企業の競争として始まったものが、あからさまな衝突に発展していた。畑には兵士が、海には戦艦がいる。もしこれがギャング映画だったら――そしてサム・ザムライの物語が「地峡のゴッド・ファーザー」の物語だったとしたら――マフィアの親分たちが、決定的な打撃を与える手を考える場面だ。

ここで感じてほしいのは、沸騰寸前のポットのイメージだ。ザムライがウティラ川で行動を起こしたときに生じた緊張が、川を渡る仮設橋をかけてカウボーイたちを畑に送り込んだことで、絶頂に達する。この土地は、いつ爆発してもおかしくない。ホンジュラスとグアテマラで軍隊が動員された。トラックに乗った兵士たちが国境へ急行し、タイヤの溝に泥がこびりつく。もはやこれまで、というとき、外交官がしゃしゃり出て、和平会談らしきものが開かれた。通常なら、国際連盟の事務総長が反目する国の大統領をウィーンかヤルタに呼びつけるところだ。今回は、アメリカ合衆国国務省が果物会社の社長ふたりをワシントンに召喚した。バナナ戦争はアメリカの利益を脅かし、アメリカに対する地峡の憎しみを育て、パナマ海峡を含む地域を危険にさらしていた。

ザムライは、船と鉄道とを乗り継ぎ、ホテルにチェックインして待った。一九二九年の春、いくつか会議が開かれ、ザムライはおつきの者を従えたカッターとテーブルを挟んで対峙した。最善の解決策、この争いに決着をつける唯一の方法は、合併か買収だ。大義のために、ふたつの会社を無理にでもまとめるしかない。二社でなく一社になり、ザムライとカッターの利害が一致すれば、通常の状況に戻るかもしれない。もちろん、これには疑問が投げかけられた。反トラスト法はどうなるんだ？　この二社がひとつになれば、市場の六八パーセントをコントロールすることになるではないか（ＵＦの占有率が五四パーセント、クヤメルが一四パーセント）。こんな組み合わせをしたら、反トラスト法で起訴されるのではないのか？　そもそも、プレストンがクヤメルの株を売ると決めたのは、起訴される恐れがあったからなのだ。その心配はいらないとの言質が与えられた。結局のところ、当局は両社の合併を望んだ。これが我が合衆国政府のありさまだ。ふらふらと危機から危機へ渡り歩き、独禁法取締官になったり調停者になってみたり。競争が足りないと言ったその口で、競争が奔放すぎて秩序がないと言い出すのだ。

いったん、二社が一社になるという考えさえ受け入れられれば、あとは細目を決めるだけだ。数カ月にわたる交渉が始まった。条件がテーブルの上を行き来し、ザムライは半眼の目で数字を検討した。何事も細部が肝心だと考えるザムライは、条件を隅々まで検討し、足したりかけたりはしても決して引きはしなかった。ザムライは、ひとつひとつの条項や付帯事項をめぐって言い争い、脅しをかけ文句を言い、知っているかぎりの言葉で悪態をついた。友人たちの証言によると、ザムライは頭の切れる交渉人だったそうだ。のぼせたり慌てて口を開いたりしない者が、最後に勝つと心得ていた。脅しの効かないことは、冷静さによって達成できることが多い。ただ座って相手を見据え、相手自身のなかにある恐れを引き出し沈黙を埋めさせるのだ。

われわれの社会では、「売る」という言葉が裏切りの意味で使われる。国を売るとか、仲間を売るとか。たいていの場合は実際の売り買いは伴わない。だが、サム・ザムライの場合は、古典的な意味で本当に売った。すべての稼ぎを山積みにして会計室に運び、ザムライがカッターの向かいに座ると、黒子のような連中が所得を集計する。ザムライは、自分の会社に値段をつけようとしていた。それは、ただの会社ではない、自分の体であり魂といえるものだ。ジャングルで暮らした二〇年、ラバの背に揺られた大旅行、モービル、ニューオーリンズ、そして、プエルト・コルテス。クヤメル・フルーツは会社の形をしたザムライだ。ザムライの性格が会社を形づくった。住処であり愛するものでもある、この会社で自らの持論を試し哲学をつくり上げてきた。早起きをし、懸命に働く。土に手を汚し、血の涙を流して。その会社を、ザムライは今ユナイテッド・フルーツに売り渡そうとしている。

なぜか?

国務省の問題は、もちろんある。ワシントンへ召喚され解決策を求められた。並大抵の圧力ではない。しかし、ザムライは政府に盾突くのを恐れたりしない。スペイン語で罵り言葉を吐き、歩み去ることなど何でもない。ここにいるのは、フィランダー・ノックスに首を突っ込むなと言われ、従うかわりに軍隊を招集した男なのだ。しかし、あれは今とは違う人生の段階だった。あの頃は年も若く、失うものもないよそ者だった。あの頃と違って今のザムライは資産家になっていた。若き日の、どこの馬の骨とも知れぬ、無一文のザムライは、向こう見ずで恐れるものは何もなかった。しかし中年になった今は、どこがどう傷ついてもおかしくない。成功が選択肢を限られたものにし、ザムライを脆弱にしていた。

株式市場の問題もあった。一〇月のある金曜日、男たちが交渉を続けていると、ニューヨーク株暴落のニュースが入ってきた。一日のうちに、優良会社が一〇年かけて蓄積してきた富が消えてなくなった。最初のうちUF株には大きな影響はなく、クヤメル株も無事だったが、この急落のあと、拭いようのない不安定感が残った。風見のように敏感なザムライのような人間には、自分の運命を巨大な怪物の財産に託せるまたとない機会に思えたにちがいない。一〇〇日間の風雨に弄ばれたクリストファー・コロンブスに、大嵐を生き延びるには何が必要か訊いてみるといい。大量の食料と大量の金と大量の幸運。とにもかくにも大きさが物をいう。クヤメルを売るのにこれ以上の好機はないと感じられたはずだ。今取引すれば、強気の立場で取引できる。来年何が起きるかだれにもわからないのだから。

いつ決裂してもおかしくない雰囲気のなかで一〇週間を超える交渉が行われたあと、結局、些細な偶然のようなかたちで最終合意が実現した。ユナイテッド・フルーツの筆頭株主で重役を務めるブラッドリー・パーマーが、ロンドンのパブまでザムライを追いかけてきた。ザムライはひとりで食事をしていた。パーマーがエールを一杯注文する。ザムライも自分の分を注文する。一二杯のグラスが空になる頃、取引が成立した。買収ではなく、合併。小さいほうの会社が大きいほうの会社の一部になる。ザムライにとって、これは重要だ。プライドの問題だけではなく、クヤメルの作業員はだれもクビにならないし、プランテーションも閉鎖されないからだ。取引は株式交換のかたちで行われた。ザムライが投資家たちにこれを報告し、クヤメルの株主がクヤメル株をUF株と交換する同意書に署名した（クヤメル株一〇七ドルに対し、UF株一〇八ドル五〇セントの取引だった）。ザムライは、クヤメルの持ち株に対してUF三〇万株を受け取る。合併後のザムライの持ち株は三〇〇〇万ドル以上の価値を持つ計算だ。これは、たいした数字だと言っていい。三〇年前、体ひとつでセルマにやってきたサム・ザムライがアメリカ屈指の大金持ちになったのだから。

UFは、世界で最良のバナナ会社クヤメルを手に入れたことになる。ホンジュラス、ニカラグア、メキシコにおよぶ一四〇平方キロの耕地、一線級のバナナ船一五隻、そして、年間六〇〇〇万房のバナナを生産し輸送する能力。「これは正反対の者同士の結婚だった」と、長年UFに勤めたトーマス・マカンが著書『アン・アメリカン・カンパニー（An American Company）』で書いている。「ザムライの個人的なスタイルは、運営上の実践と同様、ユナイテッド・フルーツの従来のやり方とまったく正反対だった。ザムライは熱帯地方に住み、自分の手で農法や技術を開発し、それらが業界の標準になっていた。対照的に、ユナイテッド・フルーツの経営陣はほとんどの面において満足しきっており、ボストンで金を数えていた。彼らがバナナの成長を見る目は、会社のリスクを分析する保険数理士《アクチュアリー》が人口動態を眺めるのと同じ目だった」

合意の一部として、UF株の過半数を所有することになるザムライは、バナナ業界から引退するのに同意した。ユナイテッド・フルーツはこれまでどおり、ボストンにいるビクター・カッターとカッターの選んだ役員たちが経営する。ユナイテッド・フルーツの経営陣はこの点を強く主張した。彼らにしてみれば、この取引の目的は会社の規模を拡張するためというより、最強の敵を畑から追い出すことなのだ。ザムライを取り除き、株の山に埋めてしまうつもりだった。ザムライは引退に同意し、競争相手の会社で働いたり新しい果物会社を興したりしないと約束した。標準的な非競争条項だ。ザムライは名誉職の肩書きを与えられるが、実質的には他の株主以上の発言権はない。つまり、株主総会で挙手すれば発言はできるということだ。

一九二九年一一月、この取引はUFの株主に承認された。株式市場が急落した二カ月後のことだ。当時最大の企業合併のひとつで、一九二九年一一月二六日のニューヨーク・タイムズ紙で初めて報道された。「ユナイテッド・フルーツの合併条件にクヤメル同意。株式交換による合併に株主賛成票投ずる」という見出しだ。同じニュースが、一九三〇年のユナイテッド・フルーツ年次報告書に二行だけ記載されている。ザムライのことにはいっさい触れていない。バナナ戦争も、バナナ・カウボーイも、国務省も一一杯のエールもない。「昨年一一月、クヤメル・フルーツ・カンパニーの資産購入を役員が正式に許可した。この資産はユナイテッド・フルーツ・カンパニーの目録に加えられる」。ソビエト式の歴史を形成するかのような記述だ。削除することで歴史を書き換える。ユナイテッド・フルーツの重役たちから見れば、バナナ業界で語り継がれる他の人物同様、ザムライもただ忘れられてゆく定めなのだ。もし思い出すことがあるとしたら、骨董品のようなおとぎ話の英雄としてだ。「カメレコン＝ウティラ盆地の大人物《グラン・オンブレ》」とチャールズ・モロー・ウィルソンが呼んだように。「何週間も何カ月もびしょ濡れになりながら、セイバ・ポイントからテグシガルパまで、ジャングルを抜けて歩きとおした」人物として。

これが一九三〇年頃、ザムライがプエルト・コルテスから蒸気船に乗ってニューオーリンズに帰ったときの情勢だ。政治家やスポーツ選手が引退するときのように、ザムライも引退を前向きに受け入れ、家族たちとすごす時間を増やし、今までやりたかったことをやると約束した。毎日一六時間働き詰めだった人生で、初めて成功の喜びを謳歌するのだ。こう言ったときには、ザムライは本気でそう思っていたはずだ。しかし実のところ、ザムライはまだ老いてはいなかったし、いまだに怒りを感じていた。すぐに侮辱されたような気がして、カッとなった。何かに突き動かされるような気がして、心が休まらない。幸福な男――それは、この世で何も達成することのない男だ。

熟

Ripe

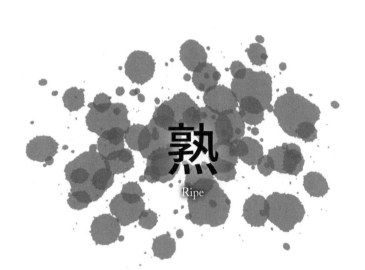

第13章 キングフィッシュ

King Fish

一九三〇年の冬、サミュエル・ザムライはニューオーリンズへ戻った。五三歳になっていた。ハンサムと言われたことは一度もないが、ザムライは年齢とともに深みを増す力強いタイプの男なのだ。服装は、船乗りが海から帰宅するときのように簡素なもので、ボタンダウンのシャツに麻の上着を着てスラックスを履いている。濃い色の目に額は広く、気にかけているときはアコーディオンのように髪を撫でつけてある。ザムライは金持ちで名を知られており、業界の伝説的人物だったが、周りは気づかないふりをしていた。ザムライを見かけても、ただの果物師が埠頭でコーヒーを飲みながら、川の商売の噂をしているのと同じように扱った。

ザムライは小休止《カエスーラ》を経験していた。人生の次の段階へ移るまでの一休み。生まれて初めて、ザムライはじっくり考える気になったようだ。ザムライが信心深い人間であったかどうかはわからない。神を信じていたのか、それとも、何よりどころとするものはなかったのか。死を恐れていたのか、それとも、人間の魂は朽ちることがないと考えていたのか、それもわからない。ザムライの物語は境目まで来ると、いつも記録がなくなり影がたれ込める。同じ言葉が手をつないで柵をこしらえ、ここから先は入れない、と告げるのにぶつかる。「わからない」「わからない」「わからない」――つまるところ、どんな人生も、最も深遠な瞬間は午前三時から四時までのあいだにやってくるのだ。たれ込める沈黙のなか、天井を見つめているときに。

一九三〇年のニューオーリンズは偉大な都市だった。通りに軒を連ねる建物が灯りで黄色く照らされている。夕暮れ時になると、にぎわう店先。タバコ屋、コーヒーハウス、新聞のスタンド、ホテル、飲み屋。名高いレストランのアントワンズ、ガラトワールズ、アーノーズもある。フレンチクォーターの古めかしいつなぎ柱、錬鉄のバルコニー、路面電車の行き交う音。ザムライはオーデュボン・プレイス二番にある家に住んでいた。ここには、最も名高いザムライゆかりのものが多く残されている。トーマス・ジェファーソンにとってのモンティチェロ、エルビス・プレスリーにとってのグレイスランドのようなものだ。

一九〇〇年代に大物材木商のために建てられたこの家は、赤レンガでできたボザール建築の大邸宅だ。十字の形をしていて、支柱やベランダ、建ち並ぶ列柱《ポルチコ》、張り出し、正面階段などがある。居間や図書室、螺旋《らせん》状に上る階段は、ルイジアナの松材とバージニアの糸杉材でできている。ザムライは一九一七年にこの家を六万ドルで購入した。テュレーン大学は最近アップタウンにある新しいキャンパスに移ったが、このキャンパスは、ザムライ邸の庭先から数十メートルほど行ったところにある。住所はオーデュボン・プレイス――町のエリートたちが好むゲートのある通り――だが、正面玄関はオーデュボン・パークを渡ったセント・チャールズ・アベニューに面している。

この家の改築が引退したザムライのプロジェクトになった。エレベーターと給仕用エレベーターを設置し、部屋数を増やした。一九三一年までには、南北戦争前の様式の白塗り邸宅という、現在の姿になっていた。三階には舞踏室をつくり、寄せ木細工の床を水晶のシャンデリアで照らした。手作りのパイプオルガンの音楽が家じゅうに響き渡り、インターホンが各部屋をつないだ。ときおり、ザムライの大声が家じゅうに響き渡るのが聞こえたかもしれない。セーラ！　どこだ？　セーラ・ザムライ！　ちょっと上まで来てくれ！　セーラ……セーラ？　二階にはマホガニーデスクのあるオフィスがあって、ザムライはこの部屋で寛《くつろ》いで新聞を読む。主寝室からはセント・チャールズ・ストリートが見渡せる。網戸のついたベランダもあって、暑い夜には一家はここで眠る。最上階にはいわゆる見張り台《クローネスト》があって、窓からの眺めは絶景だ。ザムライは電話をかけながら、この部屋を行ったり来たりする。ここがザムライのお気に入りの部屋だ。ザムライは、よくベランダで朝食をとった。そこにはいつもバナナの茎がつるしてある。ザムライは思いついたように一本、あるいは房ごとバナナをもぎ取る。いったん腰を下ろすと、五本平らげてしまうこともあったかもしれない。オーデュボン・プレイス二番は、ひょっとしたら、ニューオーリンズでいちばんおしゃれな住所かもしれない。この町の人はみな、アメリカ一美しい建物だと言う。ザムライが亡くなったとき、この建物はテュレーン大学に寄贈された。一九七〇年代以来、大学総長の公邸になっていて、募金活動や祝賀会が行われる。しかし、ひとつひとつ部屋をまわると、やはりザムライの目をとおして見てしまう。この邸宅は古い時代に根づいたものだ。正面部分《ファサード》はザムライの顔。ザムライが世界からどんなふうに見られたいと思っていたかがよくわかる。

ザムライは、ルイジアナ州ハモンド付近に一〇〇平方キロのプランテーションを買った。ニューオーリンズから九四キロ北にあって、猛暑が耐えがたくなる時期にはここで英気を養うことができた。元は材木会社の持ち物だった。ザムライは古い木造小屋を取り払って家を建て、花や木を植えた。ここはザムライの隠れ家だ。ここにいれば、本当になくてはならないものと、ふたたびつながることができる。コンクリートではなく泥と、道路ではなく小径と、市場ではなく草原とひとつになれる。ザムライはゴルフコースや狩猟小屋や、外国の動物を集めた自然動物公園をつくった。果樹園をつくり作物を収穫し、交配種を生み出す実験も行った。「生まれてこの方、本物の季節を感じられる農夫になりたいとずっと思っていた」とザムライは説明している。「まだほんの子供だった時分から自分の農場がほしいと思っていた。生まれ故郷の、あの穂の伸びた小麦畑を見ながら」

このプランテーションはザムライにとって、とても特別な場所になった。成立させねばならない取引があれば、同僚を連れていったし、何か伝えて説明する必要があるときには、家族を伴った。ザムライは、しだいに次の世代のことを考えるようになっていった。愛娘のドリス、そして、息子のサム・ジュニア。娘とは別の意味で、ザムライはこの息子をこよなく愛していた。ザムライの名前を継ぐのは、サム・ジュニアだ。ここまで蓄えてきたものはみな、ある意味で、この息子を念頭において蓄えてきたのだ。ユダヤの伝統を伝えることをザムライがさほど重要視していなかったのは明らかだ。もし重要だと考えていたら、息子に自分の名前をつけたりしなかっただろう（独東欧系ユダヤ人《アシュケナジム》にはほとんどない習慣だ）。しかし、遺産《レガシー》を引き継ぐことには意味がある。ザムライは息子に知っているかぎりのことを伝えたいと思っていた。そうすれば、次の世代の一家の暮らしや地位を今よりいいものにできるだろう。こういう意味で、ザムライは伝統を進歩に置き換え、ユダヤの地、シオンをアメリカに置き換えていた。

ザムライは、自分に意見できるのは妻だけだと思っていた。セーラ・ワインバーガー、パロット王ジェイクの娘。ライフ誌は、セーラのことを「物静かで、飾り気のない装いの、控えめな女性。芸術に取り組むように家事を実践している」と評している。実際、セーラは自分を身近な事柄の大家と見なしている。セーラは夫の留守を守り、ザムライ不在のなかで子供たちを育て上げた。苦しいことがあれば、ひっそりと苦しんだ。彼方に連なる丘のように、セーラは物語の背景的な存在だ。家事を非常に重んじる、今はもういなくなったアメリカ女性の最後の世代に属する人と言えるだろう。

セーラ・ワインバーガー＝ザムライは家事の技術に関する本を数冊書いている。たとえば『ワン・ハンドレッド・アンユージュアル・ディナー・アンド・ハウ・トゥ・プリペアー・ゼム（One Hundred Unusual Dinners and How to Prepare Them）』。夫が夢の日々をすごす、バナナランドを考慮に入れたこの本は『百年の孤独』と好一対をなしている。ガルシア＝マルケスが思い描くのは、プランテーションとグリンゴの風景を大嵐が根こそぎにするところだ。かたや、セーラが思い描くのは、エキゾチックなメニューの数々。たとえば、ニシンの卵とアスパラガスのスープ（メニュー三八）「クリームを角が立つまで泡立て、大さじ一杯ずつ盛りつける」。あるいは、鶏肝のオクラスープ（メニュー二一）「使用する足（皮を取り除き爪は切り落とす）を半分に切って、砂肝の皮を取り除く」。あるいは、コンソメとアボカドの団子（メニュー七七）「潰して塩、コショウで味つけしたアボカドを丸めて団子にする」

『ワン・ハンドレッド・アンユージュアル・ディナー』は、一九三八年にボストンのトーマス・トッド・カンパニーから刊行されている。これは料理の本だが、このレシピの大半はプロのシェフに頭を抱えさせるだろう。正確さを欠き曖昧で、指示というより理想の幻影に近い。ここに灯りがあります。さあ、トンネルをつくりましょう……といった具合だ。何もかもゼリーで固めフライにし、クリームで覆う料理からは、快楽の時代が伝わってくる。このメニューを見ると、サム・ザムライと食べ物のあいだの苦行のような関係がわかるかもしれない。ダイエット、菜食主義、絶え間ない絶食の誓い。バナナと水のみ、イチジクのみ、レタスとトーストのみ――こうしたザムライの食餌療法の詳細を、妻のつくる濃厚なメインディッシュの献立表と並べて見ると、昔から続く論争が聞こえてくるような気がする。ここにあるのは、ただの二種類のメニューではなく、ふたつの生き方だ。高カロリー、高脂肪に耽《ふけ》る内地の世界と、無駄のないバナナ・カウボーイの世界。

記事や写真を見ると、セーラ・ワインバーガーはたくましいご婦人で、南部ユダヤ人のお手本的存在だったことがわかる。床まで届くこげ茶色のドレスを着て底の厚い靴を履き、遠く離れていてもその靴音が聞こえる。髪はたいていお団子にまとめられている。たとえば、一〇〇万年前、テキサス州パドレ・アイランドの海岸で、陽に焼けたセーラの肩にそばかすができるような日の昼下がりなら、若者がこの髪を金の糸のようだと言ったかもしれない。けれど、今は色褪せてしまった。セーラが若かったのは、ほんの束の間だ。正式な場面になると、セーラは黒い服を着て家族写真の後ろに収まるような女性だ。これぐらい昔の人間にとっては、カメラはじっとしているのを強いる胡散臭い機械なのだ。近影を見たことのないわたしの頭のなかで、セーラは、昔のアメリカが生んだ、三世代か四世代前にいたユダヤのおばあちゃんの代表だ。礼儀にうるさくて、進歩に対する不滅の信念を抱いている。息子を見るたびに言わずにいられない。「サム！　まあ、あの子ときたら、あなたより背が高いのよ！」と。

ザムライがバナナを育てているあいだ、セーラは人間を育てていた。一九〇九年生まれのドリスは子供の頃、父に連れられてメキシコ湾を数度行き来している。たいていの子供にとって、地峡への旅は、衣装ダンスを抜けておとぎの国へ出かけるようなものだろう。こちら側にはオーデュボン・プレイス二番の簡素な部屋があり、あちら側はバナナ・フロンティアで、カウボーイたちが掘っ立て小屋のトタン屋根の下でラム酒を飲んでいる。ずっと地峡にいて、帯電柵に守られた社長の家で暮らしたりすれば、お高くとまるような子供もいるかもしれない。ところが、ドリスは心を奪われてしまった。ホンジュラスのことを何もかも知りたい、と思うようになる。この国に暮らす人々、政治、失われた文明の物語。これらが、ドリスが生涯情熱をかけて取り組む課題になった。

サム・ジュニアは、たいていの人がその立派な体格を覚えている、絵に描いたような若者だった。一九一三年に生まれたサム・ジュニアは、父親がこれ以上望むことのできないような若者に成長していた。ハンサムで頭がよくて、だれからも慕われる。五年生で一五〇センチ、一〇年生で一八〇センチと、ただただ大きくなりつづけた。サム・ジュニアがテュレーン大学に入学したときの身長は一九五センチ。高校で所属したアメリカン・フットボールのチームは、全国一のチームだった。

ボクシング・チームの主将も務めた。仲間うちでは銑鉄《ピッグ・アイアン》と呼ばれている。サム・ジュニアが何より好きだったのは飛行機だ。滑走路の端に腰を下ろし、郵便機のカーティス・キャリア・ピジョン号や旅客機のフォード・トライモータ号が離陸するのを眺めたことだろう。パイロット免許を取ったのは、まだほんの子供の頃だ。父親に買ってもらったプロペラ機は電動ノコギリのような音を立てた。サム・ジュニアはプランテーションまで飛んだかもしれない。そこにはザムライがいて、ベランダに腰かけ、飛行機が空を横切りマツ林の向こうの小さな滑走路に着陸するのを眺めていたにちがいない。ハーバード大学でビジネスの勉強をしていたとき、サム・ジュニアは、有力な一族の出であるマーガレット・サーストン・ピッカリングと出会っている。マーガレットの祖父のウィリアム・ヘンリー・ピッカリングは著名な天文学者で、空飛ぶ機械の可能性（正解）、九つの惑星が存在すること（正解）、月に草木の存在すること（不正解）を予測した人物だ。一九三六年六月二五日にハーバード・メモリアル・チャペルで、長老派教会のC・レズリー・グレン牧師により結婚式が執り行われた。夫婦はニューヨークに新所帯を構えた。

サム・ジュニアは、父親のザムライにとって世界そのものだった。自分の亡きあと、仕事も恩恵も何もかも残していける場所。息子は未来であり、アメリカだった。トルストイは、子供を脆弱さの存する半球だと言っている。世界に傷つけられることのある、もうひとつの場所。ザムライが息子を愛しすぎてしまったとしてもおかしくない。

ニューオーリンズ一の豪奢な邸宅で暮らす人間として、ザムライには果たすべき役割があった。ザムライは金を手にするとすぐ慈善団体に寄付をするようになっていたが、今こそ本格的に慈善活動を始めるときだった。ザムライのような人間にとっては、慈善活動は心温かい思いやりというより、人生を完成するための必要事項なのだ。この頃のほうが、今よりよかった面もある。心やさしかろうが蛇蝎《だかつ》のごとく嫌われていようがかまわない。ただ与えるのは当たり前だと思われていて、だから、与える。それだけなのだ。

信心深くはなかったようだが、ザムライは重要な点において、これ以上は望めぬほどユダヤ人らしかった。慈善活動がその例だ。いくら寄付したかの問題ではない。寄付の仕方の問題だ。ヘブライ語で「ツェダカ」と呼ばれる慈善の概念をザムライは承知していたようだ。この与える義務は、旧約聖書の申命記に記され、申命の律法に伝えられていて——人間は律法を必要とする。さもなければ、行き当たりばったりに、動物のように生きることになる——あらゆるユダヤ人からツェダカを求める。生活の苦しい者も例外ではない。もし、ゼロではなくほんの少しでも持っていれば、そのほんの少しを一〇に分けてひとつを与える。正しく暮らすためには、祈りの言葉やエルサレムへの巡礼や聖職に就くことよりもツェダカのほうが重要だった。どう感じるかを口にするのではなく、何をしたかを見せなさい。聖書には農業になぞらえて指針が示されている。すなわち、一〇〇のブドウ畑を持っていたら、そのうち一〇を貧しい人のために残しておきなさい。一〇本のオリーブの木を持っていたら、そのうち一本を貧しい人のために残しておきなさい。

ツェダカの最高の形は、必要としている人の面目を失わせずに、匿名で与えることだ。ザムライは可能な場合はいつも署名を添えずに寄付をした。記者会見もメディア広報もない。出処も明かさない。広報を決まって避けるこの一私人は、慈善は神聖なものだが、それを取り巻く華々しい報道やリボンカットは卑俗だと考えていた。ザムライが聖書を読んだか、また律法を知っていたかどうかはわからない。ただ、民衆の知恵に影響を受けていたのは明らかだ。夕飯の食卓で父親が母親に言い聞かせるような教えのことだ。見せびらかして与えるのは与えることにならない、商売だ。おれは金をやる。おまえは名声をくれる、という取引だ。堕落していない慈善事業はひっそりと行われ、救われた者は救い主の名前すら知らないものなのだ。こういう理由で、ザムライがどれぐらい、どこに寄付したかは決してわからないだろう。「ザムライは慈善目的で何百万も寄付した。たいていの場合は、こっそりと」。かろうじてわかるのは、公的なプロジェクトや活動で、人々の注意を引かずには進められなかったものだけだ。

たとえば、テュレーン大学。ザムライはこの大学を世界屈指の大学にしようと決めていた。最初に寄付をしたのは一九一一年で、衛生熱帯医学科に資金を提供するため学部に三万二〇〇〇ドルを寄付している。ニューオーリンズに破滅的な影響を与えることのあった熱帯病の治療を助けたいと思ったのだ。一九〇五年には黄熱病が猛威を振るい多くの人が亡くなっている。この年の夏は、一〇分とおかずに、通りから葬列の笛や太鼓の音が聞こえてきて、葬式をするため旧城壁の外へ出ていった。一九二五年には、新たな寄付をして女子寮を建てたが、この建物は今もしっかり使われている。ザムライの娘の名にちなんでドリス・ホールと呼ばれており、学生たちが、ドリスで待ってるね、と言ったりする。息子が在学していた一九三二年には、女子学生用の屋内競技場のために四万ドル寄付している。その後、あれやこれやのプロジェクトのためにさらに五〇万ドル寄付した。ザムライは長年、大学の役員会に在籍し、重要な大学の方針決定に関与した。この関与には、よいものも、眉をひそめたくなるものもある（一九五〇年にザムライは大学の人種差別待遇を撤廃する計画に反対している）。言い換えれば、ザムライは資金に加え、専門的技術や時間も与えたということだ。わたしがテュレーン大学に在学していた頃は、大学の半分にザムライの家族の名前がついていたような気がする。娘の名前の建物がふたつ、ニュー・ドリスホールとオールド・ドリスホール。婿の姓の総合施設、ストーン・センター。学生寮には長老自身の名前、ザムライホール。キャンパスを歩きまわると、家族のアルバムのなかをさまよっているような気持ちになるが、それに気づく学生はほどんどいない。人間はあるがままの世界を受け入れるものだ。学生にとって、ザムライはラバにまたがった男ではない。ザムライは飲んだくれる場所なのだ。ザムライという建物のなかで学生たちはすっかり酔っぱらって、自分の人生を生きているのか、それとも、だれか別の人間の見る夢に端役として登場しているのかわからなくなってしまう。こうした建物の名前はみな、ザムライの理想とする匿名の寄付と矛盾するように見えるが、名前の大半はザムライが亡くなってからつけられたものだ。ザムライは苦々しく思っているのではないだろうか。

他にもこんな慈善活動がある。

ザムライは、ニューオーリンズにいる問題を抱えた子供たちのために病院を設立する目的で寄付をしている。ニューオーリンズで最初の「ニグロ」女性のための病院にも資金を提供した。また、娘のドリスに熱心に勧められて、当時ハーバード大学と提携関係にあった女子大学ラドクリフ・カレッジに二五万ドルを寄贈し、ハーバード大学の教授職創設の資金を提供している。この寄付金のおかげで、ハーバード大学の文理学部に初めての女性教授が誕生した。この教授職は、サミュエル・ジュニア・アンド・ドリス・ザムライ・ストーン・ラドクリフ科学史教授と呼ばれている。ザムライは、当時苦境に陥っていた総合雑誌『ネーション』に巨額の寄付をしたし、テグシガルパから車ですぐのところにある汎米農業大学サモラーノには、それ以上の額を寄付している。サモラーノはこの種の大学のなかでは現在も中央アメリカ屈指とされている。授業料は無料で、卒業生はバナナ業界の仕事に就かないよう奨励される。ザムライは、バナナ取引に縛られない、中央アメリカの知識階級を形成したいと考えたのだ。果物会社に依存しすぎることが、だれにとっても問題になっていた。ザムライは地峡に資金援助をするのに情熱を感じていた。中央アメリカにおけるザムライの慈善活動は、病院、道路、電力網、防波堤、堤防、孤児院、学校など多岐にわたる。ニューオーリンズには、こんな格言がある。「サム・ザムライに何かしてもらおうと思ったら、スペイン語で頼め」

ひょっとしたら、何より重要なのは、テュレーン大学にＭＡＲＩ（中央アメリカ研究所）を設立するのを助けたことかもしれない。そもそも、この研究所の起源はオモアにある。プランテーションの支配人がザムライの机の上に笑い顔の小さな土偶を置いたのが始まりだ。

いったい、そいつは何物だ、とザムライがたずねる。

さあ。ですが、引きつづき畑で探してみましょう、と支配人が答える。

よし、わかった。ここに持ってきたやつには一ドル払おう、とザムライが返す。

こうして、ザムライは世界有数のマヤ文明の工芸品のコレクションを収集したのだ。箱詰めにされた土偶、塑像、食器類、数百の装飾品がニューオーリンズへ送られて、ＭＡＲＩ創設時の貴重な所蔵品となった。この研究所の設立資金をザムライが提供した数年後、『ＷＰＡニューオーリンズ・シティガイド』はザムライを「マヤ文明に興味のある大金持ちで、匿名を望んでいる」と説明している。


一九三〇年代になると、ザムライは本人の意思に反して、公の場に引っ張り出されるようになった。ザムライの財産と地位がそっとしておいてくれなかったのだろう。長年アメリカの政治とは一線を画してきた――外国人であるザムライは注意を引くことをひどく恐れていた――が、フランクリン・Ｄ・ルーズベルトとニューディール政策を支持すると公言しており、広がる早さと大きさが十分でないという面においてのみ、この政策を批判していた。

人格形成期の子供時代をロシアですごし、イデオロギーの波に揉まれていたザムライは、離れたところからムッソリーニやスターリンの大成功を眺め、ヒトラーの台頭から目が離せなかった。そんなザムライには、アメリカが影響を受けずにいられるとは思えなかった。大恐慌の始まった頃、ザムライもまたヨーロッパじゅうに広がる不穏な空気を感じ取っていたにちがいない。群衆の目のなかに、パンを買う行列の不平のなかに、埠頭に群がるごろつきたちの怒りのなかに。このような人々を救うために何か手を打たなければならない。仕事を与えなければならない。さもなければ、とんでもないことになってしまう。ザムライの属するのはアメリカの大実業家のひと昔前の世代で、この世代は共和党よりも民主党に、資本家よりも労働者に対して共感を覚える。だからこそ、ネーション誌に寄付もしたし、ニューディール政策にも一役買っているのだ。ザムライは何度となくワシントンに出向き、政府の会議に出席し、連邦委員会の委員を務めた。群衆を見ながら、ザムライが考えていたのは「あすは我が身」ではない。「あれこそ我が身だ」と気がついたのだ。もしも、サイコロがあと一回転がっていたら、転轍手がモーニングコールを無視して寝すごし、完熟バナナが茶色くなってしまっていたら、自分もあのなかにいたはずだ。ザムライはFDR（フランクリン・デラノ・ルーズベルト）の農地調整局が施行する条例を書くのを手伝い、畑を休閑地にしておくアメリカの農夫たちに休閑費用が支払われるようにした。経済福祉委員会の委員も務め、農務長官ヘンリー・ウォレスの相談役を務めた。大統領本人に面会することもあった。ザムライを、非公式な大統領顧問のひとりと見なす者もあり、これは大統領の名を「ローゼンフェルト」と発音するオランダ系の人々だった。

しかし、ザムライが最も辛酸を舐めたのは地元での闘いだった。相手はルイジアナ州知事のヒューイ・ロングだ。小太りで赤ら顔の、つなぎを履いた田舎者。この男が腹を抱えて笑いながら、肥え太ったビジネスマンに鉄槌を下す。やつらは、何もかも燃やしたあげく、持ち逃げするに決まっている、と責め立てて。通称キングフィッシュ。当時絶大なる人気を誇ったラジオドラマの、いつも大風呂敷を広げる主人公にちなんだ名前だ。

ヒューイ・ロングはルイジアナ州のウィンフィールドで生まれ育ち、父もその父もそのまた父も農夫だった。ルイジアナ州立大学へ進む奨学金を得たが、教科書を買えずに進学を諦め、缶詰のセールスマン、万能薬の行商人、競売人など、さまざまな仕事に就いた。ロングは声がよく通り、口がうまかった。政治の世界に入ったのは一九一八年だ。ルイジアナ州鉄道委員会の委員に選ばれ、炎のような公聴会で名をなした。二五歳になる頃には、スタンダード・オイルの仇敵になっていた。軽んじられ、見下され、お道化者とばかにされるのを逆手に取って、絶大な人気を獲得していく。ジャーナリストのA・J・リーブリングはロングをこう評している。「赤毛で小太りの男で、引き締まった肌は陽に焼けている。オレンジ色のネクタイにピンクのシャツのような、落ち着かない色の組み合わせだ。どことなくおたふく風邪を思わせる風貌をしている」。ロングは攻撃の対象をスタンダード・オイルから企業全般へ、企業全般から協調組合主義の精神へ、協調組合主義の精神から一握りの財閥や政治家へと広げていった。市場を牛耳りわれわれの生活を支配する無慈悲でずるがしこいやつらのことだ。ロングはこうした連中を「オールド・レギュラーズ（常連）」とか「リング（一味）」などと呼んだ。知事選に出馬したときには、社長連中を叩き出し、寄生虫のような金持ちどもを搾りあげると約束した。不正な手段で手に入れた金を取り戻し、農場や小さな町で働く人々を思い出させてやる。われわれはいつか、常連どもをノミの群れのように払い落とすのだ。同胞よ、その日は、もうそこまで来ている。「だれもが王だ、なのにだれも王冠をかぶっていない」というスローガンのもとにロングは運動を展開した。

「バーベキューに行って」と、ロングが演説のなかで民衆に問いかける。「一〇人いるテーブルで、ひとりの人間に九人分の食べ物を与えるやつが、いったい何人いるだろうか？　人民のバランスが取れるようにする唯一の方法は、そいつを連れ戻し、そいつに何の関係もない食べ物を取り返すことだ！」

ロングが大きな影響力を持ったのは、話す内容だけではなく、話し方のせいでもある。ロングの顔は、味気ない現代の政治からは想像もつかないような表現力に富んでいる。手に物言わせ、全身で語りかけ、間が抜けているのに力強く、心底楽しんでいるように見える。ここには、当時の歴史家たちが見落とすことの多かった決定的な資質がある。ヒューイ・ロングはおもしろい。喜劇こそ最初からロングの大きな魅力だった。叫びではなく、笑いによって思いがけない成果を生み出した。ろくでなしの連中に支払わせようとするこの男は、だれよりも恐ろしい、悪魔のような道化だった。

一九二八年、ヒューイ・ロングはルイジアナ州知事に選出される。すでに長年有力な地位についていたが、大恐慌がロングをスターに押し上げる。アメリカ国民の四分の一が失業するなか、既得権をひっくり返せ、クジラのような巨大企業に腹いっぱいの魚を吐き出させろ、という話は警鐘のように響き渡った。大声を上げ、口車に乗せ、脅しをかけながら、ロングは国民的スターになっていった。長年ルーズベルトを支持してきたロングだったが、一九三〇年代になると民主党と距離を置くようになる。自身が大統領選に出馬する可能性もほのめかした。もっと平等に富を分配するためには、ロングこそ希望の星だと考える人もでてきた。それでも、このような権力の頂点にありながら、ロングは小さな町に留まり、ルイジアナから動かなかった。上院議員を務めてはいるが、ロングの心の地図の中心を占めるのは、ニューオーリンズにいるひと握りの人々だった。敵も味方も、本当に意味のあるのは地元の人間で、この密かな序列がすべてを支配しているのだ。ロングにとって、「人民」とはルイジアナの農夫のことで、「支配者層」とは、公共の目的よりも個人の目的のために動く政治家たちのことだった。この政治家たちは、ロングだけでなくロングの思想をも打ち負かそうとしている。民衆を煽り立てるろくでなしの反乱だと言って。

ロングは敵対する者から忌み嫌われていた。これは、方針というより好みの問題だ。彼らにとってロングは露骨で下品なものの象徴だった。「彼らは、ロングを見下していた」。『ライジング・タイド（Rising Tide: The Great Mississippi Flood of 1927 and How It Changed America）』で、著者のジョン・バリーは言っている。「夜になると、応接間のテーブルを囲み、文字どおりどうやってロングを殺《や》るか相談していた」

一九三〇年には、ロングは上院議員に出馬する準備を進め、民主党の指名をめぐって現職のジョセフ・ランズデルと争っていた。この選挙運動の最中、ロングは全敵対勢力に資金を提供する陰の力を発見したと考えている。「敵陣営は、ニューオーリンズじゅうのほぼ全政治勢力による連携を形成しようとしていた。あの町の外でわたしが獲得するかもしれないリードに打ち勝つために」と自伝『エブリ・マン・ア・キング（Every Man a King）』でロングは書いている。「敵陣営がまさにそのような連携を実現しそうになったとき、わたしは、王座の背景にある権力を発見したのだ」

ロングはこの力を、ランズデル上院議員の友人であり支持者でもある、サム・ザムライのものだと考えた。そこで、ロングは数週間かけてルイジアナじゅうを遊説してまわり、寄生虫のなかの寄生虫、盗人の巣窟にいる犯罪人と言って、ザムライを糾弾した。壇上から、宣伝カーから、ノース・ルイジアナの町々をめぐり、メキシコ湾の海岸に沿って、ＬＳＵ（ルイジアナ州立大学）スタジアムの駐車場を抜けて、いたるところでザムライを非難した。ロングの組織は二〇〇万枚のチラシを印刷し――これは、ロングの所有する新聞、ルイジアナ・プログレス紙のニュース速報として登場した――、このチラシが、ルイジアナじゅうのあらゆる電信柱や木々に貼り付けられ、あらゆる郵便受けやフロントガラスのワイパーの下に詰め込まれた。以下がその内容だ。

ザムライの富がリングを支持するのはなぜか――
ザムライのために流されたアメリカ兵の血――
ザムライがランズデルを支持する理由――
ランズデルが治水に関して人民と闘うのはなぜか――
司法官と議席の物々交換――

一般には知られていないが、これは事実である。合衆国は中央アメリカに軍隊を駐留させ、特定の企業が、ニカラグアやホンジュラスなどの国に「投資をする」ために戦っている。このようなアメリカの大企業のひとつが、現地政府の手によって得られるものが気に入らず、「政府を差し替えた」という話がある。

この国の兵士たちを利用して中央アメリカで何百万ドルも稼いだ者のひとりに、ニューオーリンズのサム・ザムライがいる。この男は中央アメリカの国々に多くの営業特権を持っている。何度も繰り返し、この国の兵士たちが血を流すことがなければ、この「営業特権」は雲散霧消していただろう。革命のどちら側から買ったにしろ、ザムライが杭を打ち数千平方キロの土地の権利を主張できたのは、合衆国が兵士を送って後押ししたからにほかならない。

合衆国の軍隊を絶え間ない戦争状態におくことになったのは、ザムライの金を稼ぐためだった。戦争は宣言されていないが、それでもなお、ザムライが経済的利益を得るという目的のために合衆国の兵士の血が流されたのだ。ちょうど、戦争が宣言された場合と同じように。それは、なぜか？　ザムライが、ジョー・ランズデル上院議員の甥、ジョー・モントゴメリーを共同出資者として抱えているからだ。ザムライとランズデル一族が手を結び、大枚の上に大枚を稼いだが、これはアメリカ軍が、中央アメリカの革命のさなかに、営業特権や補助金交付を得られるよう後押しをしたからこそできたことなのだ。

多くの母親の息子たちが、熱帯の名も刻まれぬ墓地で眠っているのは、ザムライが巨万の富を築くためだったのだ。

ザムライにとって、これは悪夢だったにちがいない。注目されるのを避けてきた私人が、大勢の人がポカンと眺めるなか、スポットライトの下に引きずり出される。あのいけすかない、ろくでなしを呪ったり脅したりしたくなるような出来事だっただろう。

ロングは病的なほど疑り深くなり、だれかが自分を暗殺しようとしていると言いだした。とりわけロングの恐れていたのは、ニューオーリンズの警察官ガイ・モロニーだ。モロニーは長らくホンジュラスに居座ったあと、一九三四年にニューオーリンズに姿を現した。ロングは、モロニーが戻ってきたのは、匿名の第三者の依頼によるものだと考えていた。傭兵を率いてロングを倒し、ニューオーリンズ市長のT・セムズ・ウォルムズリーに置き換えようとする計画だと。公聴会でこの件について問われたモロニーは、この訴えを笑って否定している。そんな計画はない、としたうえで、もしそうなったら、喜んで参加させてもらう、とモロニーは答えている。

ロングは大勢のボディガードに囲まれて行動するようになった。黒靴を鳴らしサングラスをかけたルイジアナの強面の男たちだ。敵の調査も行い、税金申告の詳細を調べ、机のなかを引っ掻き回し、人の出入りを見張った。

一見するとザムライとロングには共通点が多いように見える。どちらも農村育ちの叩き上げだ。どちらも侵入者と見なされ、最高の人々の集まりから締め出されている。どちらも民主党で、ニューディール政策に対する批判もよく似ていた。しかし、ザムライが体制を守るために改革しようとしていたのと違って、ロングは体制を叩き壊そうとしていた。ロングのなかに、ザムライは旧来の敵を見いだしたはずだ。いかさま師や、インチキ薬のセールスマンやコサックのようなやつらだ。ロングが「金持ちを搾りあげろ」というとき、ザムライには「ザムライを搾りあげろ」と聞こえた。ロングが「リングを叩き潰せ」と言うとき、ザムライには「ザムライを叩き潰せ」と聞こえた。ロングにとって、ザムライはアメリカのありとあらゆる不正を体現していた。自分の取り分以上に奪い取った金持ち野郎、貧乏人を踏みにじって財産を築いた大物実業家。脳みそは金、歯は小銃の薬莢、目はマヤ高地からくすねてきた翡翠《ひすい》、指は完熟バナナ、人の犠牲と人の血を糧にして生きている。外交政策について、ロングにはひとつだけ懸念があるようだった。アメリカ部隊を地峡へ送ってはいけない。アメリカ部隊はザムライの利益を守るだろうと、ロングは主張していた。ロングは上院の議場でザムライを糾弾した。

この衝突は、真に醜悪なものになるかに見えたが、そうはならなかった。いや、なったというべきか。一九三五年九月八日午後九時二〇分、立法府の仕事に出席すべくルイジアナ州の州都バトンルージュに戻っていたロング上院議員に、州会議事堂のホールで何者かが接近した。ルイジアナ州判事の女婿カール・ワイス医師だ。ロングの胸を撃ったワイスは、ボディガードと揉みあいになる。暗殺者は取り押さえられ、三〇発の銃撃を浴びた。ロングのほうは、撃たれたあと「転げまわって叫び声を上げると、撃たれたシカのように崩れ落ちた」。病院に運ばれたあと、二日後に息を引き取った。四二歳だった。

わたしは、ヒューイ・ロング暗殺の陰にザムライがいたと言っているのではない。しかし、この殺しにかかわる正式な発表――ワイス医師が自身の狂気の衝動に駆られて議事堂に忍び込みロングを成敗した――に、今も異議を唱える懐疑論者はいる。一九三五年秋に行われた法務省による全面的な調査には十分に納得できないところがあるのだ。わたしは、このときの調査官のひとりと知り合いだった。若い頃判事として法務省で働いたことのある、モリス・リーブマンだ。わたしが、この殺しについてたずねると、リーブマンはこう答えた。「ルイジアナだからな、……だれにもわからない」。のちに、ロングを殺傷した弾丸は三八口径から四五口径の拳銃だったことがわかっている。ワイス医師は銃を所持していたが、三二口径の銃だった。実は、ロングの命を奪った弾丸はロング自身のボディガードが携帯していた銃の口径と一致する。そして、あの夜、ボディガードが何度も発砲したのは周知の事実だ。ロングの死は悲劇的な事故だったと考える人もいる。ビクついているボディガードが、もうひとりのビクついているボディガードに火をつけ、あたりに鉛の匂いが立ち込めるまで撃ちまくったという説。ワイス医師が発砲した弾ははずれたが、続いて起きた乱闘のなかでロングは誤って撃たれたと考える人もいる。どちらの説でも、ワイス医師はスキャンダルを恐れるボディガードたちによって犯人に仕立て上げられたことになる。もっと悪質な陰謀だと考える人もいる。来たる大統領選でロングがルーズベルトの敵になるのを妨げようとする共同謀議があったとする説で、だとすればワイス医師は利用されたことになる。ひょっとしたら、この暗殺はリングが落とし前をつけたのかもしれない。だとすると、ボディガードは金で篭絡されたことになる(「夜になると、応接間のテーブルを囲んで、文字どおりどうやってロングを殺るか相談していたのだ」)。だから、わたしは、ヒューイ・ロング暗殺の陰にザムライがいたと言っているのではない。前もって知っていたとか、このニュースを聞いて追悼の意を表する以外に何かしたとか、そんなことは言っていない。しかし、一握りではあるが、ザムライの逆鱗に触れるようなばかなまねをする者は、敵対する者も、敬意を欠く者も、邪魔をする者も、ミゲル・ダビラからヒューイ・ロングまで、ろくな末路をたどらないように見えるのは確かである。

第14章 クジラを食べた魚

The Fish That Ate the Whale

一九三一年のある朝、ザムライは早起きをしてイチジクと水の朝食をすませ、一五分逆立ちをした。表玄関を出てセント・チャールズ・アベニューを渡り、ダウンタウンへ向かう。これが引退した頃のザムライの日課で、栈橋や船や傭兵たちからまだ離れられずにいた。ザムライは、カルフーン・ストリートから骨董品屋が軒を連ねるマガジン・ストリートを抜け、さらにナッシュビルへと向かった。川に近づくにつれ、通りは動きが少なくなる。道にできた穴には油の浮いた水が溜まり、月の表面のようなでこぼこ道で、トラックの運転手がハンドルを固く握りしめる。ザムライは、アナンシエーション・ストリートを右に曲がった。カナリー・ローの向こうの丘を通る道と同じぐらい、ひっそりとした小さな通りだ。わたしは今、ザムライのよく通るコースを再現しようとしている。毎日このコースをたどったというわけではないけれど。オクタビアを近道して、チョーピンタウラスで左に曲がり、陸橋を渡ると、ミシシッピー川に続く線路に出る。

ザムライは、朝になると、たいてい川沿いを歩いた。ときには何キロも歩いた。ザムライはジャングルに帰りたいと思っただろうか？　地峡を恋しく思っただろうか？　地峡なら、むず痒くなるような洋服を脱ぎ捨てて、お行儀のよい世界から逃げ出せると？　ザムライは埠頭の周辺をうろついた。エラート埠頭、ディザイア埠頭、ポーリン埠頭。ここでは一時間に二五〇〇房のバナナが下ろされる。ザムライは、川の匂いが好きだった。作物を載せた船や漁師の策具も、船長たちが仕事の話をする様子も、バナナが緑も完熟も茶色も、みな線路脇に積み上げられているのも好きだった。だが、この日の朝ザムライが見たのは、今まで見たことのない、恐ろしいものだったはずだ。まるでひと晩のうちに川の上に現れたかのように見える、ホームレスたちがつくった、掘っ立て小屋でできた町だった。「フーバービル」と呼ばれるこのようなスラム街は、ニューヨークでは差し掛け小屋やテントの大集落で、セントラル・パークやリバーサイド・パークにつくられた。ニューオーリンズでは、ベニスのように水上の筏《いかだ》や平底船の上につくられた。フランス人の設計したこの町の姿が、ちょうど鏡に映っているみたいに見える。洪水に見舞われたこの町が、どうなるかを予言するような姿だった。小屋の大半は川を流れてきた木材でできている。路上生活者がクズをあさって寝床をつくり、それが堆積物のように増えていった。創造力の記念碑とも言うべき、筏と小船の塊が、タリア・ストリートからキャロルトンまで川沿いにずらりと並ぶ。この美しきスラムは、統計や雇用者名簿には決してできないかたちで、ザムライの心を揺すぶったにちがいない。何か手を打たなければ、これが未来の姿になってしまう。

　ザムライは、抜き差しならない状況をますます意識するようになっていた。アメリカは瀬戸際に立たされている。そのことを、国家経済の破綻のなかに、路上生活者の群れのなかに、閉鎖された工場のなかに、やがてザムライは見るだろう。埠頭に舞い降りた静寂のなかに、やがてザムライは聞くだろう。埠頭で稼働している船会社は半分で、沖仲士たちはほとんどすることがなかった。ザムライが何よりもはっきりと悟ることになるのは、ユナイテッド・フルーツの本社から配当金の小切手と報告書が届いたときだ。一九二九年の株式市場暴落を切り抜けたこの会社は、その後続いた経済恐慌に押しつぶされそうになっていた。世界初の真のグローバル企業のひとつとしてユナイテッド・フルーツ――すべての生産品目が海外で生産され、市場の大半が国内にある――は、他に類のない危険にさらされていた。一九三〇年と一九三一年のUFの衰えようは、プレストンやキースを驚愕させただろう。需要が崩壊し、作業員が動揺し、デフレーションが生じるという、深刻な問題が起きていた。一九二八年に四五〇〇万ドルだったUFの利益は、一九三二年にはたった六〇〇万ドルになっていた。八五パーセントの下落。それはつまり、雇用者の数が減り、作付けする畑が減少し、とれるバナナの数が減るということで、さらなる利益の下落につながる。それはさらに、作付けする畑が減少し、とれるバナナの数が減るということだ。栽培量が減るほど、利益が減少する。利益が減少するほど、栽培量が減る。UFは死のスパイラルに陥っていた。

ユナイテッド・フルーツが破綻するようなことになれば、ザムライは目も当てられない状態になってしまう。ザムライの純資産は大半がUF株と深く結びついている。UFの苦境が深刻になるほど、ザムライの先行きは寒々しいものになっていく。ザムライがユナイテッド・フルーツと合併したとき、UF株は一株一〇〇ドル強の価値があった。二年後、同じ株が一〇ドル二五セントになろうとしていた。当時三〇〇〇万ドルの価値があったザムライの財産が、一九三二年までには、三〇

○万ドル以下になっていた。ベランダに座っていても、埠頭を歩いていても、ザムライには財産が消えていくのが感じられた。

ザムライの偉大なところは、自分には状況を救う力があると信じて疑わないところだ。だれにでも悪いことが起きるように、自分にも悪いことは起きる。しかし、他の多くの人と違い、ザムライは失敗でへこたれたりしない。ザムライは自分が無力だとか、もうダメだとか思うことはなかった。すでに言ったかもしれないが、ザムライは楽観主義者なのだ。ザムライは絶えず立ち向かってきた。国務長官がJ・P・モルガンやホンジュラス政府と組んでザムライの利益を妨害しようとしたとき、ザムライはただホンジュラス政府を差し替えた。ユナイテッド・フルーツがウティラ川に線を引いて「渡るな」と言ったときには、とにかく渡ってしまった。橋をかけるのを禁じられたときには、橋をかけておきながら、あれは橋じゃないと言いはった。どんな動きにも対策はある。どんな災いからも立ち直ることはできる。ザムライが自分の力を疑ったことは一度もない。財産がどんどん減っていく今こそ、行動を起こすべきときなのだ。

ザムライは、ふたつの問いに向き合うことから始めた。第一に、ユナイテッド・フルーツの直面している問題は、世界経済全体の破綻の一部なのか？　第二に、最初の問いに対する答えがノーなら、何をすれば生産物を動かし、利益を増し、会社を立ち直らせることができるか？　どうすれば、UFが救えるか？

ザムライは、答えをどこで見つけようとしたか？　経済の専門家や大学教授に相談しただろうか？　UFの会長ダニエル・ウィングと社長ビクター・カッターに電話をかけて、「対策はあるのか？」と問い詰めただろうか？　しかし、仮に対策があったところで、何の意味がある？　このふたりこそ、ＵＦを窮地に追い込んだ張本人ではないか。ザムライは電話をかけるかわりに、埠頭へ足を運んだ。この埠頭でザムライは一九三二年の冬をすごすことになった。倉庫のあいだを縫って歩き、バナナ船の甲板に立ち、果物行商人や船長、荷積み人、沖仲士たちと話をする。本当にわかっているのはこの連中なのだ（かくしてザムライの引退期間は終わりを告げるのだが、このときそれに気づいた者はほとんどなかった）。ザムライは、矢継ぎ早に質問を浴びせかけた。知りたいのは細かいことだ。地峡の雰囲気、最近収穫されたバナナの色や大きさ、海を渡る船の速さ。船長の航行するスピードはどんなもんだ？　できることは全部やっているのか？　こうして、ザムライが他の情報とともに得たのは、バナナ船長たちがボストンからの指令でスロットルを使わず、メキシコ湾を櫂で漕ぐようなスピードで航行しているという情報だった。こうすれば、ガソリンを節約できる。しかし、コストという目先の水平線に集中する者は、遥か先の水平線にある思いがけない利益を見失う可能性がある。さっと計算してみたザムライは、節約した燃料費は、航行日数が延びて熟すバナナの割合が増えるせいで、すっかり消えてしまうことに気がついた。この、大間抜けども！　節約するより損する額のほうが大きいじゃないか。

ザムライはこの発見を手紙に書いて、ボストンに知らせた。記録を残すのを嫌がるザムライとしては異例のことだ。明らかな問題を指摘し、それから、埠頭で集めた詳細な情報をひとつにまとめ、問題の全体像を組み立てた。バナナ船が半分のスピードで、半分の荷しか積まずに航行し、熟したバナナを海に捨てること。栄養不良の茎のなる畑。会社が投資をやめた町で作業員たちが動揺していること。手紙には提案やアイデアも書いた。船を別の目的にも使い、畑を休ませ、供給をコントロールすること。

ボストンの金融エリートからなる、ユナイテッド・フルーツの取締役たちは、このロシア人の妄言に興味を示さなかった。実のところ、彼らがクヤメルを買収したのはザムライを蚊帳の外におくためだったではないか。あれだけ払ってやったのだから、指を咥えて見ていればいいのだ。手紙の返事はなかった。こんな大馬鹿どもに自分の会社を売り渡したのは、一生の不覚だったとザムライは感じたにちがいない。これでは、まるで毎晩勝ちつづけたあげく、最後の一手ですべてを失うギャンブラーではないか。投資家としてのザムライの懸念——所有しているのは、三〇万株なのだ！——が、もっと深い何かに変わっていった。怒りよりも激しい感情。それは、自力で這い上がってきた叩き上げの男が、昔の自分のように扱われたときの激情だった。果物行商人として、移民として、いかさま師として。

一九三二年、ザムライは取締役会に出席するためボストンへ向かった。このときの詳細はアメリカン・マガジン誌とウォールストリート・ジャーナル紙が伝えている。「秘書が議事録や注意事項、熱帯地方のさまざまな支社から届いた報告書を読み上げるのを、ザムライは黙って聞いていた。それから、執行役員がプランテーションの支配人からの要望について話し合った。グアテマラに灌漑用の溝をつくるのに一万ドルかかるという話だ。重役たちは専門家に意見を求め、このプロジェクトのコストや利益の詳細が示された。ザムライはそわそわしてきた。ザムライの目から見れば、こんな議論をすること自体に、もっと大きな問題が隠れているのだ。ユナイテッド・フルーツを経営する重役たちは自分の役割がわかっていない。自分に何ができて何ができないのか理解できていない。ザムライは手を挙げると、立ち上がって口を開いた。「グアテマラにいるこの男は、あんたらが選んだ支配人なんだな?」とザムライが問う。

そのとおりですが。

「それなら、そいつの言うことを聞いたらどうだ。あんたらはオフィスにいるが、そいつは現場にいるんだ」とザムライが言う。「信頼するなら、そいつにまかせる。しないなら、そいつをクビにして、その仕事ができると本気で思えるやつを雇ったらどうだ」

ザムライはさらに会社の経営方法に対する自分の不満を説明し、いくつかのアイデアを出した。ザムライには経験がある。なんとかしてこの会社を助けたいのだ。ザムライの提案は会議で却下され、その後ビクター・カッターによって再度却下された。カッターはザムライの申し立てを、景気循環をわかっていない者の不平不満にすぎない、と言って退けた。

「わたしは心配になったのです」とザムライは記者に語っている。「取締役会に出席し、現経営陣に満足していない旨を伝えました。他にも大半の出席者が満足していないのが見てとれました。わたしはかつて懸命に働いて、大企業を最高のかたちにした経験があります。機会さえ与えられれば、ユナイテッド・フルーツに多大なる貢献ができることはわかっています。しかし、取締役たちは、わたしを拒否したのです」

母が言う。「怒り狂って出ていっちゃだめよ。ただ出ていくだけになさい」と。

ザムライは、怒り狂って出ていった。ザムライは、軽んじられることに慣れていなかった。見下されることにも、はねつけられることにも、無視されることにも。その後数週間かけて、ザムライは車で町から町をめぐり、オフィスやリビングで株主たちと向き合った。同じことを何度も繰り返し問題にした。現経営陣はその器ではない。信じられないと言うのか？　最新の四半期報告書を見てみろ。取締役会は方針を変更しなければならない。ここにまとめた計画か、これに似たものに沿って。現在の方針のまま放置したら、株の価値――今は一〇ドル――は、落ちるところまで落ちるだろう。UFは過去の遺物になってしまう。畑の草は伸び放題。船はガラクタ同然に売り払われて。五年もしないうちにユナイテッド・フルーツは、昔話のひとつになってしまう。

数カ月後、ふたたび取締役会に臨んだザムライの鞄のなかには、委任状が詰まっていた。他の株主の投票権はザムライの手に握られていたのだ。ザムライ自身の株と合わせて、この委任状があれば、ザムライはUFをコントロールできる。しかし、委任状の存在は伏せてあった。少なくとも、今のところは。最高の大実業家は魔術師と似ている。どちらも、情報をいつ明かし、いつ伏せておくべきかを心得ている。

一九三三年一月の朝、ボストンのフェデラル・ストリート一番にあるユナイテッド・フルーツ・ビルディングの一〇階でこの会議は開かれた。アウトサイダーのザムライにはわかる。この部屋にいるのは、自分をあざ笑うインサイダーたちだ。ユナイテッド・フルーツの取締役会は、カトリック教徒やユダヤ教徒が大量に押し寄せる以前からこの国にいる、エリートの集まりだった。ふたりの大統領の末裔トーマス・ジェファーソン・クーリッジ、元マサチューセッツ州知事チャニング・

H・コックス、クヤメル買収の交渉を担当した執行役員ブラッドリー・パーマー――この部屋にはほとんどいないザムライに同情的な人間のひとりだ――、ボストン・フルーツ初代投資家の長男フランシス・ハート。元部長のハートはカリブの暮らしについて三冊の本を出しており、ラムのカクテル、プランター・パンチで名高い。このような面々にとって、奇妙な食事をし、現地の言葉を好むザムライは、滑稽で目障りな、品のない存在だった。この会議は、既存の権力者が懸命に努力をする者に取って代わられる瞬間を象徴している。

取締役会長は、古くからニューイングランドにある一族の末裔、ダニエル・グッド・ウィングだ。ファースト・ナショナル・バンク・オブ・ボストンの社長を務めるウィングは、どこの馬の骨とも知れない、育ちのよくないよそ者が、ふらりと入ってきたのを疑り深い目で見やった。ウィングにとって、ザムライはいまだに埠頭の果物師、バナナマン・サムなのだ。ビジネスについてザムライから教わることなど何もないと、はなから決めてかかっていた。

ウィングは目も上げずにザムライに歓迎の言葉を述べた。トーマス・マカンの言葉を借りれば、「どうひいき目に見ても、霜の降りたような冷ややかさだった」。ザムライは、取締役会がひととおりの仕事を終えるのを待った。ついに自分の話す番になったとき、ザムライは注意深く言葉を選び、どうしても取れない、きついロシア訛りのある英語で説明した。このロシア訛りは、ブルジョワのものでも農民のものでもない。トルストイの声でもフルシチョフの声でもない。それは、ユダヤ人強制居住区の声だ。イディッシュ語の抑揚のある我が祖父母たちの声、通りで値段の交渉をする果物行商人の声、ユダヤ人の声だ。

ザムライが話し終えると、ウィングは笑いを浮かべて言った。「残念ながら、ミスター・ザムライ、何とおっしゃったかわからないのですが……」

テーブルについた男たちは笑いだした。ザムライの瞳孔が針のように細くなり、拳が握られる。ザムライは何やらつぶやくと、物凄い勢いで部屋を出ていった。追い出されたザムライがニューオーリンズへ逃げ帰ったと、重役たちは思ったかもしれない。実際は、委任状の入った鞄を受け取りに行っただけだった。役員室に戻ってくると、ザムライはテーブルの上に鞄を放り投げてこう言った。「おまえはクビだと言ったんだ！　わかったか、会長殿？」

あとには、墓場のような沈黙が訪れた。その静けさのなかで、役員たちがそれぞれ自分の先行きを計算し直していた。

「おまえら紳士の仕事はもう、うんざりだ」とザムライは役員たちに言った。「ここは、おれが建て直す」

ずっとあとになって、アナリストたちが、合併の際にザムライが署名した、非競争条項の不備を指摘している。この条項は、ザムライが競争相手の会社で働いたり、新しい果物会社を興したりするのを禁止しているが、ユナイテッド・フルーツそのものをザムライが乗っ取るという、突飛な可能性については予見していない。「世界一偉大な会社が、とんでもないことになるのは見たくなかった」とザムライは説明している。

ビクター・カッターはクビになった。ユナイテッド・フルーツを八年間経営してきたカッターは、三〇年かけてこの地位に上り詰めたのだ。初期の頃のザムライに対する大勝利が、最終的な敗北へいたる第一段階であったことが突如明らかになった。クヤメルと合併することによって、カッターはオオカミを招き入れてしまったのだ。ザムライが残留を許したユナイテッド・フルーツの役員はほんの数人。のちに腹心の友となるT・J・クーリッジと、ザムライが社長に任命した、フランシス・ハート。表看板の地位は、古くからのバナナ王族とつながりのあるハートにぴったりだった。ハートがいることで納得する共同経営者や政治家がいるし、伝統を重んじるような投資家たちにも安心感を与えられる。継続しているような錯覚が与えられ、根本的な断絶はなかったように感じられる。もちろん、断絶はあった。過去は終わり、葬られたのだ。すべての権力は、今やひとりの男の手に掌握されていた。サミュエル・ザムライ。自身にはユナイテッド・フルーツ業務執行取締役の肩書きを与えている。数年後、フランシス・ハートが亡くなると、「社長」の肩書きもつけ加えた。

ザムライがバナナ業界の独裁者として知られるようになったのは、この頃だ。電話一本で政府を弱体化させることのできる男。これは、断固として臨んだクーデターに大勝利を収めた瞬間だった。ザムライのキャリアは、クーデターに次ぐクーデター以外の何物でもない。新しい取締役会の初めての会議に姿を見せたザムライはこう言った。「仕事の準備はできている」

以下は、前記の出来事を伝える、一九三三年一月二三日付けのタイム誌の記事である。

昨夏のある日、ニューオーリンズのサミュエル（「サム」）ザムライが、ボストンのフェデラル・ストリート一番にある部屋にケンカ腰で乗り込んだ。そこでは、ユナイテッド・フルーツ・カンパニーの凄腕のお歴々が会議を開いていた。長テーブルの向こうにいる宿敵、ビクター・マコーマー・カッター社長に委任状を叩きつけ、サム・ザムライはこう言った。「あんたらの仕事はもう、うんざりだ。ここは、おれが建て直す」

ユナイテッド・フルーツを担当していた記者や証券アナリストの大半にとって、ザムライは謎の存在だった。ニューヨーク・タイムズ紙はザムライを「クジラを呑み込んだ魚」と評している。「ホンジュラスとルイジアナの比較的限られた友人知人を除けば、ザムライを直接知っている者はほとんどいなかった」と、チャールズ・モロー・ウィルソンは『エンパイア・イン・グリーン・アンド・ゴールド（Empire in Green and Gold）』で書いている。「ザムライの自宅とオフィスの載っているニューオーリンズの電話帳を除けば、広く使われている電話帳のなかに、この新しいボスの名前を載せたものはなかった。東部の大投資家の大半はザムライを知らなかったし、知っていても名前を聞いたことがあるだけだった。ボストンとニューヨークで開かれる役員会にザムライが出席しているあいだに、ユナイテッド・フルーツの社員たちが知り得たのは、ザムライが恐ろしく背が高く、身だしなみのよい男だということぐらいだった。思慮深く耳を傾け、口数は少なく、手紙はほとんど書かない。ときどき物凄い勢いで反対し、恐ろしいほど率直な質問をしたかと思うと、沈思黙考に陥る。注意深く見ている者は、遥か南から来たこの人物《オンブレ》が驚くほど記憶力がいいのにも気がついた。ホンジュラスのことを自分の手の輪郭のように知っていて、その手を思慮深げに何度も見つめては、他人の話に耳を傾けていた」

ザムライを直接知っている者――クヤメル時代からの荒くれ者やバナナ・カウボーイたち――は、UFがついに真の指導者を得たと思った。そのなかには、どちらでもいいと思う者も多かった。ザムライが引き継いだときのUFは、効率が悪く借金が膨らみ、作業員たちの怒りや上がらぬ士気に悩まされていた。株価は暴落し、UFは破産へ向かいつつある。ザムライは最善の指導者かもしれないが、来るのが遅すぎたようだ。

第15章　ロス・ペリコス

Los Pericos

ザムライがユナイテッド・フルーツ（ＵＦ）を乗っ取ったという噂は、密林に広がる火災のように地峡じゅうに伝わった。テラやプエルト・コルテスの簡易食堂で、男がスペインギターを掻き鳴らし、娘が失恋に泣くかたわら、畑の作業員やプランテーションの支配人たちが、我らがグリンゴのため発酵サトウキビ酒で祝杯をあげた。ザムライの帰還は天の恵みだ。この何年ものあいだ、ＵＦの労働者は、ボストンに報告書を送りつづけてきたが、その報告書はいつも却下されるか無視されるかだったのだ。ＵＦは、風呂に浸かった王様が発する法令や布告によって統治されていた（灌漑用の溝建設に必要な一万ドルの要望は、ボストンに都合のいい理由で却下されている）。その結果、決定の多くが見当違いだったり、たんに間違いだったりした。居留区やバナナタウンにいる男たちは、ザムライのなかに自分自身を見いだしていた。ラバで国を横断したオンブレ。マイナー・キースが亡くなって以来、ＵＦにはこんな指導者はいなかった。

ザムライは、働く者たちに最初から安心感を与えたいと思っていた。今までとは違うということろを見せて気分を一新したい。そのためには、何をやるか、そして、どうやるかが重大な意味を持つ。言葉ではなく、仕事のやり方ににじみ出る本質がものを言うのだ。他の責任者たち——ここで言うのは、苦境にある官僚主義一辺倒の会社を引き継いだＣＥＯ（最高経営責任者）のことだ——と違って、ザムライはまず本社で仕事を始めはしなかった。最初の数日を会計士とすごしたりはしていない。報告書とにらめっこをしたり、会議で怒鳴り散らしたりもしなかった。さっそく旅に出て、自分の任期はまず六週間のバナナランドの視察旅行から開始する、と宣言したのだ。ＵＦがプランテーションや港や鉄道を所有する国を、ひとつ残らず見てまわるつもりだった。ザムライは、畑にいる男たちと話したいと思った。何もかも自分の目で確かめたかったのだ。

ザムライは、ニューオーリンズのタリア・ストリート埠頭から船に乗った。それは、霧の深い、雨の日だったかもしれない。ザムライにとって、しばらくぶりの地峡へ向かう旅だった。前に旅立ったときのザムライは、現金をチップに交換したばかりの野心あふれるギャンブラーだった。そのギャンブラーが、賭場そのものを手に入れて戻ってきたのだ。目に入るものを残らず自分のものにした、モンゴルの皇帝クビライ・カーンのように。ユナイテッド・フルーツは開墾中の畑を四〇〇〇平方キロ以上所有している。病院や学校、何千キロにもわたる道路や鉄道、桟橋、倉庫も。ザムライは可能なかぎり多くの場所を訪ねた。ホンジュラス、グアテマラ、コロンビア、パナマ、ニカラグア、コスタリカ、メキシコ、キューバ。猛暑のなかを歩き、畑に立つザムライ。町を散策し、バーで酒を飲み、荒くれ者たちとともに笑った。ザムライはできるだけ形式ばったことを避けるようにした。泥だらけのブーツに迷彩色のズボンを履いた、のっぽで気さくな、ただのバナナマンがいるように振る舞う。大きなヤシの木陰に立って、刈り取りや積み込みの仕事を眺めたり、藁《わら》を詰めた貨車を調べたりした。男たちが酔っぱらって本音を吐くような酒場にふらりと入ってきたかと思うと、思いついたように一見単純そうな質問をする。「サトウキビとバナナを一緒に運ぼうと考えてみたことがあるか?」

ザムライにとって、これは二度目の青春だったにちがいない。再度仕事を得て、自分のなすべきことが手に取るようにわかる。ザムライは何ひとつ見逃さなかった。白い大艦隊の動き(船の多くが積み荷を半分しか載せず地峡を発つ)も、プランテーションの支配人の顔に浮かぶ困惑の表情も。支配人のなかには、ボストンにたてつかないという理由だけで出世してきた者もいた。すぐに行動できない者や決断の遅い者がいると、ザムライはクヤメルのベテランで置き換えた。ザムライは、自分のチームを重要な位置に据え、UFという大企業を、かつての自分の会社のようにつくり変えようとしていた。「UF経営陣の犯した最大のミスは、数ある熱帯の国々で行われる活動を、ボストンのオフィスビルの一〇階から操作できると考えたことだと気がつきました」とザムライはフォーチュン誌に語っている。「経営陣は、どの国のどの重役にも何をどうすべきかいちいち命令しようとしたのです。現場の重役たちはただの伝言役のような扱いです。わたしは、その方針を完全に覆しました。会社にとっての憲法のようなものを据えることにしたのです。この憲法は、畑における自治を最大限に与えるものです。それが、ひとつの確固たる方針になりました。もし、プランテーションの支配人が困難な状況を、ある程度満足のいくように処理できなかったら、それができる者を雇うという方針です」

かくして、ユナイテッド・フルーツにおける「ザムライの時代」が始まった。窓際族や、煮え切らない者など、何千人もの社員がクビになった。のちの伝説によると、全社員の二五パーセントをクビにしたことになっているが、ザムライは、仕事のできない者を置き換えただけだと言って、これを否定している。ザムライは、一部の船を売却したり、運航休止にしたり、積み荷のスペースを他に貸し出したりすることで、「半分空っぽの船」問題も解決した。もはやユナイテッド・フルーツの船が積み荷を満載にせず港を出ることはなかった。それまで動かす費用がかさむばかりだった白い大艦隊が稼げるようになってきた。ザムライはUF資産の再評価も実行に移し――大恐慌のあいだに機械や土地の価値は暴落していた――何百万ドルも節約した。自営のバナナ栽培者に支払っていた俸給も廃止した。こうしたバナナ栽培者のせいでUFのバナナ供給量が増えていたからだ。畑を休閑地にし、さらにバナナの供給を減らして市場価格をコントロールした。いくつかのプランテーションでは、バナナを常に需要のあるサトウキビで置き換えた。UFがひとつの作物に依存しすぎていると気づいたザムライは、ココナッツ、パイナップル、キニーネの木など、他に植えられる作物も探した。「ボストンからボゴタまで、余剰人員を整理し、四人にひとりがクビになった」とウォールストリート・ジャーナル紙が伝えている。「気に入らない支配人の地位には、クヤメル出身のベテランを据え、自営のバナナ栽培者に支払っていた五〇〇万ドルを削減するよう命じた。また、資産の再評価も実行し、前回二億五〇〇〇万ドル近かった評価額を五〇〇〇万ドルに抑え、年間四〇〇万ドルの減価償却費が節約できるようになった」

状況を好転させたのは、このような方針によるものだけではない。これらの方針を陰から支えるエネルギーもまた貢献していた。六週間の視察旅行、解雇と雇用、艦隊と畑をめぐって下された厳しい決断。操舵室の灯りは燃え、舵はしっかりとした手に握られている。ユナイテッド・フルーツの株価は安定し、上がりはじめた。ザムライ時代になって最初の二週間で株価は倍になり、一九三三年の秋には一株二六ドルに達した。これは、実際の成果というより――成果が出るには早すぎる――投資家の安心感によるものだった。新聞を見れば、新たな責任者がジャングルの小さな滑走路に着陸したところが載っている。ホンジュラスの北岸に船の錨を下ろし、あちこち飛びまわり、とにかく凄まじい勢いで仕事をしている。危機的状況で物事を動かすには、行動しているという証拠があるだけで十分なのだ。ザムライはその後二〇年にわたって舵を取りつづけたが、ユナイテッド・フルーツはこの最初の六〇日間に救われた。

やがて、ザムライはUFが、半分空っぽの船や使えない支配人よりも深刻な問題に直面していることに気がついた。有能な人材を雇っても市場が回復しても解決できない問題。商品そのもの――アメリカ人が口にしたことのある唯一のバナナ、ビッグ・マイク――に、種を揺るがす厄災が忍び寄ろうとしていたのだ。

シガトカ病は、一九〇〇年代の南太平洋に出現した。正確に言うと、フィジーにあるシガトカ川の土手、夕べの風にヤシの木のそよぐところだ。最初に気がついたのは、川の浅瀬を渡っていた漁師たちだ。バナナの木が疫病にやられて、葉っぱが地面まで茶色くなってしまったと、この老人たちは伝えている。木が燃えてしまったように見えたそうだ。一年しないうちに、ジャングルの大部分が黒くなってしまった。近辺を歩くと呪われた森に迷い込んだような感じがする。何かにとりつかれたような、気味の悪い、ぞっとするような光景だった。枯れた茎から伸びた、枯れた葉がカサコソと音を立てていた。

シガトカはバナナランドに広がった菌類で、バナナの木のおよそ半分がやられてしまった。プレストンやキースのようなバナナマンは、この疫病が当面フィジーに留まってくれるよう祈るしかなかった。しかし、疫病は留まってはくれなかった。船や列車や飛行機、移民の履いたブーツに付着した黒土に運ばれ広がっていった。一九三〇年にはコロンビアで確認されている。葉が黒ずんだかと思うと、たちまち茎が黒くなり、やがて畑全体が真っ黒になった。バナナ会社のオフィスに動揺が広がった。治療法が見つからなければ、ビッグ・マイクは絶滅してしまう。

バナナは特に危険にさらされやすい。なぜかというと、種《たね》がないからだ。どの茎も挿し木で、根茎は別の根茎から切り取られ、その根茎もまた別の根茎から切り取られたものなのだ。一本のバナナを見るときは、限りなく遡って、あらゆるバナナを見ていることになる。雑種は存在しない。あるのは、ある種の最初の一本と、膨大な数の複製だけだ。どのバナナもクローンで、言ってみれば、人類の黎明期に茎から垂れ下がった原形バナナの複製ということだ。これがバナナ業界の強みであり、弱みでもある。品質管理を考えれば、このうえない強みだ！　同時に、多様性が欠如しているために、バナナという種がリスクにさらされる弱みでもある。何かの拍子に一本やられれば、一本のビッグ・マイクを枯らした疫病が、すべてのビッグ・マイクを枯らしてしまうのだ。

ザムライは、帝国が未開人と闘うときの常套手段で、シガトカ病に立ち向かった。すなわち、隔離し、封鎖し、検査し、囲い込む。あらゆるプランテーションが柵で囲われた。農夫が畑に入るときは、のこぎりの歯の形をした鉄格子の上を歩く。こうすれば、病原菌を含む泥をこそぎ落とすことができる。近代的な考え方をするザムライには、この方法が一時しのぎにすぎないとわかっていた。長期的に問題を解決するには、科学の手を借りるしかない。ザムライの雇った科学者たちが、ジャングルの実験室で薬を調合しては塗布していた。一九三〇年代になって、そのうちのひとりが初めて効果のある毒薬を創り出した。硫酸銅と石灰粉でできた混合物だ。科学者はこれをボルドー化合物と呼んだ。最初の実験結果が本社に報告されると、ザムライは言った。「バナナの葉につければ、病気が治るのか？」

「そう単純なものではありません」と科学者が答える。「シガトカは空中を浮遊する胞子です。ボルドー化合物に期待される効果は――」

「頼むよ、先生《スポート》、ややこしい話はよしてくれ。葉に薬を塗るんだな――」

「これはたんなる実験です」

「二〇平方キロほど撒いてみよう」とザムライは言った。

頭上散布装置や飛行機で毒薬が撒かれた。まもなく、これが全事業規模で行われるようになる。スプリンクラーがカチッと音を立て作動する。農薬散布用飛行機が西の空に姿を現す。唸るエンジン、パイロットたちの顔。硫酸銅が雨のように降り注ぐ。風が吹くと、混合物はバナナタウンまで運ばれた。重役たちのタキシードがトルコ石のような青緑色に染まる。果樹園の泥が青くなり、バナナも同じ色に染まった。

一九三六年頃から、UFは青いバナナをすすいで緑に戻すようになった。最大の効果をあげるには、混合物が散布されたあと男たちが畑を歩きまわって、毒薬が均等に散布されたか確かめなければならない。いつしか、この作業に従事する者はある種の異常を感じるようになっていた。臭覚を失い、食欲がなくなる。小エビだろうがマメだろうが何を食べても味がしない。一カ月後には、食べた物を戻すようになった。だれもが痩せ衰えたが、危険手当につられて進んで仕事を引き受けた。二カ月後、男たちの色が変わりはじめた。三カ月後には、みんな青くなっていた。この男たちは、プランテーションで「ロス・ペリコス（インコ）」と呼ばれた。

ロス・ペリコスは、ザムライとユナイテッド・フルーツのもうひとつの歴史だ。バナナ取引の最下層をなす人々。この男たちは、味覚と臭覚を失うことと引き換えに金を手に入れたのだ。この意味で、豊かになるのと同時に台なしにされた地峡そのものを象徴している。ペリコスには、回復した者もいる。生き残ったものの、二度とおいしいと感じることのできなくなった者もいる。そして、死んだ者も。ひょっとしたら、何百人、いや千人いるかもしれない。この男たちのことが言い伝えられ、ロス・ペリコスを歌った賛美歌が生まれた――朝は青、夜も青、青い仕事に青い心。この犠牲なしには、陽の当たるアメリカのキッチンで、バナナのスライスを載せたコーンフレークが食べられることはなかった。

シガトカ病が下火になると、もっと恐ろしい疫病がバナナ業界を脅かすようになった。植物がやられるシガトカ病と違って、パナマ病は土がやられる。ジャングルの広がる広大な土地をバナナの棲息できない荒れ地に変えてしまうのだ。土に潜んだ病原菌がまず植物の根を、次に根茎を攻撃する。葉がぐったり萎《しお》れ、木は頭から倒れてしまう。この疫病を広げたのはバナナマン自身だ。衣服や用具について病原菌が広がった。あらゆるプランテーションに根茎とともにばらまいてしまったのだ。何年も症状が現れず、一〇年以上攻撃しないでいたかと思うと、あちこちに発生し、ひと夏のあいだに何ヘクタールにもわたる植物を根絶やしにしてしまう。そのあとは、プランテーションそのものが疫病に汚染され、見捨てざるをえなくなってしまう。

パナマ病が東南アジアから地峡に達したのは一九〇〇年代初期のことだが、一九二〇年代までは深刻な問題にならなかった。一九二二年になると、インペリアル・カレッジ・ロンドンの熱帯農業学科の科学者たちが治療法を研究するようになった。ユナイテッド・フルーツは翌年、生物学者のA・J・シュートを雇い、パナマ病に耐性のあるバナナを探そうとしている。現在でも、アジアには、確認されていない何千品種ものバナナがある。その一方で、ザムライは、単純な解決策を考えだした（この解決策は、のちに意図しない結果をもたらすことになる）。未開のジャングルをできるだけたくさん購入することにしたのだ。数十ではなく、数千平方キロ規模の、開墾されていない土地を買って缶詰のように保存しておく。プランテーションが疫病にやられたら、ただ棚の缶詰に手を伸ばせばいい。こうしてザムライは、未開のジャングルから未開のジャングルへ、疫病の一歩先を、永遠に進みつづけるようになった。この結果、UFは途方もなく広大な未開の地を所有することになった。一九四〇年までに、UFはホンジュラスにある私有地の五〇パーセントを所有するようになるが、そのうち開墾したのは一〇パーセント以下だ。この頃にUFは富の集中を象徴する存在になり、多くの国で政府より強大な権力を握るようになっている。疫病のない土地を求め、ユナイテッド・フルーツは、身を滅ぼしかねないほど巨大化していくことになる。

六カ月にわたる地峡の視察旅行から戻って落ち着いたザムライは、ユナイテッド・フルーツの最高責任者としての日課をこなすようになっていた。一年のうち数カ月は、本社のあるボストンに住まなければならなくなる。ある日の午後、ザムライは不動産業者の案内で、ボストンのブルックリンやバックベイにある家を見てまわっていた。ユナイテッド・フルーツの重役の多くが住む界隈だ。ザムライがこの町に滞在するのは年に数カ月だが、住所は重要だ。家を選ぶのは声明を出すのと同じで、果物会社の伝統に忠誠を誓うという意思表示になる。ザムライは、フェデラル様式のレンガづくりの家々を通りすぎ、豪壮なチューダー様式の建物をまねた家並を通り抜けた。水際には、切妻屋根と屋根窓がひときわ目を引くヴィクトリア様式の邸宅がある。この屋敷の東の窓からは大海が見晴らせるが、プエルト・コルテスの海とは大違いだ。色も濃淡も違う。ヤハウェの神が、くすんだ緑と濁ったグレーだけを使って描いたかのようだ。

ザムライはもう若くなかった。それどころか、まだなんとか若いわけでもないし、最近まで若かったとも言いがたい。どっぷりと中年の域に達していた。ここまで来るまでにはいろいろな経験をしている。世界の権力を手中に収めようと、あらゆる方法を試してきた。声高な口達者になったこともあるし、静かで無口になったこともある。ザムライがちらりと姿を見せれば、その大きさと氷のような眼差しで、たいていは自分のやり方を通すことができた。ザムライは、ダブルのスーツを着て控えめなネクタイを締めている。撫でつけた髪を思いついたように大きな掌で確認する。以前ほど厚みはなくなって、白髪が交じるようになっていた。

これまでずっと、ザムライは歳をとりつづけてきたのだ。振り出しは、ほんの子供の頃だ。大西洋を渡る蒸気船の最下層の操縦甲板から一対の目がのぞいていた。成長して、完熟バナナを運ぶやり手になった。一か八かの勝負師になり、ポケットに金を詰め込んでフレンチクォーターの街角を駆け抜けた。地峡ではグリンゴだった。ラバの背に揺られて山々を超え、ジャングルの土地を買い上げて開墾した。そして、エル・アミーゴ。革命の生みの親だ。失うものは何もなかった。それから、タコとの戦争に挑む小僧。そうして、大金持ちになった。会社を売り、引退し、政治的闘争に挑んだ。アメリカの美点も汚点も、すべてを体現してきた。昇り詰めるチャンスと避けがたい汚職。善悪の両極。ついにザムライは、ボスになり、王になり、アメリカで最強の権力を握る男のひとりになった。

それなのに……

ザムライは、ボストンで何度か家を購入しようとしたが、結局どれも実現しなかった。もっとよい申し出があったからとか、売り主が急に市場から物件を取り下げたとか。要するに、イタリア人お断り、アイルランド人お断り、ユダヤ人お断り、ということだ。どんなに金を持っていようがおかまいなしだ。この話は、ザムライを直接知っている人たちから教えてもらった。ザムライが気にしたと思うかと訊くと、いやいや、あのバナナマンは、そんなちっぽけなことに囚われるような人じゃない、とだれもが口を揃えた。その人たちの話では、ザムライはこの事態に笑顔で対処したそうだ。ここはおまえの勝ちだが、ゲームに勝つのはおれだ、と言うときのように。「長年にわたって、このボストンでの扱いに、ザムライがいかに苦々しい思いをしたかという話を何度も聞いた」とトーマス・マカンは書いている。「しかし、話し手はたいてい、ザムライと面識のないボストン人だったので、これは希望的観測に基づいた話にちがいないと考えるようになった。ザムライは、そんなことにかかずらうには大きすぎる男なのだ。エリートたちは、さぞ苦々しい思いをしただろう」

数日探しても成果のなかったザムライは決めた。かまうものか、あっちは売りたくないし、こっちは買いたくない。ザムライは、ザ・リッツ・カールトンのスイートルームを借り上げ、経費を会社負担にした。こうしてザムライは、ボストンでは決して訪問者以上にはならなかった。スケジュールどおりにやってきては去っていくホテル住まいの男だ。このバナナマンがどんなふうに扱われたかを見れば、そこがどんな場所かわかる。ロシアとボストンでは拒絶され、プエルト・コルテスとニューオーリンズでは受け入れられた。

ザムライは、人生最後の四分の一の期間を、町から町へ動きまわってすごした。体を動かしていなければ生きていると実感できない人間なのだ。妻は歳をとり、娘は手元を離れ、息子は父親になって、ザムライが家族写真の真ん中にうやうやしく収まる日が一歩近づいていた。ザムライは毎冬、地峡ですごし、「他より少し大きくて、ハンギングバスケットに蘭の花があふれる」と同僚たちの評した家で暮らした。ホンジュラス、グアテマラ、コスタリカ、メキシコ、エクアドル。どの国であろうと、景色はみな同じだ。碁盤の目のような通りに家や商店が立ち並び、帯電柵や、ゴルフコース、バナナ畑、ボウリング場、スイミングプールがある。「この頃のユナイテッド・フルーツは、たいそう刺激的であると同時に、とても男らしくロマンチックなところがあった」とマカンは書いている。「ジョン・ウェインの映画の決め台詞と途方もない歴史的レガシーが混じり合ったようなものだ。ジン・トニックとデュワーズ・ホワイトラベルを熱帯のベランダで飲むみたいに。果てしなく続くジャングルの私有地を、先住民が思い思いにぶらつく。不愛想な者もいれば従順な者もいる。ブーツに迷彩色の制服、馬と拳銃。白い大艦隊は紛れもなく世界最大の私設海軍だ（「バナナはみな上客、乗客はみな害虫」という公然の秘密をモットーに動く）。早朝の青物市場と、そこで働く色鮮やかな荒くれ者の男たち。波止場の荷役、商人、プランテーションの支配人。野心のある者、厳しい者、怠け者、金のある者。そして、これらすべての背後にあるのは、連綿と続いてきた巨万の富と権力と特権で、それはすでに衰えようとしていた」

一九四〇年頃には、バナナ植民地のネットワークは独自の社会や決まりごとを生み出し、詩人や英雄を誕生させていた。残酷なところもあったし、人種差別もあった。褐色の肌の者はお辞儀をさせられ、肌の白い者が王者だった（肌の色が幾度となく言及され、最も微細なところまで定義されるのが、ひょっとしたら、この時代の最も恥ずべき名残かもしれない）。スポーツも生活の一部で、エクアドルやキューバにはユナイテッド・フルーツのチームで活躍する野球のスターもいた。地方戦があると木製の観客席に人が詰めかけた。バナナ文化を形成する目的で創刊された『ユニフルーコ（Unifruco）』というUFの広報誌もあった。誌面には、詩やクイズ、遠く離れた支店からの手紙などがあふれている。「紅と薄紫に染まる夕暮れのなか、霞ゆくプエルト・バリオス」というのが、典型的な見出しだ。最盛期には一〇万人を超える人々がUFで働いていて、元社員は世界じゅうに散らばっていた。ジャーナリストのH・L・メンケンは、UFのボルティモアのドックで苦役をこなした。ケネディ暗殺の実行犯とされるリー・ハーベイ・オズワルドは、ニューオーリンズで積み荷を下ろす作業をした。フィデル・カストロは、父親がキューバでUFのためサトウキビを生産していた。UF発展の一部始終を記録するため物書きが雇われたが、そのなかでも有名なのは海洋冒険小説作家のウィリアム・マクフィーだ。UFの海洋エンジニアをしていたマクフィーはメキシコ湾を行き来する旅の合間に物語を綴った。マクフィーは多くの本を出版し、その題名を見ると、この頃がどんな時代だったかがわかる。『レターズ・フロム・アン・オーシャン・トランプ（Letters from an Ocean Tramp）』『ハーバーズ・オブ・メモリー（Harbours of Memory）』『サンライト・イン・ニューグラナダ（Sunlight in New Granada）』『セーラーズ・オブ・フォーチュン（Sailors of Fortune）』『ザ・ビーチコーマー（The Beachcomber）』『セーラーズ・ウィズダム（Sailor's Wisdom）』『シップ・トゥ・ショア（Ship to Shore）』『ザ・ロー・オブ・ザ・シー（The Law of the Sea）』など。生活のペースはゆったりしていて、ゴルフのトーナメントやレガッタも行われた。「ジョン・ウェインは……中央アメリカにあるUFのプランテーションをよく訪れた」とマカンは書いている。「UFの地所に守られた湾にヨットの錨を下ろし、夜の更けるまでUFの『バナナ・カウボーイたち』とカードをする。一度に数日程度、UFの招待客として滞在した」

ザムライは、ますますニューヨークですごすことが多くなっていた。ニューヨークではマディソン・アベニュー四五丁目にあるルーズベルト・ホテルに滞在する。そのときは、木綿のズボンと作業着を毛織のスーツに着替えた。べっ甲縁の眼鏡をかけたザムライは学者のように見える。髪を左から右に撫でつけ、つるりと平らな頭蓋骨にあたる部分を隠している。大きな顔の目の下には隈ができている。年とともに体重も増え、骨には肉がついてきた。ザムライの瞳は黒い宝石のようで、頬に肉がついても、その静けさは変わらない。頬に皺が寄り、垂れ下がっても、白内障で濁ってしまう最後の瞬間まで、その目はいたずらっぽい輝きを失わなかった。ザムライは、歳をとるにつれ賢明さを増すタイプの男で、ひとりの人間に許された以上のことを理解しているように見えた。

ザムライは毎朝、車で第三桟橋にあるUFのオフィスに通った。この桟橋はハドソン川に杭を打ち込んでつくられたものだ。ハンフリー・ボガード主演の映画『麗しのサブリナ』はここで撮影された。愛する人を乗せた船を追いかけてボギーが走るクライマックス・シーンに登場する。エリア・カザンは『波止場』の撮影にこの埠頭を使うつもりだったが、UFの広報部に断られている。建物はコンクリートとブリキでできていた。ザムライのオフィスは南向きで、大きな窓からはニュージャージー州の断崖《パリセード》が見晴らせる。ウィホーケンのフェリー小屋やエリス島、自由の女神、ニューヨーク・ハーバーの混みあった航路帯も見えたが、今はもうない。一九七〇年代の初めに取り壊され、跡地には世界貿易センターが建てられた。

第16章　バナナ、戦争へゆく

Bananas Go to War

ヒトラーが何もかもぶち壊した。ユダヤ人の生活も、ヨーロッパの夢も、ドイツの歴史もぶち壊した。そして、バナナ・ビジネスもぶち壊した。のんびりとしたバナナ屋敷も、にぎわいを見せる商館もぶち壊された。その原因には、第二次世界大戦のせいであらゆる種類の植民地主義が信頼を失ったという間接的なものもあるし、一九三九年九月にドイツ軍がポーランドに侵攻したとたんに始まった槌打《ハンマーブロー》のように直接的なものもある。

大海にUボートがあふれる戦争は、バナナ・ビジネスにとってありがたいものではない。ビジネスを純粋に輸入に頼り、生産国には真の市場がなく、故国も持たないバナナは、たいそうな労力と燃料を費やし、船と乗組員を危険にさらして、すべての茎を船で運ばねばならない。弾丸が飛んだとたん、ガソリンの値段は上がり、保険料は高騰し、従来の金融モデルは機能しなくなった。一九三九年、イギリス政府は資金と資源を節約する目的で、バナナは贅沢品であると宣言し、イギリスとイギリス植民地へのバナナの輸送がいっさい禁止された。きのうまで、ユナイテッド・フルーツの利益の二〇パーセントを占めていたイギリス市場が、一夜にして消え失せた。ザムライにとって、このゲームは生き残りをかけたものになった。

その直後にイギリス国旗を掲げた白い大艦隊の船が押収された。二三隻のバナナ船がイギリス海軍の軍務に徴用され、大半は兵員輸送船に改造された。大きくてのろいこれらの船はドイツ軍潜水艦の格好の餌食になった。Uボートの船長たちには、兵士輸送用に改造された船と、バナナ船として働く現役のUF艦隊とをわざわざ区別する気はなかったので、バナナ船の船長は常に危険と背中合わせで生きることになった。一九四二年六月一二日、UF創業の頃から任務についてきた蒸気船、シクサオラ号がグアテマラ沖で魚雷に撃沈された。救助船やカッター船、ヨットがSOSに応える。男たちが操舵室でランタンを揺らし、生存者に呼びかけ、発煙筒を打ちあげたが、発見されたのは、油の跡と瓦礫のなかに浮かぶ数千本のバナナだけだった。二九人の犠牲者を出す、白い大艦隊史上、最悪の悲劇となった。

船が沈むにつれ、利益も下落していったが、ザムライは不平や言い訳を口にしなかった。ザムライは「文句を言うな。言い訳をするな」を座右の銘にする世代の人間なのだ。この時代、実業界の指導者たちの多くがそうであったように、ザムライも、自身の損失のなかに何か尊いものがあると感じていた。これは、ふつうの意味での損失ではない。大義に資するために血を流すことなのだ。実際に戦場で戦う者の捧げる犠牲に比べれば何でもない。この時期ほどザムライが真剣になったことはない。度重なる戦闘と、それを報じる新聞の見出し――ザムライは数十年のあいだ見つづけてきた富を築きたいという夢から、呼び覚まされた思いだった。ザムライの精力的な活動を見ればそれがわかる。募金活動をし、大義を擁護し、政治家たちに助言を行った。戦争のせいで、ザムライの人生のこだわり――ロシア人・サム、ユダヤ人・サム、アメリカ人・サム、資本主義者・サム――がひとつの塊になったかのようだ。日本軍による真珠湾攻撃の直後、アメリカ合衆国旧陸軍省はイギリスの例にならい、バナナの輸入を制限し（割り当て制）、白い大艦隊の大半を押収した（UFに残されたのは、おんぼろ船ばかりだった）。押収された船は武装をほどこされ大砲を搭載されて、アメリカ海軍の所有になった。ザムライは、戦地で戦う息子の英雄的行為を追いかけるかのように、船の消息を追いつづけた――得体の知れぬ不安を感じてでもいるように。広報の父と呼ばれるエドワード・バーネイズが、この頃ザムライと組んで仕事をするようになっていたが、会議中、数分おきに秘書がザムライにメモを手渡していたのを覚えている。ザムライは、ちらりとメモを見て会議を続けた。のちにバーネイズは、あのメモがバナナ船が海に沈んだ報告だったと知った。UFはこの戦争を通じて一九隻の船を失ってしまう。

ザムライのビジネスの課題はわかりきっていた。商品はかつてないほど良好な状態にあるのに、それを市場まで運ぶ船がない。一九四二年から一九四四年までのあいだ、年平均七万トンのUFのバナナが畑で腐っていった。

商品が腐ってしまったらどうするか？

他に売るものを探す。

ユナイテッド・フルーツは、カリブに散らばる広大なサトウキビ畑をまだ所有していて、収益を上げていたが、これで十分と言うには程遠かった。ザムライは、プランテーションで生産できる他の作物を探しはじめた。「必需品（割り当て制限なし）」に分類される作物だ。職員を派遣して、地球上の他の地域にある草や木で、さんさんと太陽の降り注ぐ地峡でも育つものを探させた。職員たちが挿し木や球根や種を手にして戻ってきた。戦時中ザムライが持ち込んだ多くの作物は今でも地峡の主要産物として残っている。地峡に自生してはいるが栽培されていなかったものもあれば、ヤシ油やキニーネ、アサのように以前は地峡になかったものもある。ザムライが特に興味を示したのは、戦争に有益なもので、アジアからの輸入が日本によって妨害されていた植物だ。アサはロープに、キニーネは抗マラリア剤に、ゴムの木は戦車のキャタピラや長靴の底など、何にでも使える。ザムライは、アメリカ側の半球で育てた農産物で自給率を高め、軍の需要を満たすと約束した。ある小論のなかでザムライは以下のように説明している。

戦時中作物

日本の急襲によって、ゴムやアサ、キニーネ、その他の重要な供給が絶たれたとき、われわれは、ラテンアメリカの持つ豊かな可能性に目を開かれた。世界最大の熱帯農業組織の責任者が、どのようにして、南の隣人たちの助けを借り、以前極東から得ていた必須農産物を開発しているかについて以下に述べる。

一九四四年には、数千ヘクタールにおよぶザムライの畑に、見たことのない果実が実っていた。のちに記者や友人たちに対して本人が語ったとおり、これはザムライの生涯で最も誇るべき成果だった。ザムライは根っからの農夫なのだ。そして、今、葉枯れ病に見舞われた農夫が、荒廃した畑から立ち直ろうとするように、道を切り拓こうとしているのだった。

ザムライは、できるかぎり戦争の役に立とうと、あらゆることを志願し、主催し、戦場へ行く以外のことは何でもやった。もしこの年齢でなければ、戦場へ行くのもいとわなかっただろう。フランクリン・ルーズベルトの全国戦時労働局による活動の一環として、ザムライは、二万人以上のジャマイカ人を工場労働のためアメリカ中西部に連れてきている——現実とは思えない、歴史の狭間での出来事だ。このドイツと日本に対する戦争で、ザムライは持てる力のすべてを出し尽くした。

サム・ザムライ・ジュニアは、真珠湾攻撃の直後に入隊した。一九四二年の夏に軍務についたサム・ジュニアは大尉に任官し、アメリカ陸軍航空軍の訓練に送られた——サム・ジュニアはすでに熟練したパイロットなのだ。その後、船で北アフリカに送られ、第二次世界大戦におけるアメリカ最初の戦闘に参加している。

この頃は、戦いが始まればただ志願した。志願しないとしたら、不具合だとか故障だとか、何か問題があるということだ。それにサム・ジュニアは聡明で、当然のことながら歴史も理解していた。ヨーロッパの一般的な歴史も、そして自分の父親の個別の歴史も。その彼には、これがただの戦争ではないとわかっていたはずだ。これこそが、まさに戦争なのだ。闇の申し子が光の申し子に闘いを挑んできたのだから。

サム・ジュニアは、イギリス、南アフリカ、カナダ、アメリカの飛行士からなる西方砂漠空軍に配属された。空軍には、戦闘航空団、爆撃航空団、偵察航空団がある。滑走路には、戦闘機P－51マスタングやホーカー・ハリケーンが数珠つなぎに並んでいた。これは非常に危険な任務だ。ドイツ軍の高射砲は問題の一部にすぎない。何よりも恐ろしいのは、入り組んだ地形や砂漠に立ち込める霧、突如として現れる丘の数々だ。北アフリカ戦線に従軍した連合軍パイロットたちの写真――日に焼けて、黒い瞳の、幸せそうな姿。それは、生きて帰ることのなかった若者の姿だ。

ここに、一九四三年の秋に撮ったサム・ジュニアの写真がある。飛行服を着て、肩幅が広くハンサムだ。飛行帽を被りゴーグルを頭の上に押し上げて、ポケットに手を突っ込んでいる。笑顔で立つ彼の背後には滑走路があって、飛行機が虫のように群がっている。サム・ジュニアは、写真偵察用に改良されたP－51の操縦士に任命された。一〇〇回を超える任務をこなし、砂漠を越え、満天の星空を飛んだ。ドイツ軍の前線を超え敵陣を飛行し、軍事キャンプ、山の尾根、海岸、大砲や銃の配置など、連合軍の歩兵隊が直面するであろう危険物を写真に収めた。サム・ジュニアは、食堂に六カ国の男たちがたむろする、アルジェリアの基地に転任になった。サム・ジュニアは、空を飛んでいるとき、世界がただ光の模様になるあの瞬間に、いちばん幸せを感じていたのではないだろうか。何度も何度も飛び立った。搭乗機が滑走路の端まで来る。ゴーサインが出る。スピードが上がり、次の瞬間には丘が遥か下方にある。砂漠空軍の偵察パイロットは、写真を撮るために危険な高さまで低空飛行をしなければならない。町の屋根をかすめ飛び、すんでのところで海に向かって飛び去るのだ。

サム・ジュニアは、一九四三年一月七日の日没に離陸した。地上勤務員は、ヘルメットを装着して集中するサム・ジュニアの姿を見たはずだ。実際に何が起きたのか知る者はだれもいない。これは、答えのない謎だ。最も有力な説は、三一歳のサミュエル・ザムライ・ジュニア大尉が濃霧のなかで針路を見失い、P－51ごと山に衝突したという可能性だ。燃料タンクに引火した閃光が見えたと思ったら、やがて真っ暗になった。ザムライがいつこのニュースを聞いたのかはわからない。家族に連絡があるまで数日、あるいは数週間かかることが多い。ザムライが感じたにちがいない戦慄を表現するのは不可能だ。ついさっきまで人々と市場で満たされていた世界が、次の瞬間、空っぽになった。

一九四三年二月四日のニューヨーク・タイムズ紙がこのニュースを伝えている。

ニューヨークの大尉、死す
サミュエル・ザムライ・ジュニア
アフリカで飛行機事故により落命

ユナイテッド・フルーツ・カンパニーで社長を務めるサミュエル・ザムライ氏の長男、サミュエル・ザムライ・ジュニア大尉が、一月七日、アフリカにおける探索飛行中、操縦する飛行機が山に衝突し死亡した。大尉は三一歳。昨年一〇月に海外の任務に就くためアメリカを発った。カサブランカ沖海戦に参加し、その後アルジェリアにおける任務に就いていた……

ニューオーリンズのセント・チャールズ・アベニューにある寺院、テンプル・サイナイで追悼式が行われた。これ以上哀切な追悼式はない——遺体なき葬儀だった。しばらくのあいだ、ザムライは息子がまだ生きているのではないかという希望にしがみついていた。事故現場から抜け出して、砂漠をさまよっているのではないかと。追悼式は、そんな空想で締め括られた。式は、ユダヤ教の指導者《ラビ》、ジュリアン・B・フィーベルマン師によって執り行われた。カディッシュ（ユダヤ教の死者のための祈り）が唱えられると、ザムライは涙を流し、静まり返った会衆の頭の上に祈りのリズムが降り注いだ。「イスガダル、ビスカダッシュ、シメイ、ヤブ……（偉大なる神の御名がこの世界で讃えられ、神聖《きよ》められますよう）」

式のあと、親族や友人がオーデュボン・プレイス二番に集まった。七日にわたる服喪期間、シバの始まりだった。

フィーベルマン師は、自伝『ザ・メイキング・オブ・ア・ラビ（The Making of a Rabbi）』にこの日の様子を詳しく記しているが、まず初めに「バナナ王」のことを「生まれつき謙虚な遠慮深い人で、出しゃばって人の目を引こうとするようなところはひとつもなかった」と評している。「子息のサミュエル・ザムライ・ジュニアは、第二次世界大戦で我が民から出た最初の犠牲者だった」とフィーベルマン師は書いている。「死亡通知を受け取り、わたしは親族の人たちに、金曜日の夕方に追悼式を開くことを申し出た。ザムライ氏は、夫人や親しい友人と連れだってやってきた。式のあと、わたしは自宅を訪ねた。並木沿いのひときわ目を引く白い円柱の邸宅……ザムライ氏は、オーデュボンへ散歩に出かけたところだった。ザムライ氏が戻ってくると、わたしたちは握手を交わし、しんみりと語りあった。ザムライ氏には訛りが残っていたが、注意深く言葉を選び、意図するところを的確に表現する話しぶりに、わたしはいつも感銘を受けた。『ラビ、わたしは息子が死んだと考えたことはただの一度もありませんでした。死んだと聞かされても、あれはまだ生きているという思いにすがりつづけてきました。けれど、あなたがカディッシュを唱えるのを聞いて……息子は死んだのだとわかりました』。ザムライ氏は言葉に詰まり、涙を拭って、こう言った。『まあ、ラビのおかげで、すべての傷口がまた開いたということです。でも、これで、やっと傷が癒えてくれるでしょう』」

この頃は、ザムライの生涯で最も暗澹とした時期だった。ノルマンディ上陸や原爆投下といった歴史的事件が起きても、ザムライは気がつかなかった。すべてが（行進する兵隊たち、戦争から帰還する男たち）どこか遠くの出来事のように思えた。戦争は一九四五年八月一四日に終わった。対日戦勝記念日。ニューオーリンズでは、広場に水兵たちがあふれかえった。男たちは酔っぱらい、母親たちはうれし涙を流す。ザムライには、いったい何を祝っているのかわからなかった。ほどなくして、平時になって最初のバナナの積み荷が到着した。ザムライには、どうでもよかった。わたしはザムライを直接知っている人に何人か会ったことがある（年々その数が少なくなっていく）が、その人たちはみな口を揃えて言っていた。息子の死はザムライの生涯にとってこのうえなく大きな悲劇だった、と。なんとか立ち直り、仕事に戻りはしたものの、それはもう以前のザムライではなかった。

第17章　イスラエルをコシラエル

Israel Is Real

サム・ザムライは、放心状態から抜け出すためのプロジェクトを必要としていた。自分だけのためではない、もっと大きな大義が。ザムライは、これから生まれようとするイスラエル国家にそれを見いだすことになる。

それは、こんなふうに始まった。

一九二二年、ザムライのところに、のちにユダヤ国家の初代大統領となるハイム・ヴァイツマンから連絡があった。ヴァイツマンが初めてこのバナナマンの話を聞いたのは、アメリカを旅しているときだった。「ニューオーリンズで珍しい『発見』をした。そこには、在米ユダヤ民族のなかで傑出した人物がいた――バナナ王、サミュエル・ザムライだ」とヴァイツマンは自伝に記している。「この人に会うためだけに、わたしは初めてニューオーリンズへお邪魔した。わたしの訪問を前もって知らされていたザムライは、ニューオーリンズを発つ自身の予定を数日延期していた――この数日間は、たいへん興味深いものであっただけでなく、基金にとってもたいへん有益なものとなった」
　その年、ふたりは数回顔を合わせている。会話は数時間におよび、英語からロシア語になったり、イディッシュ語になったり、そのとき考えていることがいちばんうまく表現できる言葉で続けられた。金のことは英語、苦難のことはロシア語、ユダヤ人が世界で瀕している心痛についてはイディッシュ語で話した。ヴァイツマンはポーランドの生まれ故郷の話をした。落胆し、憤り、自らの土地に落ち着くまで、ユダヤの民が解放されることはないと気づいた、と。ザムライは、地峡の暮らしや、完熟バナナから緑のバナナを扱うようになった経緯を語った。「成功してからもずっと、ザムライは単純さを失わなかった。開けっぴろげな正直さ、人や物事に示す精力的な興味、役に立ちたいという願望を常に持っていた」とヴァイツマンは書いている。「ザムライが余暇に勉強したのは数学と音楽で、たいそう満足のいく成果を上げていた」

　ヴァイツマンは回想録のなかで、時間をかけてザムライのキャリアを紹介している。この世代のユダヤ人でその魅力に抗える者はそういないだろう。ヘブライの巨人伝説のような物語で、ありふれたユダヤ人の生活を縛りつける制約からは、すがすがしいほど自由だ。ヴァイツマンのような男にとって、ザムライは、強者《シュトーカー》であり、暗黒の時代に遣わされた、艱難辛苦《かんなんしんく》に耐えうるユダヤ人なのだ。アーサー・ミラーの『セールスマンの死』の主人公ウィリィ・ローマンの兄である、ベンの原形とも言える。アンクル・ベンは、ウィリィのふたりの息子たちに向かって笑いながら語りかける。「いいか、おれは一七のときにジャングルに分け入って、二一で出てきた。そのときには、これがまあ、驚くほどの大金持ちになってたんだ」

ザムライは、ユダヤ人としての強い自覚を感じてはいない。自分をユダヤ人と呼ぶことは決してなかった。信仰は経歴の一要素にすぎない。ニューオーリンズ市民、ヒューイ・ロングの宿敵、地峡の住人、バナナを扱う商人というのと同じように、ユダヤの信徒であるというだけなのだ。ザムライの子供たちはふたりともユダヤ人と結婚していないし、子供たちをユダヤ教徒として育てることもなかった。ユダヤの大義もさほど気にしていない。この事実からわかるのは、ザムライが家庭でユダヤの教えに執着したり、異教徒《ゴイム》の話を吹き込んで子供たちを怯えさせたりはしなかったということだ。アメリカという自由を与えられたとき、それが意味するのは今、目の前にある自由だけではなかった。何を記憶するかという、過去からの自由もまた与えられたのだ。ザムライは迷わずそれをつかみ取った。

それなのに、少なからぬ数のこのような男たち――アメリカの土に触れたとたん、民族としての自覚を振るい落としたヨーロッパ生まれのユダヤ人たち――のように、ザムライは中年も終わる頃になってユダヤ主義《シオニズム》の熱心な擁護者になった。これは、ヴァイツマンとの個人的なつながりのせいもあるし、初期のシオニストに同情を感じていたせいもある。ザムライ自身がそうであったように、自分の運命を決める権利を奪われてしまった東ヨーロッパのユダヤ人。ザムライはこのような人たちに可能なかぎりの支援を与えた。「ザムライは、わたしがアメリカを訪問する際の目玉のひとつだった」とヴァイツマンは書いている。「その後の訪問で、彼と会う機会を逃すことは決してなかった。われわれの歩みにおいて公の役割を果たすことはなかったが、ザムライの関与は継続的で惜しみないものだった」。ザムライは一九二〇年代に、ユダヤ人機構に五〇万ドルを寄付している。

この金は、定住者のため土地を購入し、家を建て、農具や種を買うのに使われた。ザムライは、パレスチナ経済自治体の指導者を務め、そのおかげで、ルイ・マーシャル、フェリックス・ウォーバーグ、サミュエル・アンターマイヤー、ハーバート・リーマンら、アメリカで最強の権力を握るユダヤ人に仲間入りすることになった。一九二六年には、パレスチナに発電所を建設するため七〇万ドルを寄付し、このニュースはニューヨーク・タイムズ紙に掲載されている。一九三九年、イギリスが憎むべき白書を発行した直後、ザムライはまたヴァイツマンと会っている。この白書は、ユダヤ人のパレスチナ入植を禁じるもので、ヒトラーがユダヤ人に対する戦いにおいて最も残虐な段階に入ったとき、最後の逃げ道を閉ざす内容になっている。ヴァイツマンはザムライのことを「落胆してはいたが、究極の突破口を見いだす希望を失ってはいなかった」という目で見ている。一九四〇年代の初めには、ザムライはカリブで影響力を行使し、数百人のユダヤ難民をヨーロッパから受け入れるよう、ドミニカ共和国のラファエル・トルヒージョ大統領を説得するのを助けている。こうして、困り果てた難民の一団が北岸のソスアに入植した。

シオニズムを重要なものだと考えてはいたが、ザムライの生涯において、それが最大の関心事になったことはなかった。第二次世界大戦が終わる頃、ふたつの理由でこの状況が変化する。ひとつは、サム・ジュニアの死。息子を亡くしたザムライは悲しみのどん底に突き落とされ、大義を必要とするようになった。もうひとつは、ヨーロッパにおけるあらゆる物とあらゆる人の死だ。ザムライのような人間にホロコーストがどのような影響を与えたか、説明するのは難しい。定住先で常に安全だと感じてきた叩き上げのアメリカ人が、人生の途上でふいに、自分の置かれた本当の状況を突きつけられた。どんなに財産や権力があっても、ユダヤ人はいつもよその国にいるよそ者なのだ。民衆の気分がほんの少し変わるだけで、大きな危険にさらされる。ドイツで起きたことは、他の国で起きても不思議ではない。

さらに、詳細――六〇〇万人の犠牲者――がわかってくると、ザムライのような男たちは、自分たちこそ、あの失われた世界の生き残りなのだと考えるようになった。ヨーロッパのユダヤ人は古代王国の生き残りだ。だとすれば、アメリカのユダヤ人は、特別な責任を負わされた、生き残りの生き残りだ。「こんなことが二度と起きないようにするのは、われわれなのだ」というのが当時だれもが共有する思いだった。多くの人にとって、唯一の解決策はユダヤ国家の建設だった。ユダヤ国家があれば、生き残った人々を守るため、住まいや非難場所を提供できるだけではない。亡くなった何百万もの人たちを慰めることができる。

対日戦勝記念日のすぐあと、ザムライのところにシオニストの工作員から電話がかかってきた。逃亡《ブリハ》のために船を調達しようとしたせいで起訴されていると言う。ブリハとは、ホロコーストの生き残りを、ヨーロッパから秘密裏に連れ出し、当時イギリスの封鎖下にあったパレスチナまで運ぼうとする活動だ。工作員の名前は、ジーブ・シント。テル・アビブには、こんな笑い話がある。（のちに初代イスラエル首相となる）ダビド・ベン・グリオンが言った。「船《シップ》に詳しい男を捜してくれ」と。ところが、ポーランド訛りのせいで、これが「羊《シープ》に詳しい男を捜してくれ」と書き留められた。そういうわけで、パレスチナにある共同農場《キブツ》出身、二五歳の羊飼い、シントが雇われたという話だ。

もちろん、シントはただの羊飼いではない。イスラエル諜報特務庁、モサドのメンバーでもある（シントは一九四七年にモサドの指揮を執ることになる）。ヴァイツマンはシントに、アメリカに着いたらすぐザムライに連絡するよう指示した。シントが何が必要かを説明すると、ザムライは、電話ではダメだ、ルイジアナまで来い、会って話そう、というようなことを答えた。

一九四六年のある朝、ニューヨークのマディソン・アベニュー三四二番にあるユダヤ人機構を拠点にしているシントが、アイドルワイルド空港（現ジョン・F・ケネディ空港）からニューオーリンズ行きの飛行機に乗った。そこから先は車を雇い、ハモンドに近いプランテーションまで行く。この土地には年に二回ツツジが咲き乱れる。ザムライがドアを開けた。腰は曲がり髪は白くなって声には微かな震えがあるが、今も貫禄たっぷりだ。握手、笑顔、「ついて来い」という目配せ。その身振りひとつひとつに、ザムライのこれまでの人生がうかがえる。ザムライは母屋の裏にあるバンガローのような小屋へシントを連れていった。ふたりが窓際に腰かける。田舎は湿気と緑に満ちていて、美しいまでに物悲しい。サム・ジュニアが飛行機の着陸に使っていた滑走路は、すでにチヨコベリーとウルシに覆い隠され消えてしまった。

「何がいるんだ？」ザムライが訊く。

シントは状況を説明した。ヨーロッパのキャンプから移動させられた一〇〇万人のユダヤ人がいる。多くはポーランドの、今はアメリカ兵の運営する、元強制収容所にいる。地獄の炎をかい潜ってきたこのような人々は、みなヨーロッパのユダヤの生き残りだ。アメリカは彼らを受け入れないだろう。フランスもだめだ。ロシアでは投獄されるか追放されている。イギリスの白書にまだ効力があり、パレスチナへ入るのも邪魔される。ポーランドへ帰ろうとした者が見たのは、自分の家が他人に占拠されているところだった。かつて自分たちを追い出し、叩きのめし、命を奪った連中が居座っているのだ。ポーランドのキェルツェでは、一九四六年に大虐殺《ポグロム》があった。わたしは、この町を車の窓から見たことがある。不吉な感じのする寂れた通りだった。以前に書いた本のなかで、わたしがこのポグロムに触れたのは、どう考えてもありえない、と思ったからだ。ホロコーストのあと、ユダヤ人を殺すなんて。強制収容所から生き延びて、やっと家にたどり着いたら殺されてしまうなんて。

一九四五年五月二二日、ドイツが降伏してから二週間後に、ヴァイツマンはウィンストン・チャーチル首相に宛て、白書を無効にしてくれるよう手紙を書いている。チャーチルはヴァイツマンに対して、そのような問題について考えるのは「連合軍の勝利のもと、和平交渉の席につくことが確定した」ときだ、と返事をしている。ヴァイツマンはこれに腹を立て、六月五日に二通目の手紙を出した。「これまでのさまざまな対話から、われわれの問題はドイツとの戦争が終わればただちに考慮されるものとばかり考えてきました。しかし、『連合軍の勝利のもと、和平交渉の席につくことが確定した』という言葉は、将来の不確定な日という意味に解釈できます。首相が無期限の延期を意図されていたとは断じて思えません。なぜなら、そのような事態になれば、今なおブーヘンバルト、ベルゲン・ベルゼンなどの強制収容所に留まっている何千人もの人々に由々しき困難を強いることになると、首相もお気づきだと思うからです」

シントはザムライに、この人たちを収容所に置き去りにすることはできない、と言った。

ザムライも同意して、何かこんなことを言う。よし、わかった。しかし、わたしに何をしろと言うのだ？

何もかも、とシントが答える。金も船も書類も、専門知識も。

ザムライは手を挙げて使用人を呼ぶと、ウィスキーを持ってくるよう命じた。

男がウィスキーの瓶とグラスを持って戻ってきた。ザムライは、自分とシントに一杯注ぎ、もう一杯自分に注いで飲みほしてから、口を開いた。ザムライは自分のことを滅多に話さない。昔のことをたずねられても、「ただ、あそこにいて、ああなった。それだけだ」という具合だ。だが、この日は違った。シントの描いて見せた絵――それは、ふつうの人なら気づかないかもしれない周波数でザムライの心に響いた――に答えを返すために与えるべきは、自分の人生の物語しかないと言うかのごとくに。

ザムライは、セルマやモービルのことを話した。三角州の町の奇妙なところ、初めて見たバナナ、最初に売った完熟バナナ。プエルト・コルテスのことも。カウボーイや傭兵たち。息子について話すときには嗚咽が漏れたが、ウィスキーで涙を払い落とす。こんなふうに語られるのでなければ、互いに関連のないように見える人生の出来事が、一塊の物語になっていった。叙事詩、冒険譚、ひとつの世代の物語、ひとつの民族の物語。最後の最後になって、ザムライはやっとロシアと、そこにある畑の話をした。夏は緑で、春は黒くなる。父のこと、父の死のこと、最後に見た故郷の家、果てしなく広がる大草原《ステップ》に呑み込まれてしまった家。どんな人間にもエデンがある。子供の頃失われた、完璧な世界が。ザムライにとって、それは、あのロシアにある小麦農場の、父も生きていたあの頃だった。ザムライは話し終えると、静かに腰を下ろした。ウィスキーの瓶は空になり、日は暮れて部屋は暗い。ザムライはシントのほうを向いて、こんな意味のことを言った。手を貸すことはできない。表立っては。ユナイテッド・フルーツの半分近い船がイギリス国旗を掲げ、イギリスで大きな取引をしている。イギリスの会社がイギリスの封鎖をかい潜るわけにはいかない。だが、手を貸してくれる者に引き合わせよう。その男に訊けばどうすればいいかわかるし、必要なものも用立ててくれる。困ったときは、戻ってきなさい。

ほどなくしてブリハが実行に移された。連絡がつき、金が集められ、船が購入され、書類が発行された――この書類があれば、港務部長が積荷目録に署名し、ゲートを開けてくれる。シオニストの諜報員が戦争難民収容所からひそかに難民たちを連れ出し、山道を伝って、ルーマニアやフランス、イタリアの、船が待つ港へと導いた。失われた哀れな魂がぎっしり詰まったこのような船のなかには、封鎖をかい潜るのに成功したものもある。イギリス海軍が乗り込んで来て、引き返さざるをえなかったものもある。ザムライのところには、数カ月ごとに最新の状況が伝わってきた。直後に話し合いを持ったこともある。ニューオーリンズのオーデュボン・プレイス二番、ボストンのリッツ、ニューヨークのルーズベルト、あるいは、ハモンドに近いプランテーションで、ザムライとシントは落ち合った。シントはひとりで来ることもあったし、同僚を連れてくることもあった。たとえば、ユダヤ人機構の事務局長、メイヤー・ウェイズガル。ウェイズガルによると、ザムライはいくつかの面でブリハを助けている。なかでも重要なのは船を調達し、出港させることだ。ザムライにこれができたのは、シントを埠頭の差配役のなかに送り込んだ――「シントは、常にボストンやニューオーリンズを訪れ、船籍登録の書類や乗組員の査証のために、ザムライが引き合わせようとする人々と顔を合わせた」と、ユダヤ人の組織する慈善団体「ユナイテッド・ジューイッシュ・アピール」の事務局長、ゴットリープ・ハンマーが記している――からであり、中央アメリカの役人に対し、ブリハの船が中央アメリカ諸国の旗を掲げられるよう圧力をかけたからだ。あるとき、フィラデルフィアの港から出港許可を却下された三隻の船が、ザムライが数本電話を入れたおかげで解放されたことがある。その一隻は、ザムライが購入費用の一部を寄付したエクソダス号だ。難民のひしめきあうこの蒸気船が住処を求めてさまよう悲しげな姿は、ユダヤの民そのもので、ユダヤ国家の必要性を強く物語っていた。「ザムライが購入資金集めを手伝い、船籍登録も助けたエクソダス号は、イギリスの封鎖をかい潜り、移民たちを約束の地へ運んだ」とトーマス・マカンは書いている。ブリハで最も有名な船、エクソダス号は、ユダヤ史において名高い船のひとつで、旧約聖書で預言者ヨナをタルシシュへ運んだ釣り船と肩を並べている。

パレスチナのイギリスによる委任統治は、一九四八年に終了した。ジョセフ・ホチスタインとマーリー・グリーンフィールドの著書『ザ・ジューズ・シークレット・フリート（The Jews' Secret Fleet）』によると、ブリハはこの頃までに三万七〇〇〇人のユダヤ難民をパレスチナに運んでいる。その多くは、サム・ザムライが調達するか出港させるかした船で運ばれた。

まあ、これがイスラエルに行けば聞かされる話だ。ザムライという名は、アメリカよりもよく知られている。あちこちに散らばったただの手紙や、日記の記述、書類からできた歴史の記録だ。実際、望まぬ注目を受けるのを恐れたザムライは、大部分においてこの大義から自分の名前を切り離すことに成功している。ゴットリープ・ハンマーは、ザムライを「国際的な謎の男」と評した。「ビジネス上の必要から、政府をつくり上げたり転覆させたりした。アメリカで最も金と権力を握る男のひとりでありながら、世間からの注目を避け、新聞に名前が出ずにきた。ザムライがブリハを援助するにあたって出した唯一の条件は、決して公に名前は出さず、すべての関係をいっさい口外しないことだった」

決して明かされることのなかった理由で、一九四八年にザムライはユナイテッド・フルーツの社長職を辞し、同僚のトーマス・カボットに引き継いだ。ザムライは筆頭株主に留まり決定的な支配権は握ったままだったが、日常の業務からは手を引いた。ひょっとしたら、自分亡きあとのことを考えての行動だったのかもしれない（ザムライは七一歳になっていた）。ザムライは疲れきっていたにちがいない。あるいは、パレスチナにおけるユダヤの大義のためだったのかもしれない。イギリスの委任統治が終了に近づき、この国家の運命は国連に引き継がれ、国連総会の投票によって決定されることになった。パレスチナをふたつの国――アラブ人とユダヤ人それぞれの――に分割するという決議案が可決されるには、三分の二以上の賛成票が必要になる。投票の期日が決まったとたん、政治工作が盛んに行われるだろう。これは、ザムライが唯一無二の役割を果たすことのできるゲームだった。

ザムライの関与が始まったのは一九四七年の一〇月だ。ヴァイツマン自身の著作によると、「この重要な段階にあって、ご助力が非常に強く求められる状況です。間違いありません。これは、急を要します」とザムライに伝えたことになっている。

初期の集計では、分割決議案は以下のような情勢だった。ヨーロッパ国家は、西側諸国も東側諸国も、それぞれの歴史を踏まえたうえで賛成するだろう。イスラム圏の国々は、ここで理由を説明するまでもなく、反対するはずだ。こうなると、決定権を握るのは、この問題とは直接関係のなさそうな非同盟の国々になる。そして、偶然にもそのいくつかは、バナナの生い茂るアメリカの熱帯地方にある。イグナシオ・クリッヒの論文「ラテンアメリカ、ザ・ユナイテッド・ステーツ、アンド・ザ・バース・オブ・イスラエル（Latin America, the United States, and the Birth of Israel）」によると、シオニストの指導者たちはこの地域を軽視していたようだ。「中央アメリカの支持は、UFCO（ユナイテッド・フルーツ・カンパニー）の社長兼筆頭株主のサミュエル・ザムライを通じて勝ち取れるだろう」と考えていたからだ。しかし、ラテンアメリカ国家にはアラブ人が多数住んでいる国もあり、駆け引きは複雑になっていた。

分割決議は二度にわたって行われた。最初の投票は一九四七年一一月二五日に行われ、暗礁に乗り上げる結果になった。反対票と棄権票のせいで、「決議一八一号」の可決には今一歩およばなかった。二回目の投票が四日後の一一月二九日に設定された。追い立てられるか、国家成立がなるかの瀬戸際。その狭間から差し込む一条の光を頼りに、サム・ザムライが動いたのはこの数日間だ。鍵を握るバナナランドの重要人物に電話をかけ、甘言を操り、なだめすかし、力づくで脅しをかけた。それは、ザムライのキャリアの頂点だった。今こそ、これまで身につけたものをすべて投じて、世界を舞台に、人知れず決定的な役割を果たすことができる。ザムライは地域の指導者たちにふたつの質問をした。分割決議案についてどのような票を投ずるつもりか？　そして、その票は変更可能か？　ザムライはヴァイツマンにメキシコからコロンビアまで、中央アメリカ諸国の票はどれも買うことができると伝えた。だが、その値段はえてして法外なものになる。どうやら、ザムライは自分が大きな影響力を及ぼせる国だけに集中するよう提案したようだ。賛成票を確実なものにするための賄賂やロビー活動が目に余るようになってきたので、ハリー・トルーマン大統領は、この手段を選ばぬ強硬姿勢に対してヴァイツマンに文句を言っている。トルーマンはこの態度を「無作法」に感じたのだ。

「その圧力は、これまでに国連では見たことのないようなものだった」とトルーマンは回想録に記している。「ホワイトハウスに向けた圧力やプロパガンダが、これほどひどくなったことはなかったと思う。数名のしつこい急進派シオニストの指導者が――政治的動機に駆られ、政治的脅迫を行っており――気に障り、いらだちを覚えた」

ヴァイツマンは、そのような圧力はシオニストの指導者からくるものではないと断言している。「だいたいにおいて、彼の言うことは正確であるが」とイグナシオ・クリッツは書いている。「ヴァイツマンは、ユダヤ人機構の指導者ではないユダヤ国家支援者の、もっと重要な活動を黙って見逃がしており、これには、自らが働きかけたUFCOのサミュエル・ザムライも含まれていた」

インドのジャワハルラール・ネルー大統領が、のちに、賄賂の申し出を受けたと主張している。「何百万の賄賂」が、シオニストの大義と関連のある強力なビジネスマンから、分割決議案に賛成票を投じるという条件で提示されたらしい（インドは反対票を投じている）。

最終集計までには、十分な数の国が票を覆し――ハイチは反対から棄権へ、ニカラグアは棄権から賛成へ――「決議一八一号」は可決された。ザムライの働きがわかると、そうでなければ不可解に見える賛成票（コスタリカ、グアテマラ、エクアドル、パナマ）が、突如として、見事に納得がいくものになる。これらの国々の背後でユダヤ国家創造の糸を引いていたのは、匂いを放つ完熟バナナをうず高く積み上げ、手押し車を押すグリンゴだったのだ。

オーデュボン・プレイス二番の邸内を歩く、テュレーン大学の学長夫人マージョリー・コーウェンが、三階の広々した窓のある部屋で立ち止まった。「ここが、ミスター・ザムライが電話をかけた部屋です」と教えてくれる。「ちょうどこの椅子に座って、ラテンアメリカのあらゆる指導者たちに電話をかけました。十分な数の指導者たちが票を覆すまで話をし、説明を続けて、現代のイスラエルが現実のものになったのです」

分割決議が可決されたからといって、ユダヤ国家の存在が保証されたわけではない（ザムライも承知しているとおり、闘うことなしには何も得られないのだ）。ダビデ・ベン・グリオン首相が独立を宣言したあと、実際に、アラブ世界一帯に戦争を呼びかける声があがった。一九四九年、軍隊がイスラエルの国境を越え、エジプトやヨルダン、シリア、イラク、レバノンから流れ込んだ。イスラエルは来たるべき戦闘において圧倒的に不利になるだろう。数で勝る国々に包囲されているうえ、この地域では武器の禁輸措置も宣言されている。紛争中はどちらの側にも武器を送ることはできない。アラブ諸国はすでに十分武装しているので――ヨルダン軍はイギリスの将校が指揮を執っていた――禁輸措置はイスラエル側に不公平なほど重くのしかかった。

弾丸も小銃も手榴弾もトラックも戦車も、イスラエルには十分揃っているものは何ひとつない。イスラエル空軍にあるのは、たった一機の老朽化したドイツ製戦闘機メッサーシュミットだけだ。イスラエルは、密輸した武器で生き長らえた。秘密裏に到着する貨物船には、偽の板壁の裏に箱が隠してある。野菜と書いてあるが、箱からは弾薬の匂いがした。戦争が始まったばかりの頃、これらの箱の大部分は三つの場所から、三種の利害を持つ団体によって届けられた。ひとつは、チェコスロバキア。ソビエトの同意のもと、共産主義者たちがトラックや銃、飛行機を輸送した。中東における紛争が長引けば、イギリスに恥をかかせることができると考えたからだ。もうひとつは、ニューヨークとニュージャージー。マイヤー・ランスキーやロンギー・ツビルマンのようなユダヤ系大物ギャングに後押しされ、ソックス・ランサのような埠頭の顔役たちが見て見ぬふりをするなか、ハイファやテル・アビブに向かう船は武器で満たされた。そして、最後は中央アメリカ。バナナマンたちが食糧とか生活必需品と書かれた箱を次から次へと船に積み込み、イスラエル国防軍に武器を届けた。

大きな助けは、「タッチョ（スピード）」のあだ名で知られる、アナスタシオ・ソモサ・ガルシア（一九三六年から、一九五六年に暗殺されるまでニカラグアを支配した）から来た。イグナシオ・クリッヒによると、ソモサは一九四八年の戦争のあいだ、イスラエルに武器を密輸した。のちにソモサの孫、タチト（一九六七年から、一九八〇年に暗殺されるまでニカラグアを支配した）に対して世界情勢が反対姿勢を取るようになったとき、イスラエルだけはこの独裁者に武器の輸送を続けている。この件について問われたメナヘム・ベギン首相は、報いる必要のある昔の恩義について語っている。

イスラエルの独立戦争は、一九四九年一月、イスラエルの勝利で終わった。その直後にザムライはユナイテッド・フルーツに復帰し、ふたたびバナナ業界の中心を占めるようになった。第二次世界大戦が終わったときはまだまだ若かったが、今のザムライは年老いていた。このとき、ザムライには、のちに死因となった病気の兆候がすでに現れつつあった。トーマス・マカンは、この頃ザムライに紹介されているが、ザムライとの出会いをこう語っている。「この老人はわたしの手に自分の手を重ねた。わたしにはパーキンソン病の震えが感じられた。この人の足からでないとしたら、わたしたちふたりの立っている地面から伝わってくるような痙攣だった」

ザムライは、きっぱり引退してしまうことも考えた。寄り道したまま永遠に姿を消してしまおう、と。ザムライは七三歳。アメリカにあるたいていの会社の社長よりずっと歳をとっている。ビジネス界にも新しい世代が台頭していた。第二次世界大戦に従軍した男たちだ。そんななかでザムライはいにしえの存在だった。まるで、九六九歳まで生きたとされる「創世記」のメトシェラのようだ。傭兵が地峡を支配した時代の遺物。マイナー・キースもリー・クリスマスもパロット王ジェイクも、海賊たちはみな去り、アイビー・リーガーの経営者たちに取って代わられていた。最高の時代は終わりを告げ、企業に道を譲ってしまった。実のところ、ザムライが戻ってきたのは、ただそうしなければ会社の将来が危ぶまれたからだ。社長の座はトーマス・カボットに与えられたが、カボットはしくじった。部長たちは些細なことで言い争い、どの地域も反抗的で、指導力が不安定になっている。この世界がまだできたばかりの頃、地球を歩いたザムライ以外に、行動を起こし、この船を立て直せるだけの権威を持った者はいない。ザムライは、留まったとしても、せいぜい一、二年のつもりだった。それだけあれば、物事を立て直し、後継者を育てて、次へ進むのに十分だと思ったのだ。しかし、二年が五年になり、七年になった。これは、ザムライに決して解決できないただひとつの問題だった。比類のない権力を持つ、この会社のトップの座は、ザムライの性格とスタイルに合わせてつくられている。それを満たせる人間は他にいなかったのだ。一九三二年にザムライが支配権を握ったとき、ユナイテッド・フルーツは崩壊寸前だった。ザムライがさらに二〇年の命を与えたが、ザムライの引退後、この会社が生き残ることができるかどうかは、だれにもわからなかった。

第18章　サクセス作戦

Operation Success

帰りなん、地峡へ！　ロームの砂地へ！　ユナイテッド・フルーツの基地がある土地へ！　そこは、スイミングプールとゴルフコースのあるところ。かまぼこ型兵舎《クォンセット・ハット》と、帯電柵で囲まれた緑の野原と、毒で染まったロス・ペリコスの青のあるところ。帰りなん、港町と、密林の町と、鉄道へ！　そこは、鉈《なた》をさげた男たちがカポックの木陰でまどろみ、風が吹けばヤシの木がパタパタとはためくところ。帰りなん、ラバにまたがり拳銃《ピストーラ》を携えた、バナナ・カウボーイの縄張りへ！　ひとつのクーデターと、ひとつの企業と、ひとつの意思に支配される地へ！　メキシコとコロンビアに挟まれたくびれた地へ！　そこは、朝は大西洋で泳ぎ、同じ日の午後に太平洋を泳げるところ。帰りなん、マヤ遺跡と、モスキート・コーストと、コーヒー・プランテーションへ！　そこは、摘み取り人が一キロ摘んで二セント稼ぎ、三度三度マメを食べるところ。帰りなん、バナナが王様でグリンゴが命令を与える地へ！　いざ、帰りなん！

地峡は、第二次世界大戦のあいだに大きく様変わりしていた。外来種の作物がザムライによってもたらされたというような物理的変化もある。しかし、きわめて抽象的な変化もあった。それは、希望とでも呼ぶべき新しい気分が芽生えたことだ。ラテンアメリカの人々は、アメリカが苦難の時代に用いた言葉に深く影響されていた。それは、抑圧を終わらせろ、という叫びだ。植民地主義を、人種差別を、独裁政治を終わらせろ、と訴える。英雄の名前を挙げろと言われたら、この時代のラテンアメリカの自由主義者は大半がフランクリン・ルーズベルトの名前を挙げるだろう。とりわけ四つの自由を引き合いに出すはずだ。すなわち、表現の自由、信仰の自由、欠乏からの自由、恐怖からの自由。簡単に言えば、中央アメリカの人々はわれわれの言葉を聞いて、実際にそれを信じたということだ。

フランクリン・ルーズベルトの提案する新しい世界を夢みつつ、サム・ザムライの支配する旧来の世界で暮らす地峡の人々には、期待と現実のあいだに、恐るべき割れ目がぽっかりと口を開けていた。これぞ、革命の生まれるところだ。権利と自由をもっと与えろという声は、従順な政府と安い労働力に頼るユナイテッド・フルーツ（ＵＦ）に対する挑戦だった。さらに、冷戦の開始によって、地峡での悪戦苦闘が、資本主義と共産主義との世界的な闘争とあいまって、このうえなく些細ないざこざでさえイデオロギーを試す道具にされるようになった。地峡は密告され裁判にかけられるのではないかという恐れで満たされた。地獄行きの門を開けたければ、ただ指さして「共産主義者」と呼べばいい。

ユナイテッド・フルーツが繁栄し、その夢が潰えることになる、グアテマラを見てみよう。この国はバナナ栽培に最適だ。生い茂るジャングル、貧しい労働者、多雨、協力的な独裁者、これらが全部揃っている。一九三一年に権力の座に就いたホルへ・ウビコ将軍には、バナナ共和国の独裁者が凝縮されている。蹴飛ばしたりへつらったりする様子は、無声映画に登場するバスター・キートンが、騎兵隊の突撃を夢想する姿に似ている。この将軍について、いちいち説明する必要はあるだろうか？　自分をナポレオンの生まれ変わりだと思っていた。あるいは、たいそう小柄で、上品な手袋をはめていた。剣を携え、胸一面にメダルをつけていて、占星術にとりつかれ、数字に魅入られていた、など。初めは風変りで、果ては狂気に陥ったこの将軍は、共産主義者に対して、混じりけのない正真正銘の憎しみを抱いていた。ウビコ将軍は「労働組合」「ストライキ」「署名」「労働者」という言葉を禁じている。労働者など存在しない、と将軍は人民に申しわたした。存在するのは従業員だけだ、と。

この将軍には、ユナイテッド・フルーツという選挙区しかないのではないかと思えることもあった。小作労働者は――もとい、小作従業員は――最低年一〇〇日間地主のために働くよう求められており、その地主とは、たいていの場合ユナイテッド・フルーツのことだった。命令に従わない者があれば、殺されても違法にならない（交渉の立場として望ましいものではない）。UFは、パナマ病に先手を打つため、この国に常識を超えた量の地所を手に入れていた。一九四二年までに、UFはグアテマラにある私有地の七〇パーセントを所有し、全貿易の七五パーセントをコントロールしている。道路の大半、発電所、電話回線、国にひとつしかない太平洋の海港、鉄道の全路線も所有していた。とりわけ人々の逆鱗に触れた契約で、ひょっとしたらグアテマラ史上最も不平等かもしれない取引――UFに太平洋における前代未聞の権利を与える――が当時、上流階級の法律事務所、サリバン&クロムウェルの弁護士だった、ジョン・フォスター・ダレスの交渉により実現している。

その結果、当然のことながら国民の怒りが爆発した。恨み、不満、憤激。一触即発というところまで緊張が高まった。ポットのふたが音を立て、オーブンが破裂しそうになる。一九四四年になって、国じゅうが爆発した。それは、大規模なデモから始まった。労働者たちがグアテマラシティの中央広場にあふれ、この独裁者の退陣を要求した。労働者たちが求めたのは、まともな賃金と、アメリカでフランクリン・ルーズベルトが擁護したような社会保障制度のある新体制だ（グアテマラの平均寿命は四七歳、大半の人は年収が三〇〇ドルに満たなかった）。ウビコ将軍は広場を掃討するよう軍に命じた。デモ参加者に向かって発砲する兵士もいたが、軍服を脱いで群衆に加わる者もあり、やがて無視することのできない巨大勢力へと膨れあがっていった。巨大な群衆が嵐のように町を抜け、略奪や放火を行う。この塊は首都のはずれにある軍隊の基地まで行進を続けた。短い戦闘があり、市街戦があり、スラム街から黒煙が上がった。

何百人ものグアテマラ人が犠牲になった。将軍は、口ごもりながら辞任演説をし、副官のフェデリコ・ポンセ将軍を後釜に据えて、亡命した。最初のデモが教育者たちによって組織されたので、この動乱は「教師たちの反乱」として知られている。

ポンセ将軍は選挙を求めた。反乱を率いた人々の何人かがフアン・ホセ・アレバロを招聘した。一四年のあいだ亡命していたこの大学教授が、政府を指導するために帰還した。アレバロは、革命に刺激を与えた論文とともに、国の標準教科書も書いている。だれもがアレバロの名前を知っていた。帰還したときのアレバロは四二歳。病気になりそうなほどほっそりしていて、知的な人らしく近眼だった。空港で群衆が出迎えた。男も女もこぞって花を投げ、アレバロの名前を連呼した。ポンセ将軍はアレバロを逮捕しようとしたが、左派の陸軍将校たちがこれを妨げた。「妨げた」と、いとも簡単なことのように――交通巡査が一方通行の道に車が入るのを妨げるように――言ったが、実際のところは流血騒ぎだった。一九四四年一〇月二〇日、下級将校の一団が一〇〇人以上の上官を殺害し、革命を確固たるものにした。

フアン・アレバロは八五パーセントの票を獲得し、グアテマラ史上初の、民主的な選挙で選ばれた指導者となった。一九四五年三月一五日、晴れわたる春の午後、アレバロは大統領に就任した。背広を着ているのは、軍人ではなく文民だからだ。就任演説では、新時代の到来を約束した。この演説でアレバロは三つの聴衆を意識している。グアテマラ人と、アメリカ政府と、ユナイテッド・フルーツの社長だ。アレバロが、過去の、貧乏だった子供時代について語る。未来の、大地主たちに改革を断行させ土地を共有させるという展望について語る。そして、アブラハム・リンカーンとフランクリン・ルーズベルトという、自らの英雄について語る。「このふたりが、社会主義の精神に自由を吹き込むために、民主主義体制にある自由を諦めることはないと教えてくれたのです」。アレバロは、自身の創りあげた「精神《スピリチュアル》の社会主義」という信念によって国を統治すると述べている。

群衆のなかにスパイを送り込んでいたザムライには、演説の一言一句が脅しのように響いただろう。あたり一面ヒューイ・ロングが蘇ったようなものだ。組合を強力にする、富を分配する、大規模な土地所有を解体する……という呼びかけ。ＵＦの重役のなかには、最初からグアテマラが共産主義になるのではないかと心配する者もいた。ザムライはそんな話には耳を貸さなかった。グアテマラの人民は、大半が貧しい先住民で、ヨーロッパのインテリたちのイデオロギーをありがたがるほど洗練されているとは考えられなかったのだ。

アレバロは自分の力の限界を心得た頭のいい男で、UFの扱いについては細心の注意を払っている。土地改革法案の可決はしたものの、施行はしないままにしておいた。そのかわり、ザムライには反対のしようのない、民衆が喜ぶような問題に集中した。週四八時間労働、社会保障制度の保証、組合を組織する権利――どれもアメリカでザムライ自身が擁護したニューディール政策に基づいていた。一九四七年、グアテマラ国会は労働法典を制定し、史上初めてバナナ労働者が組合に参加することが許可された。昔は、ストライキを潰すために警察が動員されていた。それが今では、労働組合の指導者たちが、UFのプランテーションで自由に組合を組織できるようになった。UFは、法典に対して異議を申し立て、グアテマラから完全に撤退すると脅しまでかけてきた。しかし、結局のところ、今までどおり事業は続けられた。

この時期が紛争のない時代だったと言っているのではない（アレバロ時代には二五のクーデター未遂があった）。この大学教授がグアテマラを前ほどUFびいきでない国にしていくのを、ザムライが指を咥《くわ》えて見ていたと言っているわけでもない（一九四八年には、グアテマラ人のスパイが、プエルト・バリオス行きのUFの列車のなかに隠してあった手榴弾や銃を発見している）。ただ、これに続く時代に比べれば、アレバロ時代は退屈に思えるほど平和だったと言っているだけだ。

一九五一年、アレバロは副大統領のハコボ・アルベンスにあとを譲った。旧体制を粛清した若い将校のひとりだ。

ハコボ・アルベンスは、一九一三年にグアテマラのケツァルテナンゴで生まれた。UFがすでに怪物のような力を持つようになっていた頃だ。父親はスイスの出身。ブロンドに青い目で、肌は透きとおるように白い。先住民が大半を占めるケツァルテナンゴの、褐色の肌をした群衆のなかで異彩を放っている。アルベンスの父親がなぜケツァルテナンゴに引っ越したのかはわからない。ヨーロッパ系のグアテマラ人、象牙のように白い肌の、漆黒の髪の女性と結婚している。父親は、山間の町のはずれに住みついて薬屋を開いた。資格のある薬剤師で、手元には処方箋と薬の詰まった箱があった。この薬剤師は麻薬の売人が固く禁じられていることをしてしまう。売り物に手を出してハイになったのだ。まずひとつの薬に溺れ、次に数種類、そのうち全般的な中毒になった。薬のせいで、お告げが聞こえるようになる。木の影、遠くの丘、市場で見かける顔――すべてが深い意味を持つようになり、神の存在が感じられるようになった。薬の影響で判断力が低下し、とっておくべきものまで与えてしまうようになった。息子にとって、この父親は資本主義の車輪に押し潰された善人だった。やがて薬が効かなくなったのか、それとも、恐ろしいかたちで新たな効果が出はじめたのか――かつて天使が現れたところに悪魔が現れるようになった。父親は不機嫌になり、落ち込むようになった。だれにも話しかけることができない。ある日、薬屋の裏部屋へ入っていった父親は、自分の頭を撃ちぬいた。

このような詳細は、何年もたってから、ハコボ・アルベンスがアメリカの敵に類別されたときに、CIAのファイルにまとめられたものだ。ウォーターゲート事件の不法侵入で有名なE・ハワード・ハントは、著書『アンダーカバー（Undercover: Memoirs of an American Secret Agent)』で、アルベンスの父親の死について詳述している。ハントによると、アルベンスの父親は死に損なうことのないよう、引き金を引く前に水で口をいっぱいにしたそうだ。そうすれば、「頭が爆弾のように破裂する」と思って。

この悲劇のあと、アルベンス一家は流れ者のような暮らしをしている。まだ子供だったハコボは、親戚じゅうをたらいまわしにされた。口数が減り、悲しげになってあの独特の憂いを放ち、深みを感じさせるようになった。父親譲りのブロンドで、たいそうハンサムだ。みんなからアラン・ラッドに似ていると言われた。今ではたいした意味を持たないが、その当時のアラン・ラッドは、世界で最も偉大な映画スターのひとりだった。アラン・ラッドは、映画『シェーン』で主人公を演じている。武器を捨てようとした殺し屋が、戦う者は死ぬまで戦うしかないと悟る。最後のシーンで、脇腹を撃たれたシェーンが馬にまたがり山へ去っていく姿は、天へ昇っていくかのようだ。ハコボが一四歳になると、母親はハコボを陸軍士官学校へ送っている。これは成功だった。というのも、ハコボはそこでついに何かに属しているという感覚を見いだしたからだ。ハコボは秩序と規律を好み、上下関係を心得ていた。国のエリートが集まる軍学校へ進学し、グアテマラ史上有数の成績を収めた。

卒業する頃のアルベンスは、すっかりおとなびて、背が高く上品で、仲間の将校たちとともに笑っている。トルストイの物語に登場する将校を思わせる、羨ましくなるような雄姿だ。この世の春が永遠に続くと信じ、ウォッカを飲み、賭博や買春にあけくれる。もし、イデオロギーがあったとすれば、それは個人的なものだろう。体制によって父親が殺されたと考える若者の視点で見る世界。体制というのは、つまり、バナナ会社の別名だ。のちに演説や暴言に出てくる洗練された考えは、妻のマリア・クリスティーナ・ビジャノバ・カストロから来たものだ。ナンシー・レーガン、あるいは、マクベス夫人のように、ハコボの妻もまた夫の内にまたとない自己実現のすべを見いだした。マリア・カストロはエルサルバドルで、裕福なコーヒー栽培業者の娘として育っている。その父親からは、スタインベックやマルクス、バルトロメ・デ・ラス・カサスを読んで自分の階級に背を向けるようになった、と評されている。父親からは図書室に入るのを禁じられたが、娘はこっそり読書を続けた。父親に疎まれるようになり、両親を落胆させた子供として扱われた。のちにアルベンスが糾弾された概念——富の再分配、生産手段の差し押さえなど——は、この妻に由来するものだ。アルベンスはもっと本能的なところがあって、本よりも自分自身の体験から得たものを拠りどころにする。不正を理解するのに本などいらない。バナナ・プランテーションを取り囲む帯電柵を見ればいい。

組閣の際、アレバロはアルベンスを防衛相に指名した。これは、アルベンスが絶大な人気を勝ち得ている、軍の忠誠を確実なものにするためだ。その後、アレバロはアルベンスを後継者として次期大統領に指名し、革命の目標を遂行し達成できるようにした。選挙に勝ったアルベンスは、複数の派閥から成る連立政府を組織する。これにはグアテマラの小規模な共産党の党員も含まれていた（アメリカ当局に言わせれば、政府内に共産主義者がいるということは、アルベンス自身もたぶん共産主義者だ、ということになる）。アルベンスは一九五一年に、前大統領の後押しを受けて大統領に就任した。グアテマラ史上初めての、平和裏に行われる権力の移行だった。アレバロは退任演説のなかで、バナナ会社の脅威について重々しい口調で警告している。「革命は、推し進めねばならない」とアレバロは述べている。「さもなければ、失敗に終わるだろう」

アルベンスはアレバロとは違ったタイプの大統領だった。アレバロはユナイテッド・フルーツを糾弾することはあっても決して見くびらなかったし、ザムライに直接歯向かうようなまねもしなかった。用心深く慎重だったのだ。アルベンスは、軍人流を推し進め、素早く断固とした行動を取った。時代を意識しているアルベンスは、風向きが変わる前に計画を実行に移すつもりでいた。アルベンスはザムライを恐れてはいない。実のところ、ユナイテッド・フルーツのボスたちを激昂させ、自らの独立と果敢な抵抗を誇示したいと思っているように見えた。アルベンスは、この国の選ばれた指導者はいったいだれなのか、バナナ業界の大御所たちに思い知らせてやるつもりなのだ。就任演説のなかでアルベンスは、グアテマラを「半植民地的な経済状態の依存的な国から、経済的に自立した国」にすると誓った。これが達成されれば、国家を、私有地や農場という大土地所有《ラティフンディオ》からきっぱりと解き放つことができる、と述べている。

アルベンスが政権に就いた日から、新たな緊迫感が露わになった。非公式な外交官の会話の調子にも、公式な交渉の文言にもそれが現れていた。これまでのグアテマラ大統領が、UFの歴史観——自然を克服した進んだ会社（熱帯地方の征服《ザ・コンケスト・オブ・ザ・トロピクス》）——を受け入れてきたのに対し、新政府はエル・プルポの創業神話を見くびろうとしていた（会社も、国と同じように、神話なしには生き残れない）。「ユナイテッド・フルーツの成功は、すべてこの国の窮乏という犠牲のもとに土地を買い占めることでなされたものだ」と、大臣のひとり、アルフォンソ・バウア・パイスが述べている。「ユナイテッド・フルーツは自らの権威を守るため、あらゆる方法に頼っている。政治介入、経済支配、契約の押し付け、賄賂、偏ったプロパガンダなど、UFによる支配という目的を達成するため、ありとあらゆることを行っている。グアテマラの発展と民主主義にとって、経済を解放しようとするすべての努力にとって、ユナイテッド・フルーツ・カンパニーは最大の敵である」

一九五二年六月二七日、アルベンスは「土地改革法　布告九〇〇」に署名した。この法律は、巨大プランテーションの未開墾地を没収する権利を政府に与えるものだ。九〇ヘクタール以下の農場は除外されるが、九〇から二七一ヘクタールの農場は、少なくとも土地の三分の二を開墾しなければならない。演説のなかで、アルベンスは「ラティフンディオと半封建的な状態を終わらせ、何千といる土地を持たない農民たちに土地を与え、購買力を高め、自国の産業発展に望ましい偉大な国内市場を創出する」ことを誓った。

未開墾の土地を多数抱える地主はただひとつ、ユナイテッド・フルーツだ。これは、ユナイテッド・フルーツがパナマ病に対抗するための防御策だった（UFがグアテマラに所有する土地のうち開墾されているのはたった一五パーセントだ）。何十平方キロにわたる土地がUFから没収され、区画されて、何千という農民に分配された。UFには、その見返りとして、年利三パーセントのグアテマラ国債で、六二万七五七二ドルが支払われたと報じられている。

ユナイテッド・フルーツの担当者はグアテマラ政府とアメリカ国務省に不服を申し立てた。仮に差し押さえは合法だとしても、この価格はあまりにも不公平ではないか。監査人は、この土地の価値を一六〇〇万ドルと評価していた。グアテマラ人は、これはUF自身の査定――UFの納税申告――に基づくものだと言っている（一九三二年に会社を引き継いだとき、ザムライが会社の不動産の減価を行ったつけが、今頃になってまわってきたのだ）。グアテマラシティで正式な不服申し立てがなされたとき――この申し立ては、節税のための過小評価は一般に認められた慣行で、前政府も受け入れており、土地の実勢価格とは無関係であるとし、実勢価格に対する全額支払いを要求している――これはUFではなくアメリカ国務省から来たものだということにアルベンスは気づくべきだった。

アルベンスは、不服申し立てを却下し、だれにも止められるものか、と言わんばかりに実行に移した。アルベンスがこのような権威を示したことは、差し押さえそのものと同じぐらい民衆を奮い立たせた。エル・プルポを見くびることで、アルベンスはラテンアメリカにおける自由主義の英雄になったのだ。いたるところにアルベンスの絵が貼られた。ついに、バナナマンに立ち向かう気概のある者が現れた。これは、南における新たな革命時代の夜明けを意味する。スペイン語を話すあらゆる種類の改革者たち――共産主義者、社会主義者、トロツキー主義者――が、冒険を求める者や、ただ自由を味わってみたい者とともに、グアテマラを目指して旅立った。夢破れた者のシンボルとなり避難所になることで、この国はますます国務省の注意を引くようになっていった。外交官たちにとって、グアテマラはごろつきの溜り場になりつつあった。日に日に、厄介者たちがこの国に流れ込んでくる。ホテルに泊まり、海岸でキャンプをし、コーヒーハウスを煙と活気あるおしゃべりで満たした。今後五〇年間のグアテマラを縮約した姿だ。アメリカにとって長年悪夢のような存在になる民衆扇動家たちは、みなグアテマラシティにいるか、そうでなければ、今向かっているところだった。

ここに、チェ・ゲバラの写真がある。ベレー帽に汚れた戦闘服という、革命の制服姿だ。たっぷりとした黒髪は後ろに流れ、見えない風に吹かれているかのようだ。ボサボサなのに完璧に整っているのは、黄金時代のエルビス・プレスリーのファンには馴染みのないスタイルだ。ゲバラの目はコーヒーブラウンで、あらぬ方《かた》を見やっている。ひょっとしたら、何か見つけたのかもしれない。あとを追ってくる暴徒とか、命を狙う弾丸とか。ゲバラがトレードマークになるのは、髭でもなく、カラシニコフ銃でもなく、その目のせいだ。この目があるからこそ、学生寮の部屋に貼られたポスターのなかにいる扇動者や、バナナマンを引き立て役として戦場にいる戦闘員が、ユナイテッド・フルーツの踊るマスコット、「チキータ・バナナ」と同じようにトレードマークになる。写真のゲバラは、ふんぞり返っている。勝ち戦のようにも見えるし、楽しむ時間はあるさ、と言っているようにも見える。ゲバラは葉巻を吸っている。それは、キューバの工場と畑が産み出した、農場労働者と資本主義者の象徴だ。まるで、ほら、おれもあんたの葉巻を吸ってるよ、グリンゴの同胞、とでも言っているみたいだ。

ザムライとゲバラはひとつのコインの裏表だ。まず、バナナマン、そして、バナナマンと闘う革命家。ある意味で、ふたりは宿敵同士の企業を率いているようなものだ。ユナイテッド・フルーツと、世界革命会社。ふたつの哲学、ふたつの生き方。バナナ屋敷とゲリラのキャンプ。ふたりは依存しあっている。ひとつの石の塊にふたつの人物が彫られ、互いに絡み合い顔を突き合わせるみたいに。

ゲバラは、アルゼンチンの北東の角、パラナ川沿いにあるロサリオという町で育った。名前はエルネスト。両親はアイルランド人とスペイン人で、エリート層に属している。上位中産階級の自由主義者だ。ハコボ・アルベンスのように、ゲバラも自分の英雄のなかにフランクリン・ルーズベルトを挙げている。スポーツが得意だったが、消耗性の喘息を患っていた。戦闘の最中に発作に襲われ、ゼーゼー言いながら銃の上に倒れ込んだという話もある。病弱な子供の多くがそうであるように、ゲバラも鋭い観察力を身につけた。子供の頃から人を見透かすことができた。大統領を見透かすだけでなく、大統領の背後に潜むビジネスマンまで見抜くことができた。他の子供がスーパーマンの悪役が負ければいいと思うのと同じように、ゲバラは大企業が負ければいいと思った。ゲバラは、自分が初めて真の憎しみを知ったのは、ブレイドン・コパー・カンパニーについて読んだときだと言っている。南アメリカの鉱業を支配していたアメリカ企業、ケネコットの子会社だ。この会社を親から譲り受けた、大顔のモンタナ男、スプルール・ブレイドンは、ゲバラが軽蔑するすべてを体現していた。ザムライがブレイドンを雇ったとき――外交問題評議会員および国務省職員であるブレイドンは、スタンダード・オイルとW・アヴェレル・ハリマン証券でも役職に就いていた――支配者層がどんなふうに成り立っているか、ゲバラははっきりと悟った。アメリカ政府とグローバル企業は、それぞれが異なる利害を持つ別々の事業体のように見えるかもしれないが、実体は一〇〇万の口を持つ一匹の獣だということだ。

ゲバラは大学へ行き医学部へ進んだ。夏になると、ときには歩いて、ときにはバイクで南アメリカをめぐった。ゲバラが初めてユナイテッド・フルーツのバナナ屋敷に遭遇したのはコスタリカだ。畑やバナナタウンを何キロも歩いたときのことを日記に書いている。「勝手に入らないように見張りをする番人がいて、はっきりと線が引かれている。もちろん、最高の場所はグリンゴたちのものだ」。ゲバラは、一日の旅の終わりに高地で焚《た》き火をしたとき、自分の哲学が具体化したと言っている。二五歳の、左派の思想を持つ医師が、スターリンの粛清を逃れてきた難民の老人と話をする。この老人は、非道な扱いを受けても、まだ信じていた。老人はゲバラに不正を嗅ぎとる感覚を大切にしろと言った。それこそが、正しい方向を指し示してくれるからだ。「闘争が行われている」と老人は言った。「そして、人はどちらかの陣営にいるのだ。たとえ、自分では気づいていなくても」

自分が世界共通の苦難から逃れられないとついに悟ったのは、この瞬間——松の木の下の、たき火のそば——だったとゲバラは語っている。しかし、仮にそれが真実だとしても、それは物語の一部にすぎない。ゲバラは、経験と同時に、文学からも現実感を得るインテリなのだ。そんなゲバラにとって、悟りの瞬間は、一九五〇年、チリの詩人パブロ・ネルーダが「ユナイテッド・フルーツ・カンパニー」という詩を発表したときだったにちがいない。

トランペットが　響きわたり　みな
地上の支度が　整ったので

ヤハウェの神が　この世界を分け与えたもうた
コカコーラに　アナコンダ
フォード・モータースや　その他の諸々のものたちに
ユナイテッド・フルーツは
もっとも肥沃なる土地に　手をつけた
我が土地の　中央にある沿岸地帯を
アメリカの　麗しき腰部を
その地は　ふたたび　洗礼がほどこされ
「バナナ共和国」と名づけられた
そして　横たわる　死体のうえに
偉大なる　自由と
旗を　勝ち取った
安らぐことなき　勇者のうえに
喜歌劇が　設《しつら》えられた
我らが定めを　切り離し
シーザーのごとき　月桂冠を与え
妬みを取りだし　見せつけて
蝿どもの独裁を　駆り立てた

トルヒージョ蝿に　タッチョ蝿
カリアス蝿に　マルティネス蝿
ウビコ蝿　どの蝿も
慎ましき血と　ジャムにひたる
酔いどれの　蝿どもが
共同墓地のうえを　ぶんぶん飛びまわる
サーカス蝿に　賢い蝿
独裁政治を　熟知する

この血を求める　蝿どものなかに
フルーツ・カンパニーは　上陸し
コーヒーと果物を　かっさらい
船は　忽然と　姿を消す
沈められた　我らが土地の宝を
積みこんだ　盆のように

そうするあいだにも　港の
砂糖みたいな　奈落の底で

朝靄《あさもや》のなか
インディオたちが倒れ　埋葬される
死体が　ごろりと転がる　名もなきもの
地に落ちた　番号ひとつ
生命なき果物の　ひと房
ごみの山に　投げ捨てられた

（ジャック・シュミットによる英訳より）

ウィリアム・バトラー・イェイツに寄せた哀歌《エレジー》のなかで、W・H・オーデンが「詩によって何かが起きることはない」と書いたのは有名だ。アメリカでは、それが真実かどうかわからないが、二〇世紀の地峡では、真実とは言えない。何十万人もの労働者の垂らした汗水でジャングルを打ち負かし、巨万の富と帝国を築こうとしていたザムライは、四二行の詩によって、その一部が台なしにされてしまった。もしわたしの言い方がおおげさだとしたら、それはほんの少しだけだ。この時代には、中央アメリカの新たなる物語、新たな創業神話が綴られようとしていた。その物語のなかで、ユナイテッド・フルーツは悪魔にされ、エデンの園の蛇にされつつあった。ある程度それがわかっていたザムライは、躍起になって新しい企業イメージを形成しようとした。だから、大学や病院にあれだけの金をつぎ込んだのだ。しかし、もう手遅れだった。一九五三年にゲバラがバイクに乗って北を目指したときに、基本的な筋書きはすでにできあがっていたのだ。「ユナイテッド・フルーツの領土を通り抜ける機会があった」とゲバラは日記に記している。「資本主義のタコどもがいかに恐ろしいものか、あらためて思い知った。今は亡き同志スターリンの写真の前で、資本主義のタコどもが根絶やしにされるのを見るまで、わたしが安らぐことはないと誓った。グアテマラで、わたしは自己を完成させ、真の革命家に必要なものを身につけるだろう」

ザムライがこの騒動に対する準備をしなかったのは偏見があったからだと言われるかもしれない。すでに言ったとおり、ザムライは、地峡の大衆、貧しく無学な先住民たちが、インテリの大義を理解して団結するだろうとは考えていなかった。「布告九〇〇」の施行について、ザムライは最初ちょっと気にするぐらいだったのが、やがて、警戒するようになり、ついには断固として闘うことを決めた。

昔のザムライなら、ただ傭兵部隊を雇って地峡へ向かい、政府を差し替えてしまっただろう。しかし、今は冷戦時代で、最も些細なことさえ一大事になってしまうし、世界じゅうどんなことにもアメリカ政府が睨みを利かせている。新しい時代には、古い問題を解決するのにも新しい方法が必要だった。

数年前に再度引退しようとしたザムライは、グアテマラの状況を取り仕切るため戻ってきていた。この問題をなんとかできる者は他にはいないようだ。ザムライは、長年ロビイストや陰の実力者を雇い、政府を操作する力になってもらっていた。ここにきて初めて、パロット王と傭兵で始まるバナナ取引の物語が、現在のシステムに似通ったものになる。ハリバートンを経営する大金持ちがホワイトカラーの軍団を駆使して、機関銃モロニーの総部隊よりも大きな混乱を引き起こせる世界だ。

ザムライの雇った政府関係者のなかで最も効果的な人物にトミー・コーコランがいる。ホワイトハウスや国会でも、ワシントンの飲み屋でも「コルクのトミー」でとおっていた。こちらで押し込めば、あちらで跳び出すという意味だ。コーコランは、フランクリン・ルーズベルト時代のホワイトハウスで最も腕のいい工作員だった。ハーバード大学卒で、連邦最高裁判所陪席判事オリバー・ウェンデル・ホームズ・ジュニアの元補佐官。フランクリン・ルーズベルトの復興金融公社の弁護士を務め、ニューディール政策の多くを起草した。数々の機関の創設を手がけたが、なかでも有名なのは証券取引委員会の創設だ。コーコランは、一九三六年に中間選挙の資金集めをしているときにザムライと出会った。コルクが政府を去り、ロビイストとしての活動を始めるとすぐにザムライはコルクを雇っている。ザムライは、コルクを「うちの法廷担当者」と呼び、年一〇万ドルの弁護依頼料を払って雇ったが、この取り決めは公にはされなかった（バナナに関する役人への助言は、依頼料のことを知られないほうが、ずっと信頼されるだろう）。コーコランはザムライに政府の高官たちについて簡単に説明した。たとえば、トルーマン大統領がどんな条件のもとなら、地峡の戦争へ赴くことをいとわないか、といったことを。

ウォルター・ベンデル・スミス（通称「カブト虫」）を雇うようザムライに進言したのはコルクだ。トルーマンのもとでCIA長官を務めたスミスはアイゼンハワーに国務省へ異動させられ、挫折した気持ちになっていた。「国務次官になった直後、カブト虫はユナイテッド・フルーツの社長職を引き受けたいと漏らした」とコーコランは書いている。「カブト虫から、いつも大西洋をゆくあの美しい帆船――白い大艦隊――を眺めるのが好きだったと言われて、UFにこの話を伝えた。『事情を教えてくれる人間が必要です』と。すると、『あの男は、バナナのことを何もわかっていない』と言われたので、わたしはこう言い返した。『頼みますよ、問題はバナナじゃない、政治の問題を処理しなきゃならないんです』と」

右翼をカバーするために――グアテマラ危機はトルーマン率いる民主党からアイゼンハワー率いる共和党まで広がっていた――ザムライはジョン・A・クレメンツを雇った。新聞記者で、のちに自身でPR会社を興し、長年ハースト・コーポレーションのために働いた人間だ。ジョー・マッカーシー上院議員と親しいクレメンツは、ザムライを赤狩りの過激派グループと引き合わせた。年間九万六〇〇〇ドルの弁護依頼料を支払われ、クレメンツは国会議員に対するロビイングを行い、噂を流した。クレメンツが一九七四年に亡くなると、この通信文書はハースト・コーポレーションに買い取られ焼却されている。

雇用は双方向で行われた。政府を去った役人がUFに加わり、UFの重役たちが政府の要職に就いた。UFの社内広報部長エド・ホイットマンは、よく部下にこう話したものだ。共産主義のプロパガンダのなかで「ユナイテッド・フルーツ」という言葉を見ると、読んだ者は頭のなかで「ユナイテッド・ネーション」と置き換える、と。ホイットマンの言いたかったのは、このように考える人々は間違っているから正す必要がある、ということだ。しかし、振り返ってみると、正す必要があったのはだれなのか、釈然としない。一九五四年までに、この人間関係のネットワークはあまりにも拡大し、どこで政府が終わりどこからUFが始まるのかわからなくなってしまった。国務次官補としてグアテマラを担当していた、ジョン・モアーズ・カボットは、ユナイテッド・フルーツの社長を務めたトーマス・カボットの弟だ。サリバン&クロムウェルのパートナー弁護士時代にユナイテッド・フルーツの代理人を務めた、ジョン・フォスター・ダレス――一九三〇年代にUFとグアテマラ当局のあいだの重要な協定をまとめた――は、アイゼンハワーのもとで国務長官を務めている。その弟アレンは、UFの法律関係の職務を担当し、取締役のひとりでもあったが、やはりアイゼンハワーのもとでCIA長官を務めている。アメリカの国連大使、ヘンリー・カボット・ロッジは、ユナイテッド・フルーツの大株主で、ユナイテッド・フルーツの広報担当、エド・ホイットマンは、アイゼンハワーの個人秘書、アン・ホイットマンの夫である。これらの関係は、気がつくまでは見えてこないが、気がついたとたん、目を逸らすことができなくなる。

どこまでがユナイテッド・フルーツの利益で、どこからがアメリカの利益なのか？　見極めるのは不可能だ。それこそが、ザムライの雇用の要だった。もし、我が社の利益をアメリカ政府の高官の利益――国の利益ではなく、国を操る者たちの利益――とぴったり寄り添わせることができれば、アメリカがわたしの要求を確かなものにしてくれるだろう。

ザムライの雇用のなかでもとくに重要だったのは、近代広報の父、エドワード・バーネイズだ。バーネイズは、マスメディアの時代に一般原理を求める科学者のように対峙し、その原理を『クリスタライジング・パブリック・オピニオン（Crystallizing Public Opinion）』『プロパガンダ（Propaganda）』『ジ・エンジニアリング・オブ・コンセント（The Engineering of Consent）』等の論文や書籍に書き残した。

バーネイズにはふたつの基本的な知見があり、それがすべての出発点になっている。

第一の知見。何百万もの人からなる近代の社会は、本質的に統治できないものである。かにかかわらず、民衆は操作によって制御しなければならない。この操作をする人間こそ、政治家か否かにかかわらず、真の指導者であり、プラトンの言う「哲人王」である。彼らは、すべての人民を操作する必要はない。操作すべきは政策を設定する数千人のみだ。言い換えれば、歴史を動かすのは人民ではない。人民に影響を与えるエリートたちでもない。人民に影響を与えるエリートに影響を与えるPRを握る人間なのだ。「目に見えぬ社会の仕組みを操作する者は、目に見えない統治体制を形成する。それすなわち真の支配力である」とバーネイズは書く。「われわれは統治される。精神は型にはめられ、好みは形成され、アイデアは与えられる。その大部分は、聞いたこともない人間によって」

第二の知見。人民は、シンボルやサインによって指示を与えられる世論の潜在意識――だれもそんなものが存在するとは思っていない――をとおして、思いどおりに行動させることができる。「もし集団心理の仕組みや動機を理解すれば、それとは気づかれずに、われわれの意思によって大衆を管理し訓練するのは可能なのではないか?」とバーネイズは問う。

エディター&パブリッシャー（Editor & Publisher）誌は、バーネイズを「現代の若きマキャベリ」と呼んでいる。ジ・アトランティック（The Atlantic）誌は、バーネイズの紹介欄に「誇大広告の科学」というタイトルをつけている。連邦最高裁判所陪席判事フェリックス・フランクファーターは、フランクリン・ルーズベルト宛ての手紙のなかで、バーネイズやその同業者たちを「民衆の精神に害毒を与えるプロ」と評している。フランクファーターのような人間にとって、広報の人間というのは催眠術師とインチキセールスマンを組み合わせたようなものだったのだ。一九三三年に、バーネイズはハースト誌の記者から『クリスタライジング・パブリック・オピニオン』が、ナチス政権下にあるドイツの宣伝大臣、ヨーゼフ・ゲッベルスの愛読書だと聞かされる。記者の言うには、バーネイズのアイデアを反ユダヤ人運動に利用しているらしい。「これを聞いてショックを受けた」とバーネイズは書いている。「しかし、どのような人間の活動も、社会的目的のために利用されることもあれば、反社会的な目的のために悪用されることもあるのはわかっていた」

エドワード・バーネイズは、一八九一年にオーストリアのウィーンで生まれ、一歳の誕生日を、ニューヨークへ向かう船の上で迎えている。ユダヤ人ではあるが、貧しいわけでも委縮しているわけでもなく、生涯かけて自分が操作することになる大衆のひとりでもなかった。実のところ、バーネイズは華々しい一族の出身で、祖先にはハインリヒ・ハイネやハンブルクの首席ラビもいる。父親は、穀物を扱う富裕な商人。父親には妹がいて、この妹はジークムント・フロイトという名のウィーン男のもとに嫁いだ。言い換えれば、フロイトはこのPR係の叔父にあたるということだ。バーネイズは、オーストリアのチロル地方にある一族の別荘に行ったときに、叔父のジークムントとすごしたことを著作に記している。「フロイトは四半世紀近く先輩だったけれど、わたしたちは同世代の者同士のように仲がよかった」とバーネイズは自伝に書いている。「フロイトとわたしは、カールスバートを取り囲む森を抜けて一緒に長い散歩をした。フロイトは、羽根のついた緑のチロリアンハットを被り、帽子のバンドに角笛を刺していた。茶色い手編みの靴下に、穴飾りのある頑丈な短靴を履き、頑丈なステッキを携えている。わたしのほうは、ブルックス・ブラザーズのスーツを着ている。丘をいくつも越えて歩きながら、わたしたちはずっとしゃべりつづけた」

バーネイズは、フロイトの影響のもとに自分の哲学を組み立てたと主張している。具体的には民衆の潜在意識という概念のことを言っているが、これは、フロイト本人は間違いなく否定したと思われる概念だ。

バーネイズは、マンハッタンのアッパー・ウェスト・サイドのアパートメントを転々としながら育った。背が低くて身長は一六〇センチぐらい。おしゃれな靴を履いて、口髭はきれいに刈り込んである。最初の仕事は出版業で、『メディカル・レビュー・オブ・レビューズ（Medical Review of Reviews）』という甲状腺腫痛に関する論文が掲載されるような医療雑誌の編集者だった。バーネイズは自分の権限を越えて、依頼なしに送りつけられた戯曲を雑誌に掲載した――医療雑誌に戯曲を送るとは！　この戯曲は、一夜の罪を買った一〇人ほどの登場人物をとおして梅毒を描いた作品で、『傷物《ダメージド・グッズ》（Damaged Goods）』というタイトルだ。バーネイズは、良心の発露としてこの戯曲を発表したと言っているが、退屈な医療用語の世界を抜け出して、華やかなブロードウェイに進出する足がかりにしようとしたのは明らかだ。バーネイズは、これは若者に対する警告であり、われわれのなかにひっそりと梅毒を患っている者がいると認めようという呼びかけだ、と述べている。

戯曲が発表されたことが、新聞や専門誌に掲載された。そこで、バーネイズは以前断られた劇場プロデューサーに連絡をとり、これだけメディアの注目が集まれば『傷物』を公共サービスとして売りだすことができると言って説得した。バーネイズは、医師やソーシャルワーカーたちとともに初日の席に着き、識者の立場から論説を執筆した。『傷物』はヒットした。観たくなくとも観なければならない。ホワイトハウスでもウィルソン大統領のために上演された。バーネイズは、その後のキャリアをとおして使うことになる仕掛けを開発したのだ。私的な興味を発展させたければ、それを公の目的にすればいい。

　バーネイズは他の戯曲にも携わった。『小さな孤児アニー』の先駆けとなった、ジーン・ウェブスターの『あしながおじさん』もそのひとつだ。観客はあしながおじさん基金に募金をするよう呼びかけられ、ロビーで募金箱を捜した。最終的に、バーネイズの興味を引いたのは演劇ではなく、流行や意見を形成することだった。一九一五年、バーネイズはPRの会社を興した。PRの会社は他にも登場していたが――ミューチャル・ライフ・インシュアランスの文芸局（一八八八年）、パブリシティ・ビューロー（一九〇〇年）、アイビー・レッドベター・リー率いるパーカー・アンド・リー（一九〇五年）――バーネイズの会社が最も影響力が大きかった。バーネイズは「PR（パブリック・リレーションズ）」という言葉を創り出した。それ以前は、「広報係（プレス・エージェント）」と呼ばれていた仕事だ。広報係が大口をたたく大酒飲みの物書きなのに対して、パブリック・リレーションズの専門家は科学者だ。初期の頃の顧客には、セルゲイ・ディアギレフのロシアバレエ団《バレエ・リュス》があり、このバレエ団がアメリカで名を上げたのはバーネイズのおかげだ。テノール歌手のエンリコ・カルーソーも顧客のひとりで、バーネイズは「蘭の歌声の男」という謳い文句を使っている。

一九二八年、バーネイズは、アメリカン・タバコ・カンパニーのオーナー、ジョージ・ワシントン・ヒルにタバコ市場を拡大する目的で雇われる。ヒルがとりわけ忌々しく思っていたのは、公共の場での女性の喫煙をはしたない行為と見なす習慣だ。ヒルは、喫煙の習慣を女性に売りこもうとしてみた。体重を減らしたり、気取って見せたり、集中力を増したりする方法として売りこんでみたが、どれもうまくいかなかった。バーネイズはヒルに私的な興味――女性にもっとタバコを喫《す》ってもらう――を公の目的と関連づけるよう助言した。これを念頭において、バーネイズは、「公共の場における女性の喫煙に対するタブーに挑む」という新聞記事を仕掛け、タバコは下品な習慣でも減量の手段でもなく、権利拡大の象徴だという議論を展開した。バーネイズは広告を出し、女性たちに「おおっぴらに外で喫う《スモークアウト》」よう呼びかけた。ニューヨーク市民の女性たちが、ある午後オフィスを出て五番街をそぞろ歩き、タバコをプカプカ吹かすよう頼まれた。これに続いて全国的な「スモークアウト」が起きた。この現象は自分が生み出したのではない、とバーネイズは言っている――女性は本当に人前でタバコを喫いたかったのだ――ただもともとあった感情を利用して、「公的意見を結晶化」し、「共通意識を形成」しただけなのだ、と。ちょうどドイツで、ヨーゼフ・ゲッベルスがユダヤ人に対する憎しみを生み出したのではなく、ただもともとあった感情を利用して、公的意見を結晶化し、共通意識を形成し、ホロコーストをもたらしたように。

一九三〇年代になると、バーネイズはアメリカのメディア界屈指の人物になっていた。顧客には、ゼネラルモーターズ、ゼネラルエレクトリック、ユナイテッド・ステーツ・ラジウム、劇作家のユージーン・オニール、画家のジョージア・オキーフ、ミューチュアル・ベネフィット生命保険、C

BS放送、NBC放送、コスモポリタン誌、フォーチュン誌、グッド・ハウスキーピング誌、レディズ・ホーム・ジャーナル誌、タイム誌、ウルワース・スーパーマーケット、メイシーズ・デパート、それにインド政府などがある。バーネイズは、自らの偉大なる戦略を「遠まわり」と称した。車を売るためフォード・モーター・カンパニーに雇われたら、ふつうの人はロード&トラック誌のインタビューを手配して、サンダーバードの仕様について語るだろう。搭載エンジンとか、総排気量とか、総出力などなど。同じ仕事を与えられたら、バーネイズは国会で制限速度規制を緩和するためロビー活動を行うだろう。サンダーバードを所有することが、もっと楽しくなるように。一度かぎりのシーズンのために闘うのではなく、自分の商品に合わせて世界を変えてしまうのだ。一九五〇年代には、出版社の団体――ハーコート・ブレイスやサイモン&シューターも含む――が売上部数の下落を懸念して、バーネイズを雇った。バーネイズは、学校を訪問して本の問題について話しただろうか？　答えは、ノーだ。バーネイズは、郊外のニュータウンを設計していた建築家や土建業者と話して、作りつけの本棚がなければモダンな家にはならないと納得させた。

遠まわり……である。

ザムライは、一九四四年にバーネイズを雇った。最初の会議は、マンハッタンの第三埠頭にあるザムライのオフィスで行われた。「ミスター・ザムライは、ハドソン川を見晴らす大きな部屋で、広々とした机の向こうに座っていた」とバーネイズは記している。「背が高く、がっしりした体格で、身長は一八五センチ以上。挨拶を交わしたときは、そびえ立つ塔のような感じがした。少し喉を使うような感じの訛りは、移民時代の名残なのだと、あとで知った。たいそうな自信が感じられた。数分話しただけで、頭のいい胆力のある成熟した男と話していると、わたしにもわかった。ザムライは、並はずれた人物だった」。バーネイズは続ける。「バナナ・ビジネスの手荒く乱暴な世界を経験しているうえに、心の広い自由主義者で、哲学的なところもある。それまで長年、大物実業家に会ってきたが、この人のように抽象的に物事を考える力と、考えたことを実行に移せる力を合わせ持った人は稀だった」

バナナ市場を拡大するのを手伝ってほしい、と言われたバーネイズは、いつもどおりあの手この手を使ってこの仕事に取り組んだ。暖かい国で育ったバナナの栄養価を強調したり、おもしろみに欠けるアメリカの朝食を嘆いてみたり。しかし、一九四〇年代半ばにグアテマラ大統領のファン・アレバロが土地改革を推し進めるようになると、バーネイズの役割は劇的に変化した。バーネイズはUFの仕事を始めた日からずっと、地峡の雰囲気を気にかけていた。遠まわりを信奉するバーネイズは、全体像に注目せずにはいられなかったのだ。漁獲量を心配する漁師、川の魂を気にかける賢者。「革命の動きは、世界の他の地域で広がったように、中央アメリカにも広がるだろう、とわたしはザムライに訴えつづけてきた」とバーネイズは説明している。「あの見識と成熟した判断力にもかかわらず、ザムライはこの警告を鼻で笑うだけだった。先住民は何も知らない、とザムライは言った。コミュニケーションのすべがない。新聞もラジオもない。他のところでは、新聞やラジオが反乱分子を結びつけてきた。共産主義の考え方が人から人へ——何も知らない連中のあいだで——伝わるなどありえない。肝心のコミュニケーションのすべがないのだから、と」

そんなザムライも、ようやくグアテマラ情勢の深刻さを受け入れると、バーネイズをオフィスに呼んで、どうしたらいいかたずねた。

バーネイズは問題を見極める必要があると答えた。

ザムライはバーネイズに、地峡へ行って見てきた現状を報告するように言った。

バーネイズは数週間地峡ですごし、バナナ屋敷をまわり、バナナマンや作業員、政府の役人、農民、町の人たちと話をした。メモを取り、アイデアの概略を書き留めた。「この効果的な対共産主義プロパガンダは、何もかも即興でできるものではない」。一九五二年にエド・ホイットマンに宛てたメモのなかでバーネイズは書いている。「同じタイプの科学的なアプローチを採用する必要がある。それは、言ってみれば、ある種の植物の疫病に対して科学的な対処法で臨むようなものだ」

言い換えれば、インコのように青くなるまで叩き潰せということだ。

バーネイズは、得意の仕掛けを使って戦略を組み立てた。一九五二年にはハコボ・アルベンスが問題になっていたが、解決策は直接対決ではなかった。そんなことをすれば、かえってアルベンスの立場を強固にし、ユナイテッド・フルーツを脅かすだけだ。しかし、UFが会社の難題（アルベンスが土地を没収している）を、アメリカの問題（共産主義者が地峡に潜入しようとしている）にすれば、あとはアメリカ政府が何とかしてくれるだろう。アルベンスが共産党員でないとか、フランクリン・ルーズベルトを英雄のひとりに挙げているとか、UFの嫌うアルベンスの方針は、多くがニューディール政策を範とするものだとか……そういうことは、とりあえずおいておこう。見るべき場所を心得ている者には、その兆候は明らかだ（国際共産党《コミンテルン》は、共産主義者たちが潜入する過程で、その正体に気づかれないようにしているではないか）。たとえば、アルベンスの政府には共産主義者がいるし、全体として共産主義の精神を支持しているように見えるのは事実だ。土地改革があらゆる国の共産主義政府の方針を再現しているのも事実だ。美辞麗句を織り交ぜたインタビューや演説も、共産主義者のように聞こえる。外交術も、猛スピードで去ってゆく星のように赤くなった。一九五三年にスターリンが死んだとき、アルベンスはグアテマラで追悼の日を宣言したではないか。マタイ書の言うとおり、「木の良し悪しは、その結ぶ実でわかる」のだ。

バーネイズは、さまざまなゴールを設定した。すなわち、グアテマラに共産主義者がいるとアメリカの人民に納得させること。この問題は重要だ、と国会議員に納得させること。実際に現場で手を出せるＣＩＡに、今こそ行動を起こすときだと納得させること。バーネイズは、バナナのために世界を改善しようとしたのではない。アメリカの政治家のために世界を改善しようとした。政治家がＣＩＡのために世界を改善しようとし、ＣＩＡがバナナのために世界を改善しようとしたのだ。

遠まわり……である。

もし、ザムライがグアテマラではホンジュラスのときほど積極的にかかわっていないように見えるとしたら、それはたぶん、ザムライが人生の違う段階に入り、社内での新しい役割を担っていたからだろう。もはや現場で舵《なた》を持ってカウボーイのなかに交じってはいない。陰にまわり、人形使いのように、ただ状況を眺め、微かに――いつでも否定できるぐらい微かに――うなずくと、それがゴーサインになった。ザムライは背景に姿を消し、かつて病的に疑り深い者から呼ばれたとおりの、人形使いになった。生まれて初めて、ザムライは手下の者や助言者を介して行動した。ザムライは、UFの足元が揺らいでいることに気づいていたにちがいない。バナナ取引の歴史においてさえ、グアテマラは今までとは違う何か恐ろしいものだった。すでにこの国の土や畑を汚してしまったように、UFはこの国の政治や社会生活を歪めようとしていた。

この活動は、メディアによる電撃戦で始まった。記者たちの視察旅行や、冊子、映画を使った攻撃だ。「広報部の仕事はただひとつ」とトーマス・マカンは書いている。「我が半球に共産主義の上陸拠点が築かれた、という言葉を引き出すことだった」

UFは『レポート・オン・グアテマラ（Report on Guatemala）』の出版費用を負担した。このごく薄い本を執筆したジャーナリストは、のちにペンネームまで削除するよう言われている。この本がすべての国会議員に届けられた、椅子に座って寛《くつろ》いだ国会議員たちが最初の一行を読むところが目に浮かぶようだ。「中央アメリカでモスクワが指示する陰謀は、鉄のカーテンの外でソビエト連邦が最も成功を収めた潜入工作のひとつである」

（UFの社内広報部長エド・ホイットマンは、『クレムリンはなぜバナナを嫌うのか？』という映画を製作している。社内で新しい世代が権力の座に就くと、フィルムはまとめて破棄された。）

バーネイズは、ニューヨークの大手の出版物にも情報を掲載し、これらは国じゅうで読まれるようになった。ヘラルド・トリビューン紙、ジ・アトランティック誌、タイム誌が、どこも論説を掲載している。「バーネイズの戦略の核は、アメリカで最も影響力のあるコミュニケーション媒体を選んだことだ」とマカンは書いている。「ニューヨーク・タイムズ紙をはじめとするいくつかの新聞、二、三の主要ニュース雑誌、電信、ラジオ。このあとこうしたメディアの記者たちは、これでもかというキャンペーン活動をとおして、UF版の事実にさらされた」

バーネイズはニューヨーク・タイムズ紙に強い影響力を持っていた。『ザ・ファーザー・オブ・スピン（The Father of Spin）』の著者ラリー・タイによると、バーネイズの妻ドリスは、ニューヨーク・タイムズ紙を発行するアーサー・ヘイズ・サルツバーガーの親戚にあたる。そのおかげで、バーネイズとサルツバーガーは同じ集団に属し、同じパーティなどで顔を合わせると、バーネイズはサルツバーガーに近づき、機会を捉えてこの問題について話した。世界最大の脅威だよ、アーサー。なのに、どこにも書いてないんだ！「バーネイズは、一九五一年には、グアテマラ情勢がニューヨーク・タイムズ紙の発行者サルツバーガーの意識に上るよう仕向けていた」とマカンは書いている。「ニューヨーク・タイムズ紙は有力な編集者にこの問題を詳しく調査させるのに同意し、サルツバーガー自身もUFの招きで視察に訪れた」

サルツバーガーは、記者クリード・カルフーンを地峡へ派遣し、その結果、赤狩りに関する一連の記事が書かれることになった。バーネイズが「客観的報告の傑作」と呼んだこの記事は、要約されてアメリカじゅうの記者たちに送られる。その結果、さらに「客観的報告の傑作」が書かれることになった。ニューヨーク・タイムズ紙のメキシコ局長シドニー・グルソンは、このような話を疑うようになり、アルベンス派の情報工作師《スピンドクター》、フランク・ウィズナーとともに独自の記事を書いた。するとグアテマラ情勢に深く関与していたCIAの工作員が、CIA長官かつ元UF取締役のアレン・ダレスに文句を言った。ダレスは、ニューヨーク・タイムズ紙の営業部長をしている友人のジュリアス・オクス・アドラー将軍に、グルソンと妻のフローラ・ルイスは自由主義者で、この件については信用がおけないと伝えている。アドラーからこの話を聞いたサルツバーガーは、グルソンをこの件からはずし、メキシコに留まれ、グアテマラ情勢についてメキシコ独自の見解があるかもしれないから、と胡散《うさん》臭いことを命じている。グアテマラのクーデターを描いた小説『ビター・フルーツ（Bitter Fruit）』によると、サルツバーガーはこれを愛国的行為と呼んだそうだ。

ベトナム戦争の陰で、イラク戦争の陰で、意図的に合意がつくり上げられたあらゆる戦争の陰で、人々は家畜のように棒で突かれ、脅威！　感染！　共産化！　といった言葉に追い立てられて、戦争へいたる道を歩まされている。「日常生活のほぼすべての行為において」とバーネイズは書いている。「政治やビジネスの世界であれ、社会的行為や倫理的思考を行うときであれ、われわれは比較的少数の人間に支配されている……それは、大衆の心理過程と社会的生活様式を把握する者であり、旧来の社会的勢力を活用し新たな方法を考案して、世界を束ね導く者である」

一九五一年の夏には、バーネイズの計画の効果が現れてきた。数カ月前までは聞いたこともなかった地峡の情勢が国家の議題になっていた。それは、企業の利益に対する脅威でも地域に対する脅威でもなく、アメリカの生活様式に対する脅威として語られた。「近頃書かれた多くの記事や社説のおかげで、現在のところ、以下の問題が広く認識されるようになっている――嘆かわしい共産主義支援の状況が（グアテマラに）浸透し、合衆国、UFともに危険にさらされる可能性が生じつつある」と、一九五一年七月二三日のメモにバーネイズは記し、さらにこうつけ加えている。「しかし、それは政府内や政治の上での公理であって、効果的な注目を集めるためには、実際の行動のプログラムに置き換えねばならない」。バーネイズは、そのための三つの段階を示唆している。「（A）アメリカ大使および領事の人事を変更する、（B）共産主義支持派体制の政府支援に対して、アメリカの国会による制裁を強制する、（C）ブルッキングス研究所のような偏りのない研究機関が、この問題についてさまざまな段階を研究できるようアメリカ政府が援助する」

エドワード・バーネイズの真の聴衆は、いったいだれだったのだろう？

だれに売る必要があったのか？

わたしの思うには、アメリカの人民というよりはアメリカ政府、アメリカ政府というよりはＣＩＡで働くひと握りの人間だったのではないだろうか。

もしシステムが正しく機能していれば、第二次世界大戦の終結後、戦略諜報局（ＯＳＳ）は解散していたはずだ。過去においては常にそうだった。戦争が終われば、スパイは任務を解かれ家に帰る。しかし、システムは正しく機能していなかった。あるいは、もっと正確に言うなら、戦争が本当に終わることは決してなかったのだ。かわりに、しだいに衰えて、もうひとつの戦争になった。冷戦という名の戦争だ。それは、ディスコでひとつの曲が次の曲に流れ込み、だれも踊りを止めないのに似ている。

一九四七年、ギリシャが共産主義に乗っ取られそうな脅威にさらされたとき、ハリー・トルーマン大統領は、解散しようとしていたＯＳＳをＣＩＡとして再編成し、国民生活に文民のスパイ集団という新しい機能を設置した（これに匹敵する唯一の組織は海軍情報局で、これは米西戦争から生まれている）。ＣＩＡは、「国家安全保障法」に基づいて創設され、常設の機関になったうえ、使命も変更された。その存在は、大きく膨らんだと言える。ＯＳＳが「戦略的情報を収集分析し、特別な作戦を計画実行する」権限を与えられていたのに対し、ＣＩＡは曖昧であるのと同時に野心的でもある指令を与えられた。この新しい組織が「自由な人民が自由な制度と国家の団結を維持し、全体主義体制を押しつけようとする攻撃的な動きに立ち向かうのを助ける」だろうと、トルーマンは国会で述べている。こうして、このスパイ組織は、モノをわかっているヤツから、自分のわかっているモノについてコトを行うヤツになり、耳と脳であった組織が、耳と脳と手の組織になった。

　ゼペット爺さんに手を作ってもらったピノキオが、まず何をしたか思い出してみよう。

手を伸ばして、爺さんをつねった。

　第二次世界大戦中、ＯＳＳの一員であったアレン・ダレスは、ＣＩＡ長官に次ぐ二番手の位置にいた（カブト虫スミスが一番手）。政府に加わる前、ダレスは法律関係の仕事をしており、これにはＵＦの相談役も含まれる。その関連で弟のジョン・フォスター・ダレスもＵＦの仕事をしている。にもかかわらず、バナナランドは、ＣＩＡにとっていまだ未知の土地《テラ・インコグニタ》のままであった。ＯＳＳは南アメリカで作戦を展開したことがない。南アメリカはこれまでＦＢＩ（連邦捜査局）の管轄だったのだ。冷戦のさなかますます重要になってくるこの地域での作戦を計画するにあたって、ＣＩＡにはひとつだけ頼りになるモデルがあった。それは、何世代にもわたって地峡でスパイや準軍事部隊のように振る舞ってきた、バナナ会社である。専門家のなかには、ザムライのホンジュラス政府転覆が、その後ＣＩＡが行ったほぼ全作戦のモデルになっていると考える者もいる。一九一一年に、ザムライはのちに秘密作戦の標準的手順になる戦術を多数展開している。ゲリラの一団を雇う。人気者の指導者をでっちあげる。選挙で選ばれた政治家に、本当は数百人しかいないのに包囲されていると思い込ませる。ＣＩＡ同様、ザムライも限られた数でさまざまなことを行っている。痕跡を残さないようにするためにはそれがいちばんいい方法だったし、ザムライの手には限られた数しかなかったから。

実際、この頃のユナイテッド・フルーツをＣＩＡと区別するのは難しい。ふたつの組織は、人員だけでなく、装備や機密情報も共有している。グアテマラ事件のあいだじゅうずっと、ＣＩＡはユナイテッド・フルーツの船を使って金や人や銃を秘密裏に運んだ。ＣＩＡの資金が不足すると、ＵＦが差額を埋め合わせた。つまるところ、どちらにも共通のゴールがあったということだ。すなわち、現状を脅かす者は、だれであれ地峡から追い払う。ハコボ・アルベンスが脅威であるとＣＩＡに納得させるのは容易だった。この組織は、そもそもこういう状況を想定して設立されているのだ。「フルシチョフやその後継者たちが『解放戦争』（非共産主義体制を倒そうと目論む行為は、あからさまなものであろうがなかろうがすべて……という意味だ）を促すために反体制的資源を用いるかぎり」と、アレン・ダレスはのちに説明している。「西側諸国は脅威を受けて立つ覚悟をすべきだ」

ＣＩＡは一九五〇年代初期にグアテマラにおける作戦を開始した。反体制派を育成し、白い大艦隊に武器を積み込んだ。銃や爆弾が「農具」と書かれた箱に詰め込まれ、ニカラグアに運ばれた。

独裁者アナスタシオ・ソモサ（フランクリン・ルーズベルトいわく「あの男はロクデナシだが、我らがロクデナシだ」）のために働く男たちが武器をバナナラバの背に載せ、歩いてグアテマラの国境を越えた。他にもさまざまな取り組みがあり、アルベンスを篭絡する試みもなされた。スイスの銀行口座から金を振り込んで、アルベンスの方針を懐柔しようとするものだったが、成功しなかった。トルーマンは、このような秘密裏に行われる計画にはすべて待ったをかけた。大統領の任期の終わる頃になって、トルーマンは自分の創り出したものに対して危機感を募らせるようになったようだ。いたずらっ子のピノキオは、脚ばかりでなく、手も耳も目も与えられて、ますます自分の思いどおりに行動するようになってきた。

一九五三年にドワイト・アイゼンハワーが大統領に就任して、状況がエスカレートした（ＵＦの最大の邪魔者はアルベンスではなくトルーマンだったのだ）。アイゼンハワーの政策は、トルーマンより攻撃的なものだった。トルーマンが共産主義を封じ込めると誓ったのに対して、アイゼンハワーは対決を約束した。アイゼンハワーは、自身の政策を「巻き返し」と呼んでいる。ホワイトハウス入りするとすぐに、グアテマラ情勢を再検討した。一九五三年八月、アイゼンハワーは「一〇／二委員会」などと呼ばれる会議で、グアテマラに対する作戦の実行許可を出した。サクセス作戦は、アルベンス政府を置き換え、地峡における共産主義を打倒することになる。許可が出たからといって政府転覆が避けられなくなるわけではない――アルベンスが屈服したり、状況が変わったりした場合に備えて、出口ランプは途中に設けられている――が、長く黒い列車は駅を発った。

サクセス作戦に青信号がともるとすぐ、ザムライとＣＩＡの連絡役だったトミー・コーコランは、アルバート・ヘイニーという名の一〇／二委員会のメンバーと会っている。UFは、その後、グアテマラで活動する諜報員たちに送金を開始した。「常に用心しなければならなかった」と、コーコランはのちに語っている。「何が起きているか把握しなければならなかったが、関与しているように見られるわけにはいかない。もし計画が失敗したら、UFがダメージを受けることになるからだ……。UFはCIAに自分たちの考えを伝えはしたが、UF自体を危険にさらすようなまねはできなかった」

その頃までには、打倒アルベンスの完璧なモデルができていた。それは、アジャックス作戦と呼ばれる、CIAの諜報員がイランの首相、モハマド・モサデクを首相の座から引きずり下ろした作戦だ。モサデクがイギリスの会社、具体的に言うとブリティッシュ・ペトロリアム（BP）のものである油田を国有化したあとに実行された。ジョン・フォスター・ダレスに突きあげられてアイゼンハワーが承認した、このアジャックス作戦のおかげで、イランの国王《シャー》が権力の座に返り咲いた。アルベンス転覆を計画している最中にこの作戦が成功したおかげで、一〇／二委員会は自信を得たにちがいない。突如として、いとも簡単なことのように見えてくる。実際、まったくそっくりと言っていいぐらいだ。ただ、古い名前にバツをつけて新しい名前を書き入れるだけでいい。石油の代わりにバナナ、BPのかわりにUF、と（アジャックス作戦同様、サクセス作戦も民衆の反乱のふりをした軍事クーデターになる）。

サクセス作戦の指揮は、アジャックス作戦を指揮したカーミット・ルーズベルト・ジュニア（セオドア・ルーズベルトの孫）のところへ持ち込まれた。ルーズベルトは、この話を見送っている。

アイゼンハワー政権の自信過剰の雰囲気が怖くなったからだ、とルーズベルトはのちに語っている。報告書のなかで、ジョン・フォスター・ダレスのことを「目がキラリと光り、巨大な猫が喉を鳴らしているようだった。たんに自分のしていることを楽しんでいるのではなく、明らかに何か企んでいる。本能がわたしにそう告げた」とルーズベルトは書いている。

サクセス作戦を水面下でコントロールする任務にはトレイシー・バーンズ（三四年エール大卒）があたり、バーンズが他の諜報員を何名か指名した。E・ハワード・ハント（四〇年ブラウン大卒）は、著書『アンダーカバー（Undercover）』でこの作戦を詳しく記録している。最初の指令は、アルベンスの後釜を捜すことだった。この国に根をもつ反体制人物で、欠陥部品が取り除かれたあとエンジンに繋ぐことのできる、マニュエル・ボニージャのような人物。疎外されているグアテマラの軍人や亡命者たちが面接を受けた。早い段階の第一候補のなかに、大統領選でアルベンスに敵対した将軍、ミゲル・イディゴラス・フエンテスがいる。イディゴラス・フエンテスは、著書『マイ・ウォー・ウィズ・コミュニズム（My War with Communism）』で、三人の男（CIAの諜報員ふたりと、ユナイテッド・フルーツの重役）がやってきたときのことを振り返っている。共産主義者を粛清し、ユナイテッド・フルーツの土地を回復するなどの条件を呑めば大統領にする、と諜報員はイディゴラス・フエンテスに約束した。将軍は、この条件が「侮辱的で不公平」なものだとして、申し出を断っている。これでは、バナナ会社による露骨な乗っ取りのようになってしまう、と将軍は語っている。

CIAは最終的にカルロス・カスティージョ・アルマスを選んだ。グアテマラ軍から離反した将校で、三二歳。亡命後はホンジュラスに住んでいた。すべての条件を呑んだのと、ハントによると「いかにも先住民の顔をしており……それは人民にとって願ってもないことだ」からだ。さらに、カスティージョ・アルマスはおもしろい経歴を持っており、そのことがメディアの注意を逸らすのにいつも役立った（真実を知られたくなければ、もっと魅力的な話を与えればいい）。ここに、軍務こそ天職だと見いだした貧しい先住民がいる。信心深い彼は、無神論であることを理由に共産主義に反対した。一九五〇年、カスティージョ・アルマスは、兵士の一団を率いてアレバロに抵抗した。打ち負かされて一六人の兵士が殺された。そのなかには本人も含まれていたようだ。草原を横切って墓場へ引きずられていく途中で、カスティージョ・アルマスが呻き声をあげた。病院に担ぎ込まれ、糸と糊でもとどおりにされて、反逆の罪で死刑の宣告を受けた。六カ月後、死刑執行まであと二日というときになって、カスティージョ・アルマスは牢獄を抜け出し、中央アメリカ国際鉄道の廃墟となったトンネルを潜って逃亡した。この鉄道の創設者はマイナー・キース。ニューヨークからティエラ・デル・フエゴまで鉄道を敷設するのがキースの夢だった。何たることか！　元UF副社長のキースが、幾星霜を経てザムライに手を貸したことになる。大統領を倒しバナナランドを取り戻す将軍を、キースのつくったトンネルが救ったのだ。カスティージョ・アルマスはコロンビアへ逃げ込み、ホンジュラスへ移ったあと仕事を転々とする。やっと家具屋のセールスマンという安定した仕事を見つけたところへ、一九五三年にこの大統領候補を捜しあてたＣＩＡがやってきたのだ。

フロリダへ飛んだカスティージョ・アルマスは、ヤシの林のなかにあるＣＩＡの基地へ車で案内された。サクセス作戦の指揮を執る身だしなみのよい青年と向き合うと、以下のような作戦の概略が説明された――カスティージョ・アルマスは、CIAがでっちあげた自由主義運動の指導者になり、三〇〇万ドルの現金と、銃や手榴弾が与えられ、ここぞというときには戦闘手順や飛行機の支援も受ける。もっと銃が必要になれば、ユナイテッド・フルーツが手配する。カスティージョ・アルマスは、ニカラグアのマナグア湖畔にある地峡の基地で自分の軍隊を訓練する。そのあいだに、アメリカのパイロットが数名、ニカラグアのプエルト・カベサスに駐留する。これはのちにピッグス湾事件で使われたのと同じ滑走路だ。CIAの工作員がキャンプや安全な家屋など十数カ所に散らばり、サクセス作戦で重要な役割を果たす心理作戦の手はずを整える。亡命中のグアテマラ人の新聞記者が偽の記事を書いて、反乱軍の兵士が膨れ上がっていると警告する。印刷業者が刷ったチラシを戦争開始直後に飛行機からばらばら撒く。エンジニアが効果音を録音して――ハントはこれを「テロ放送」と呼んでいる――侵攻中に流す。パニックになった報道記者、恐れおののく群衆、炸裂する爆弾――オーソン・ウェルズがラジオドラマ『宇宙戦争』で使ったのと同じタイプの仕掛けだ。

これと同じく重要だったのは、ジョン・フォスター・ダレスが国務省で果たした役割だ。OAS（米州機構）との会議、国連における討論、アメリカからの調査や制裁の要求。グアテマラに対する武器の輸出が禁止された。ダレスから突きあげられたアイゼンハワーは、駐グアテマラ大使をジョン・ピューリフォイに置き換えた。一九五三年にグアテマラシティに到着したピューリフォイの任務はひとつ。強攻姿勢を緩めるチャンスはあと一度きりだと、ハコボ・アルベンスに納得させることだ。

ピューリフォイは、ギリシャ内戦のあと在ギリシャアメリカ大使になった人物で、けばけばしい色のネクタイを締め、派手なスポーツジャケットを着てカラフルなズボンを履いている。ピューリフォイは専門家だ。外交官であるのと同じぐらいシンボルでもある。ピューリフォイの到来は体制の終焉を意味するのだ。もし、ピューリフォイが何かを証明しようとする人間のように振る舞っているとすれば、それは実際そうだからだ。赤狩りで知られるジョセフ・マッカーシーが、ウェストバージニア州のウィーリングで行った有名な演説で、国務省は共産主義者であふれていると発言したことがある。それは、人事の責任者であるピューリフォイの汚点になった。ピューリフォイは、電報でマッカーシーに共産主義者の名前を教えてくれと頼んだ。この手の情報について国務省を信頼しないのであれば、少なくともＦＢＩに名前を教えるべきだ、とピューリフォイは書いている。マッカーシーは電報の存在を認めず、かわりに隠蔽があると言って国務省を糾弾した。その後数年にわたって、ピューリフォイは躍起になって汚名を雪《すす》ごうとしている。アテネであろうがグアテマラシティであろうが、ピューリフォイは、自分が世界一獰猛な反共産主義戦士であることを、断固として証明しようとしているように見えた。

ピューリフォイがグアテマラに到着してから数週間後、アルベンスは大使とその妻、ベティ・ジエーンを公邸での晩餐に招待した。ふたりが顔を合わせるのはこれが初めてだった。のちに、六時間の晩餐として知られるこの食事は、決定的な邂逅《かいこう》になった。この場面の詳細を逐一説明する――農民の価値観に基づく体制とか言いながら、王宮さながらの晩餐だ――こともできるが、おそらく主役二組の名前を並べるだけで十分だろう。ジョンとベティ・ジェーン・ピューリフォイ夫妻は、ハコボ・アルベンス・グスマン、マリア・クリスティーナ・ビジャノバ・カストロ夫妻と向かい合って席に着いた。

晩餐は、午後八時きっかりにカクテルで始まった。ピューリフォイ大使夫妻が帰宅する頃には午前二時をまわっていた。しゃべったのはほとんどアルベンスだ。これが唯一の苦情を述べるチャンスであるかのように。アルベンスはしゃべりすぎただろうか？ もちろん。ちょうど、ジェームズ・ボンドの悪役たちが、知っているから洗いざらいしゃべってしまうように。ただ、知っていたから、見事にやってのけたのだ、と言わんばかりに。ピューリフォイの気に障ったのは会話の内容だけではない。話しぶりも気にくわなかった。話題がなんであれ、アルベンスは常にユナイテッド・フルーツに話を戻してしまう。やつらの線路は血塗られ、船は煮えたぎった魂の上をゆく、という調子で。大使が口を酸っぱくして反論し、大統領夫妻と言い争うかたわらで、ベティ・ジェーン大使夫人はおとなしく座っていた。

ニューヨーク・タイムズ・マガジン誌でピューリフォイの人物紹介をした、フローラ・ルイスによると、大使がしようとしたのは「グアテマラ政府に理解させることだった。ユナイテッド・フルーツを敵視しようが受け入れようが、アメリカが何より気にかけるのは、たったひとつ――共産主義者を支配者の座から追い出すことだ、と」

ピューリフォイは、アルベンスが共産主義者の仲間か、本物の共産主義者か、それとも、ただの傀儡《かいらい》にすぎないのか見極めなければならない。真っ黒な空が首都にそびえる尖塔を覆う夜が終わるまでに、ピューリフォイはいまだかつてないほどの確信を深めていた。「アルベンスは、共産主義者に意のままに操られているのではない。グアテマラ発展の追随者ではなく、断固たる指導者として確固たる地位を確立している、と確信してピューリフォイは帰途についた」とルイスは書いている。

ピューリフォイは二時半に大使館に戻り、三時になるまでには、机に向かって報告書を書きはじめていた。ジョン・フォスター・ダレスに宛てた報告書は、国務省経由でCIAからホワイトハウスに渡る。機密の守られた電信で送信されたこの五ページのメモは、アルベンスとの晩餐を詳細に伝える報告書だった。「この国における問題は、ユナイテッド・フルーツ・カンパニーと政府間のものである、と大統領は語った」とピューリフォイは書いている。「大統領は、ユナイテッド・フルーツの歴史を一九〇四年から始まって延々と論じた。それ以来、政府に税金を払っていない、と大統領は不平を漏らした。大統領によると、現在、政府は七〇〇〇万ドルの予算を必要としているのに、ユナイテッド・フルーツの負担はおよそ一五万ドルにすぎない。これは、ひとえに輸出されるバナナの茎にかかる一セント税から来るもので……」

「もしアルベンスが共産主義者でなければ」と、ピューリフォイはつけ加えている。「共産主義者が現れるまで、そのかわりが務まるだろう」

この最後の一文はふたとおりの読み方ができる。おそらくピューリフォイが意図したように、溌溂と自信たっぷりに――ヘイ、こいつは厄介者だ――と解釈する読み方。もうひとつは、脱構築の思想に基づいて、ありきたりではない解釈をする読み方だ。この読み方をすれば、大使が真に意図したのは、たとえ本人が気づいていないとしても、こういうことになるだろう。「アルベンスは共産主義者ではない。が、とりあえず、共産主義者ということにしておこう」。

ピューリフォイは、ちょっとした夜更けの抒情詩でこのメモを結び、それが外交官たちの目に留まり引き合いに出されている。「ロウソクはゆっくりじっくり燃えている。多大なるアメリカの権益が根こそぎ追い出されるのは、ただ時間の問題だ」

もし、戦争で先手を取りたければ、開戦事由が必要になるだろう。開戦のきっかけとなるエピソードや出来事——写真があれば言うことなしだ。これさえあれば、「こういうわけなんだ！」と指さして、民衆を納得させることができる。グアテマラの場合は、船一隻分の軍装備品だった。チェコスロバキアから輸送されたが、プエルト・バリオスに上陸する前にアメリカ海軍に押収された。この船は、アルフヘイム号というスウェーデンの船で、さまざまな港で書類を偽造し旗を取り替えてやってきたが、その動きはＣＩＡが逐一追っていた。積み荷が調べられ、押収されたのは、爆弾、小銃、弾薬、対戦車地雷、大砲だった。どうやら、ソビエトがグアテマラ政府を支援しているのが証明されたようだ。アルフヘイム号を見ればわかるとおり、アメリカの主導する禁輸措置のせいで、他に武器を売ってくれる国はない、とアルベンスは述べている。カスティージョ・アルマス軍の差し迫った侵攻に対抗するための武器が必要だ、と。「アルベンスの使者は、鉄のカーテンの向こう側でチェコの武器弾薬を大量に調達しようと躍起になっていた」とE・ハワード・ハントは書いている。「この展開は不安な気持ちをもって眺められた。こちらが侵攻を開始する前にアルベンスに武器が届けば、カスティージョ軍の勝つ見込みはずっと低くなってしまうからだ」

右の文章を読めば、銃が押収される前に侵攻が決まっていたのがわかるとか、押収された武器も大半はガラクタで使い物にならないものだったとか……そういうことは、とりあえずおいておこう。押収された船の甲板に広がった銃は、またとない写真証拠となり、アメリカの民衆は逆上した。バーネイズの言うとおり、大衆はシンボルに導かれるもので、最も基本的なシンボルといえば――ここは、心ゆくまでフロイト派になってかまわない――共産主義者が持つ拳銃の鉄の柄だ。

一九五四年四月二六日、アイゼンハワー大統領は国会で演説した。「アカがグアテマラを支配し、その影響をサンサルバドルへ広げようとしている。グアテマラから、南アメリカ諸国へ向かう足がかりとして」

六月一五日に、CIAはサクセス作戦の最終許可を与えられた。「全員が最善を尽くして必ずや成功を収めてくれ」とアイゼンハワーはアレン・ダレス他数名に言い渡している。「旗幟を鮮明にするときは、必ず勝つ側にまわることだ」

チェ・ゲバラがグアテマラシティに到着してからは一年もたっていなかった。ゲバラは何時間も歩きまわり、夜を徹して話し込んだ。ゲバラは、グアテマラシティを「ラテンアメリカでいちばん民主的な空気」を吸えるところと評している。ゲバラがたくましいキューバの青年たちと出会ったのはこの町だ。このフィデル・カストロ軍の指導者たちの大義をゲバラは自分のものにする。カストロはキューバのピノス島で投獄されていたが、カストロ軍の兵士たちはアルベンス大統領により避難所が与えられていた。ゲバラは、この男たちのなかに理論と行動、イデオロギーと虚勢が完全に溶け合っているのを見ている。ゲバラは彼らのアパートメントに転がり込んだ。この頃の様子は、寝袋や食事を亡命軍と共有している写真で見ることができる。こうして、UFの土地差し押さえは、この果物会社の帳簿に損害を与える以上の意味をもつことになる。大陸じゅうを焼き払う導火線に火をつけ、ゲバラに大義を与えたのだ。ゲバラを最初に「チェ」と呼んだのは、キューバ人たちだ。「チェ」というのは「やあ！」みたいな挨拶で、やあ《チェ》、ゲバラ、ウビコ蠅どもを倒そうぜ、というふうに使う。

ザムライはニューオーリンズにいて、遠くからこの動きを観察していた。毎朝、新聞を読み手下の者に会った。午後には、バーネイズやコーコランたちからニュースを聞き、仔細を呑み込むと、自分のアイデアや提案を伝えた。よし、わかった、大丈夫だ、と言いながら。

サクセス作戦は戦争ではない。影絵の笑劇《ファース》だ。三週間にわたる煙と鏡、閃光と騒音の巧妙な手口。アメリカが共産主義について言いたいことを言い、アイゼンハワーがトルーマンとの違いを見せつけた。そして、ユナイテッド・フルーツは失ったものを取り戻した。

始まりはこうだ。第二次世界大戦に参加した二機のプロペラ機を空軍の退役パイロットが操縦し低空飛行をして、発煙筒とチラシ（逃げろ！）をグアテマラシティにばら撒いた。これに機銃掃射攻撃、爆撃が続く。もし三機の飛行機が見えたら、反乱部隊の空軍全部を見ているということだ。やがて、人々を混乱させ、アルベンスと政府支持者を怖気づかせるための心理作戦が始まった。隠されたスピーカーから大音響で銃や爆弾の音が流れる。どの周波数からも偽のニュースが流れてくる。独裁者の打倒を呼びかけるものもあれば、独裁者はすでに打倒されたと言っているものもある。カスティージョ・アルマスとその軍が首都に到着し、歓喜に満ちた群衆が出迎えたと告げるものもあった。

アルベンスはラジオに出演し、なぜ困難に直面しているかを説明した。イデオロギーではない、金の問題だ、とアルベンスは述べている。アメリカではない、エル・グリンゴ、バナナマンが問題なのだ、と。「この野蛮な行為はだれの名のもとに行われているか？」と、アルベンスが問いかける。「彼らの旗印は何だ？　われわれにはよくわかっている。反共産主義を口実にしているが、真実はまったく違ったものだ。真実は、果物会社の金銭的利益のなかに見いだされるのだ」

ホンジュラスにあるＵＦのバナナ・プランテーションで軍隊を招集したカスティージョ・アルマスは、国境を越えてグアテマラへ進軍した。兵士や武器はＵＦの列車と船で運ばれる。抵抗にはほとんど遭わなかった。戦争というより田舎の散歩、午後のヒナギク摘み、山々を進むパレードといったほうがいいぐらいだ。一九五四年のグアテマラ・クーデターは、最後の容易な政府転覆になる。それは、農民が戦争を望まず、政府が勝てないと考えたからだ。そして、だれよりも先まで行くのをいとわないアルベンスにも、最後まで行くだけの覚悟はなかったからだ。

アルベンスはこの五日のあいだに一〇歳は老け込んだ。大統領公邸に退却し、大広間を行ったり来たりして、グリンゴの悪口を言いながら酒に逃げ、酩酊状態ですごした。着衣も乱れ、眠ることができない。ときおり、思い出したようにラジオに出演する。「われわれの敵を率いるのは、裏切り者のなかの裏切り者、アルマスだ」。この男が率いるのは、我が国に敵対する「果物会社の寄せ集めた遠征部隊だ」と、アルベンスが言うが、CIAの戦法である電波妨害によってはっきり聞き取れない。「われわれに落ち度があるとすれば、ユナイテッド・フルーツの利益に影響を及ぼす農業改革法を制定してしまったことだ」

アルベンスは、ニュースを聞いて叩きのめされた。本物のニュースもあれば、偽物もある。もはや違いがわからなくなってきた。アルベンスの魂と脳をつなぐ、いつもギターの弦のように張りつめていたコードが、ビュンッと音を立てて切れる。アルベンスはどうすればいいのかわからなくなってしまった。降伏すべきか、丘まで退却すべきか、あるいは自ら命を絶つべきなのか。気がつく者や気にする者がいるのかどうかさえわからない。これぞ心理戦争のなせる業だ。敵を内部から食い散らす。アルベンスは、武器庫を開けて農民に武器を渡すよう軍に命じた。貴族階級である軍の指導者は、グリンゴよりも暴徒を恐れて、これを拒否した。将校たちが命令に従わなくなったとき、アルベンスは去るべきときが来たことを悟った。一九五四年六月二七日、アルベンスは人民に向けて最後の演説を行った。「一五日のあいだ、グアテマラに対する残酷な戦争が続けられています」。アルベンスはラジオから語りかけた。「ユナイテッド・フルーツが、アメリカ合衆国の政府関係者の協力のもと、現在われわれの直面している苦難に関与しています」

放送が終わるや否やアルベンスは辞任し、政府の権限をカルロス・ディアス将軍に委ねると、通りの向かいにあるメキシコ大使館に駆け込み、亡命を求めた。その頃には、カスティージョ・アルマスがグアテマラシティのはずれまで達していた。

数日後、ジョン・フォスター・ダレスがアメリカの人民に語りかけた。地峡からニュースを伝えたかったと言っているが、戦争の進行具合よりもアイゼンハワー政権をユナイテッド・フルーツから切り離すことのほうが気がかりだったようだ。アルベンスが痛いところをついたのは明らかだ。「グアテマラ政府と世界じゅうの共産主義工作員は、絶えず本当の問題を曖昧にしようとしてきました……合衆国がアメリカのビジネスを守ることにしか興味がないと言って」とダレスは語った。「グアテマラ政府とユナイテッド・フルーツのあいだに諍《いさか》いがあったのは遺憾ですが……この問題は比較的重要性の低いものです」

ジョン・フォスター・ダレスは、ジョン・ピューリフォイに電話をした。

これがそのときダレスの言った言葉だ。「たいしたもんだ！」

E・ハワード・ハントによると、サクセス作戦は「スペイン内戦以来、初めて共産主義政府が打倒された」記念すべきものである。

翌朝、空港に到着したアルベンスは、感情的にも肉体的にも抜け殻のようになっていた。トラックが大きな音を立てただけで尻込みし、ターミナルの青い灯りのなかでおずおずと瞬きをしている。メキシコ行きの飛行機に搭乗を許可される前に、アルベンスは下着姿にされ報道記者たちの前を歩かされた。パシャッ、パシャッ、パシャッ！と、フラッシュが焚《た》かれる。それは、心理戦の戦士たちが別れを告げる、最後の辱めだ。この無意味な残酷さが、その後のとりとめのない人生を暗示するかのようだった。ハコボ・アルベンスのさまよえる亡命生活は、地峡の運命を象徴している。

夢想家《イデオローグ》とバナナマンの狭間で押しつぶされた地峡の悲運を。

アルベンスは妻子とともにメキシコに降り立った。長女のアラベラをアルベンスはだれよりもかわいがった。この娘こそ心の支えだ。どんなに辛いことがあっても、アルベンスはこの娘のためだと自分に言い聞かせた。メキシコの暮らしは、アルベンスにとって居心地のよいものではなかった。メキシコはアメリカの同盟国で、アルベンスに留まってほしいと思うものはひとりもいなかったのだ。一年とたたないうちに、アルベンスはまた旅立つ。今度の行き先はスイスだった。長きにわたって廃位された王族たちの逃げ場所になっている山間の町で暮らした。スイス当局からは、留まるためにはグアテマラの市民権を放棄せねばならないと告げられる。アルベンスはこれを拒否して、パリへ移った。左岸地区に住んで、散歩をしたり、カフェで飲んだくれたり。そうするうちにまた亡命の血が騒ぎだした。アルベンスは警察に尾行されていた。アラベラはパリが大好きだったが、父親は絶え間ない監視なしにこの街で暮らすことは許されなかった。アルベンスはさらにチェコスロバキアへ移る。ここでなら、殉教者として歓迎されると考えたのだ。ところが、チェコの人々もアルベンスを望んではいなかった。プラハに到着して数日もすれば、そのことがはっきりとわかった。チェコの人民はガラクタだった武器の代金を返せと言われるのを恐れていたらしい。アルベンスはロシアへ行く。モスクワに住み、子供たちは六四〇キロも離れたところにある外国人のための学校に通った。ここでも、アルベンスは尾行された。アルベンスは、西側では革命の人。東側では思いどおりにならない、巧言を真に受けた愚か者だ。だから、わたしはこの男を象徴《シンボル》と呼ぶのだ。アルベンスは地峡そのものだ。上下から巨大な大陸に挟まれた小さな土地が、奪い合いの的になり、やがて、見捨てられた。

ロシアにいると、アルベンスは本人が決して認めないはずのことを認めたように見える。実は共産主義者で、かけひきをしていたのだ、あの果物会社の話はただの戦術だったのだ、と。実のところ、アルベンスがロシアにいるのは、他に受け入れてくれる国がないからだった。アルベンスはロシアの気候が大嫌いなのだ。ユーカリの木々や熱帯雨、色とりどりのカリブを夢に見た。ラテンアメリカのあらゆる国の指導者に訴え、ついにウルグアイに受け入れられる。講演も出版も、教えることも働くこともしないという条件つきだった。アルベンスは、一九五七年から一九六〇年までをモンテビデオで暮らした。

一九五九年にキューバでカストロが大勝利を収めたとき、ハコボ・アルベンスの放浪はついに終わりを告げるかと思われた。つまるところ、これはアルベンスがグアテマラシティで庇護を与えたのと同じキューバ人なのだ。かつて、アルベンスを英雄と見なしたのと同じキューバ人たち。アルベンスはハバナで群衆に迎えられはしたものの、キューバでの生活は期待していたのとは別のものだった。アルベンスは英雄や先駆者というより教訓や失敗として語られた。それは、踏み留まって戦うべきときに辞任したからだ。最後に怖気づいて取り乱し、丘に登るべきときに酒に逃げた。キューバでは、アルベンスは、取ってはいけない行動を示すまたとない手本になった。

キューバへ引っ越すことをアルベンスが家族に告げると、アラベラは拒否した。町から町へと渡り歩き、文化のない僻地で暮らす生活にアラベラは嫌気がさしていたのだ。大ゲンカのすえ、家族がハバナへ旅立ったあと、アラベラはひとりでパリへ移った。この娘なら、モデルにも、女優にも、映画スターにもなれる。アラベラは二〇歳の、それはそれはきれいな娘だった。アラベラの出た映画は『ウン・アルマ・ピューラ（純粋な魂）』一本だけだ。主人公のクラウディア役。アラベラは世界一有名な闘牛士ジェイミー・ブラボと恋に落ちる。マントを自在に操り、すれすれのところで身をかわすマタドール。ブラボは、売り出し中の若手女優たちとの色恋沙汰で有名だった。アラベラ・アルベンスとのロマンスは伝説になるほど激しいもので、危険な兆しと見せ場にあふれている。ふたりはタブロイド紙の注目の的だった。

一九六五年九月、二五歳になったアラベラは、闘牛を演ずるブラボのあとを追ってコロンビアへ渡った。ふたりは、ボゴタのレストランで言い争いになる。嵐のように飛び出していったアラベラは銃を手にして戻ってきた。銃を向けられたブラボが両手を挙げて言う。「よせ、アラベラ」。すると、アラベラは銃を口に突っ込んで引き金を引いた。

アラベラはメキシコシティに埋葬された。ハコボ・アルベンスは、特別に許可を与えられて葬儀に参列している。絶望し、擦り切れて、骨と皮だけになっていた。地中に収められようとする棺に覆いかぶさるようにして、アルベンスは「アスタ・プロント・ミ・イヒータ（すぐに会おう、わたしの小さな女の子）」と囁《ささや》きかけた。一九七一年に、アルベンスもメキシコシティに戻り、娘の埋葬された聖なる地を歩くことができるようになった。いつも酔っぱらって、薬にうつつを抜かし、後悔にさいなまれた。その年の一月二七日、アルベンスは、メキシコシティにあるホテルの部屋の浴槽で溺死しているところを発見されている。享年五八歳。かたわらにはウィスキーの瓶が置かれていた。

カスティージョ・アルマスは、権力を確実なものにすると、自分の側の約束を果たした。グアテマラ革命を擁護した軍の将校や政治家を政府軍が追跡し、逮捕したり処刑したりした。「布告九〇〇」に続くどさくさに紛れてニカラグアに流れ込んだイデオロギーの放浪者たちも取り押さえて追い払った。カスティージョ・アルマスは、まもなく警察国家を樹立し、一種の封じ込めを強制してアルベンスの後釜が台頭するのを不可能にした。政党や労働組合を廃止し、新聞を廃刊にして危険と思われる書籍の発行を禁じた。これにはフョードル・ドストエフスキーとヴィクトル・ユーゴーの全集も含まれる。カスティージョ・アルマスは、UFを保護して、UFの労働者から集団交渉権を剥奪し、バナナ労働者連盟を閉鎖した。バナナ畑で働く人々の組合を結成しようとしてきた世話役――こういう人間がたくさんいてプランテーションの支配人を困らせた――のうち七人がグアテマラシティで死体となって発見された。一九五五年までには、何百平方キロもの没収された土地がUFに返還された。

小競り合いというのは、そうきっぱりと片がつくものではなく、争点となっている問題が満足のいくようなかたちで解決されることは稀だ。ユナイテッド・フルーツの歴史において、これは最も一方的な勝利だった。あまりにも一方的すぎる。ザムライは自分の会社が直面した危険に気づいただろうか？　損失の結果ではなく、勝利の結果として向き合うことになった危険に。この勝利はあまりにもこれ見よがしで、あまりにもいいことづくめだった。グアテマラが革命前の停滞状態に戻るにつれ、UFは、自分たちが夕飯のマスを釣りに出かけて、かわりにサメを釣りあげてしまった漁師のようなものだと気がついた。

ザムライは気づくべきだった。いや、気づいていたにちがいない。グアテマラのクーデターは、ザムライが常に従ってきた人生のルールを逸脱してしまっていたことに。不必要な注意を引かないという、あの鉄則だ。アルベンスが倒されてから数日すると、アメリカの新聞記者や政府の役人たちは、夢から覚め、次々と疑問が湧いてきたようだった。いわく、アルベンスとは何者だ？　実際に脅威だったのか？　本当にソビエト連邦がかかわっていたのか？　証拠はどこにある？　得をしたのはだれだ？　納税者か、それともユナイテッド・フルーツか？　エドワード・バーネイズとともに視察旅行へ出かけた記者たちは裏切られたような気分になっていた。トーマス・マカンによると、「共産主義者の重要性を誇張し事件を創り出そうとするわれわれの姿勢は――アメリカのメディアが国じゅうのオオカミの雄叫びを押し広げようとする姿勢と相まって――アルベンス体制の崩壊を招いたのみならず、その後のアメリカにおける情勢を生み出すことになった。三、四年後、真の共産主義による脅威がキューバに現れたとき、アメリカの民衆やメディア関係者のなかに、この真実を疑ってかかる者がいた」のだ。

グアテマラは、転換期の扉についた蝶番《ちょうつがい》のような瞬間だ。初めはユナイテッド・フルーツにとって大いなる成功に見えた出来事（扉が勢いよく開いた）が、のちに恐ろしい災難だったとわかった（扉がピシャリと閉まった）。クーデターの時点で、UFは利益、市場占有率、生産量のどの点をとっても業界をリードしていた（近づくものさえいなかった）。それが一世代たたないうちに、ほぼすべてのカテゴリーでスタンダード・フルーツの後塵を拝するようになる。アルベンス体制の転覆には、あらゆる皮肉の材料が含まれている。こちら側の半球に共産主義の足場を築かせまいとしたつもりが、キューバにまさにその足場が築かれた。グアテマラをUFびいきの国にしようとしたつもりが、最終的にUFが地峡から完全撤退せざるをえなくなるほどの敵意を生み出すことになった。

チェ・ゲバラは、グアテマラシティの上空に最初の飛行機が現れると、さっそく戦場行きを志願した。軍に拒絶され、友人たちでグループをつくって前線へ向かおうとするが、その覚悟のある者はほとんどいなかった。教訓その一、人々の臆病さは、バナナマンを恐れる過程で形成される。「グアテマラでは戦う必要があった」とゲバラは書いている。「だが、戦う者はほとんどいなかった。抵抗する必要があったが、抵抗する気のある者はほとんどいなかった」。『チェ・ゲバラ（Che Guevara: A Revolutionary Life）』の著者ジョー・リー・アンダーソンによると、ゲバラは戦争のあいだ、文民警備隊としてグアテマラシティのパトロールをしていたそうだ。各戸をまわり、空襲の際には、すべての灯りが消えているのを確認する。爆弾の落ちない夜はほとんどなかった。ゲバラは、二六歳で、このとき初めて戦火にさらされている。教訓その二、ゲバラは戦火が好きだった。ガールフレンド宛ての手紙には「恥ずかしながらサルみたいに楽しかった」と書いている。

カスティージョ・アルマスの部隊は、一九五四年六月に首都になだれ込んだ。通りは大混乱に陥り、わけがわからなくなった。ゲバラは、アルベンスが政府軍を率いて丘まで撤退すると信じて疑わなかった――「間違いなく、アルベンス大佐は気骨のある人物だ。大統領として死ぬ覚悟はできている」とゲバラは記している――ので、大統領がメキシコへ飛んだと聞いてショックを受けた。

戦いに敗れ、打ちひしがれたゲバラは、どうすればいいのか、どこへ行けばいいのかわからないまま、数週間あちこちを転々としてすごした。何が情けないといって、しくじった英雄ほど情けないものはない。キューバ革命の性質は、ある程度この時期に決定づけられたと言える。グアテマラから得た教訓がハバナで思い出されることになるのだ。弱さの持つ危うさ、妥協という幻、衰弱した敵の息の根を止める必要性――残存勢力を叩き潰して、仕事を終える。自分は最後まで行けるほどイカレているのだと、グリンゴに思い知らせねばならない。古代イスラエルのサムソンのように、自分の頭上で柱を引き抜いて寺院を倒壊させられるのだ、と。冷戦の言葉で言うなら、カストロがフルシチョフに、核爆弾に火をつけろ!と告げるということだ。チェ・ゲバラは「問題の根本を突きとめ、権力の座にある者とその一味の首を一撃で切り落とす」ことをグアテマラから教わった、と語っている。

「節度という言葉も、植民地の諜報員が好んで使う言葉だ」とゲバラは学生のグループに話している。「怖がっている者、あるいは、何かのかたちで反逆を考えている者は、節度があるということだ」

ゲバラは、戦争終結間際に逮捕された。「陸路を行軍した、カスティージョ・アルマス軍が首都の支配権を掌握し、アルベンスとその一党を捕らえた。そのなかにはアルゼンチンから来た喘息持ちの医学生で、共産主義キャンプの信奉者、エルンスト・チェ・ゲバラという名の者もいた」とE・ハワード・ハントが記している。「グアテマラの勝者たちのあいだでは、すべての者に即決裁判を求める向きが強かったが、現地のＣＩＡ担当者が、そんなことをすれば国じゅうが血の海になりかねないと言って、カスティージョ・アルマスを説き伏せた。空港で服を脱がされ取り調べを受けたアルベンスやゲバラやその一党は、飛行機での亡命を許された。ゲバラは、メキシコで政治難民に認定されたあと、まもなく、キューバの荒くれ者、フィデル・カストロのパルチザン部隊に加わった」

リチャード・ニクソンの特別顧問、チャールズ・コルソンのもとで働いたダグラス・ハレットは、コルソンから以下のような話を聞いたのを覚えている。「ハントがＣＩＡの諜報員として、一九五四年にグアテマラでアルベンス大統領転覆作戦の責任者を務めているときのことだ。ハントがグアテマラを出国しようとしたとき、四人のグループがちょうど滑走路に拘束されていた。ハントは情けをかけることに決め、この四人たちを釈放した。数年後、ハントはあのとき自分の釈放した四人のひとりがキューバの革命家、チェ・ゲバラだったことを知る。思いやりなど二度と示すものではないと思い知るには、これだけで十分だった、とハントは言っていた」

ハントはのちに、本来なら頭を撃ちぬくべきときに、ゲバラを釈放したことは一生の不覚だったと述べている。

どちらの側もこの戦争から教訓を得ている。すなわち、思いやりは弱さ、情けは病。最後まで行くことをためらってはならない。

チェ・ゲバラはどうなったか？

それは、まあ、ご存知のとおり。

キューバでフィデル・カストロに加わり、戦って勝利を収める。国連で演説を行い、ニューヨークを闊歩して、ハーレムのホテル・テレサに逗留した。ベレー帽をかぶった姿が写真に収められている。この写真は、のちにシルクスクリーンでTシャツに印刷された（大学進学者の多くがこのTシャツを購入している）。一九六六年、落ち着かなくなってきたゲバラは、ボリビアへ行ってふたたび普遍的闘争に加わることに決める。ゲバラは、南アメリカが解放される日はすぐそこまで来ていると信じていた。カストロが大酒に浸る送別会を開いてくれた。同士ふたりがブタを食べながらビールを飲む。明け方、ハバナに日が昇る頃、車の後部座席に乗り込んだゲバラは、運転手に「車を出せ！」と命じた。ゲバラは変装して旅をした。パスポートの名前はラモン・ベニテスになっている。分厚いレンズの眼鏡をかけた地味な男だ。ラパスでは、ウルグアイから来た中年の経済学者、アドルフォ・メナ・ゴンザレスと紹介されている。ホテルの部屋で、変装した自分を鏡に映して写真を撮っている。盛りをすぎた研究者のようにVネックのセーターを着てスラックスを履いている。葉巻が光を放ち、ホテルのカーテンが風に揺れている。

ゲバラは、はるばる丘まで歩き、反乱軍の小隊を指揮した。戦闘に加わり、戦火を潜る。サルみたいに楽しかっただろうか？　捕まったときは楽しくはなかった。それは確かだ。ゲバラは想像力を駆使して思いつくかぎりの悪態をついた。痩せて髭が長く伸び、神秘主義者かカーニバル狂のように見える。ＣＩＡの諜報員がこの囚人を尋問するために飛んできた。イデオロギーに関する拷問のような議論がなされた。ボリビア人はゲバラを処刑することに決めた。「そのほうがいい」とゲバラは言った。「決して、生け捕りにされるべきじゃなかった」

「もはや憎しみはなかった」とアメリカの諜報員は語っている。「真実の時が来て、ゲバラは男らしく振る舞っていた。勇気と品格を持って自らの死と向き合っていた」

チェ・ゲバラは、一九六七年一〇月九日に処刑された。最期の言葉はＣＩＡによって記録されている。「フィデルに伝えてくれ。まもなくアメリカの革命に勝利が訪れるだろうと。それから、妻に再婚しろと伝えてくれ。そして、幸せになろうとしてくれと」


グアテマラ事件の立役者たちは、その頃までに亡くなっている。ジョン・ピューリフォイは、任地のタイでサンダーバードを運転しているときに。カスティージョ・アルマスは一九五七年七月二七日、グアテマラシティの通りで。妻とふたりで夕食に出かけるところだった。殺し屋に七発撃たれていた。アルマスの死によって、グアテマラではその後何年も続く内戦の時代が始まる。国は情け容赦なく破壊され、二〇万人もの人が亡くなった。一九九五年一〇月、通常の暮らしが戻りはじめると、アルベンスの遺体が掘り起こされ、飛行機でグアテマラシティに運ばれた。大群衆の見守るなか、遺体は神殿の下に埋葬された。

第19章　反動

Backlash

サクセス作戦の詳細が公になるにつれ、アイゼンハワー政権は容赦ない批判に直面するようになった。記者たちが背後関係を指摘しはじめた。アレン・ダレス、ジョン・フォスター・ダレス、トーマス・カボット――彼らはみな政府の職に就く前に、ユナイテッド・フルーツで働いていた過去がある。これは、もちろん、現在もユナイテッド・フルーツのために働いているのでなければの話だが。アイゼンハワーは調査を行うと約束した。そして、アルベンスが辞任して五日後――なんと五日後だ！――司法省はユナイテッド・フルーツを相手取って大規模な訴訟を起こした。反トラスト法違反で起訴したのだ（司法省に最大の競争相手と合併させられたとき、ザムライが恐れていたことそのものだ）。ホワイトハウスは、サクセス作戦とこの訴訟のあいだには何の関係もないと主張しているが、真意は明白だった。アイゼンハワー政権は、バナナマンとはいっさい関係ないことを示そうとしているのだ。トミー・コーコランによると、「ダレスがＵＦに対する反トラスト訴訟を起こしたのは、この会社には何のかかわりもないと証明するためだった」ようだ。

アイゼンハワーは、ユナイテッド・フルーツに騙されたことを罰しようとしているのか、それとも、自身の再選のためにユナイテッド・フルーツを犠牲にしようとしているのか？　この問題をはっきりさせるには、以下のことを確認しなければならない。グアテマラをコントロールしていたのはだれか？　ユナイテッド・フルーツがCIAを操作したのか、それとも、ユナイテッド・フルーツが冷戦の道具として利用されたのか？　長年のあいだ、このクーデターはユナイテッド・フルーツの指示で実行されたと考える歴史家がほとんどだった。バナナマンが自前の傭兵部隊を編成するのは、もはや政治上不可能になったからだと。しかし、この策略が逆方向だったと考える歴史家もいる。『バナナズ・アンド・ビジネス（Bananas and Business）』の著者であるイリノイ大学のマルセロ・ブーチェリ教授は、CIAがユナイテッド・フルーツ――資金、船、鉄道、ノウハウ――を利用した可能性が高い、と教えてくれた。冷戦中に戦闘を遂行するために利用し、あまりにも状況が過熱したのでお払い箱にしたわけだ。この筋書きの場合、反トラスト訴訟は、隠密作戦の最終段階だったことになる。地元の警官に踏み込まれたスパイが、共謀者との関係を絶ったのだ。「とんでもない。こんなやつ、顔も見たことがありません」

司法省は、ユナイテッド・フルーツがグアテマラで独占を行っていたと主張している。ユナイテッド・フルーツはこれに論駁はせず、かわりに、二〇世紀初頭のオリバー・ウェンデル・ホームズの作成した最高裁の判決文を引用して、問題の活動はすべて国外におけるもので、アメリカの裁判所は司法権を持たない、と主張した。エドワード・バーネイズが世論を動かすよう指示を受けている。バーネイズは国じゅうの新聞に情報を流し、社説を書いてもらえるよう後押しをした――なぜ、中央アメリカから共産主義者を追い出すのに一役買ったまさにその企業が、世界の実情もわかっていない検察官たちに目の敵にされているのか。この果物会社の存在を神に感謝すべきであって、解体すべきではないと。

しかし、時代はすでに変化していた。昔の魔法はもう効かない。UFは、かつて世界を切り拓くアメリカ資本主義の最先鋒と考えられてきた。荒れ果てた土地に文明をもたらす、身だしなみのよい男たちが働くところだった。それが、今では過去の遺物と見なされるようになっていた。第二次世界大戦で滅びた植民地世界の残像。このイメージの問題が深刻になっていた。UFは、古いランプに照らされたアメリカの、最も醜い姿を彷彿とさせる存在として、日増しに厄介者扱いされるようになっていった。トーマス・マカンは、バナナ畑の作業員たちにもっと自由を与えるべきだという提案に対して、プランテーションの支配人がこんなふうに答えていたのを覚えている。「なんてこった、おい、リロイがボールを運びたくねえって言うのか？　運びたくねえって――どうすりゃいいんだ？」

反トラスト訴訟は一九五八年に決着し、UFは調停書に署名することに同意した。何ら不正があったとは認めない一方で、UFは少なくとも自社の三分の一以上の規模を有する競争相手を一〇年以内にグアテマラに設立すると約束した。これを実行に移すため、UFは三三パーセントの畑と施設を「独立した果物会社」に売り渡すと約束している。これが実現すれば、まず、プレストンが、次にキースが、そしてついにはザムライが思い描いたかたちのUFが終わりを告げることになる。この詳細を決めるためにひと世代を要した。UFにとって最大の競争相手、スタンダード・フルーツ――のちにドールに購入される――に有利になるのを避けるため、UFは結局グアテマラに残された土地をデルモンテに売却する。デルモンテは、当時のバナナ業界ではドールにかなり差をつけられた三番手だった。売却後数年のうちに、UFは市場占有率首位の座から転落する。二〇世紀始まって以来ずっと守りつづけてきた首位の座だった。

その後、抜きつ抜かれつはあったものの、UFが支配的な座を取り戻すことは二度となかった。一九五〇年、UFの純益は六六〇〇万ドルだった。一九五五年までに、この数字は三三五〇万ドルまで落ち込む。一九六〇年には、ユナイテッド・フルーツの収入は、わずか二〇〇万ドル強になっていた。コスタリカ鉄道をめぐる通行権から始まった物語が、ついに終わりを告げた。

茶

Brown

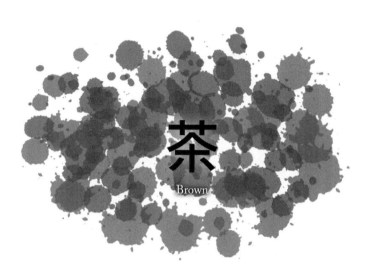

第20章 残されたもの

What Remains

だれも見ていないうちに、サミュエル・ザムライは、衝撃を受けるほど痛々しく老いてしまった。それはちょうどこんな感じだ。朝、家を出たときは若くて頑強だった。口笛を吹きながらマガジン・ストリートを歩いて角を曲がる。バンッという音がして駆けだすと、そこには七八歳の老いさらばえた自分がいて、反対方向へ歩いていった、と。

ザムライはバナナ業界から足を洗った。今度こそきっぱりと。ボストンに永遠に別れを告げる。ニューヨークにも。ホンジュラスにも、コスタリカにも、グアテマラにも、キューバにも、エクアドルにも、コロンビアにも、永遠に別れを告げた。ザムライは、大邸宅を徘徊してドアを閉めてまわる男のようだった。ある年齢になると、どちらの方向へ歩いてみても、遠ざかることにしかならないのだ、と気がつく。

ザムライは、いくつもの時代にまたがる果てしのないキャリアを持っている。始まりは、バナナ・カウボーイの西部劇と、地峡でどんちゃん騒ぎを繰り広げる傭兵たち。オーウェン・ウィスターやブレット・ハートの描く西部劇のアメリカ。おしまいは、CIAと企業の大勝利と、エアコンの効いた悪夢。クライブ・カッスラーやトム・クランシーの描くスパイ小説のアメリカだ。ザムライはこの時代の変化を生き抜いただけではない。この変化は、アメリカ興隆の物語でもあり、ザムライはその一翼をになったのだ。もしかしたら、ザムライのことは、「明白なる使命《マニフェスト・デスティニー》」という名のドラマに出てくる最後の登場人物だと考えれば、わかりやすいのかもしれない。自らの行為を天命と信じ、この半球にある未開の地は、自分が手に入れるためにあるのだと疑わずに生きる男。ザムライが自分の会社をあそこまで大きくできたのは、文明化の名のもとに西部を征服しようとする、このマニフェスト・デスティニーの精神があったからかもしれない。あまりにも大きくなりすぎて、地峡で何よりも重要な避けがたい現実になってしまった。ユナイテッド・フルーツ・カンパニーが中央アメリカを支配したことで、各国の政府はなぶりものにされ、その当時は考えてもみなかったようなかたちで、ばかにされ子ども扱いされてきたのだ。それは、昔のヨーロッパの植民地主義よりも質《たち》が悪い。植民地主義には少なくとも義務の感覚があった。バナナランドに住む人々は、「文明化」と神の世界をもたらす外国人にではなく、金儲けのための冷徹な緻密さで土地を見下ろすビジネスマンによって支配されたのだ。

もちろん、ザムライは自分をそんな目では見ていなかった。自分は近代産業をもたらしていると考えていた。仕事や富を、どちらからも縁遠い場所に創り出すのだ、と。しかし、世界には、自分の目をとおして見る世界と、あるがままの世界がある。何もかもザムライのせいというわけではない。ザムライは、前任者たちの組み立てた機械を引き継いだのだから。もし、この機械の効果に疑問を抱いていたら、ザムライは偉大な人物になっていただろう。しかし、ザムライは偉大な人物ではない。偉大なエネルギーとアイデアとに恵まれた複雑な人物にすぎなかった。ザムライは、この機械を疑ってみたことがなかった。機械が、歯車の一部である人々に対して何をしているか理解することがなかったから。状況があまりにも加熱し、真実を見すごせなくなって、初めて自分がどう見られていたかに気づいて凍りついた。一瞬のうちに、生涯をかけて取り組んだ仕事が、自分が信じてきたのとは正反対の姿を現す。これに気づいたザムライは、なんとかして挽回しようと大攻勢をかけた。ゲームの終わりになって、自らのレガシーを修正――道路や病院、列車の車庫、給水システムの建設――しようとするが、もう手遅れだった。ユナイテッド・フルーツの物語はすでに書きあがってしまった。「我が社の行動について、申し訳なく感じていることもあります」とザムライは述べている。「配当金のことしか考えていませんでした。まあ、現在では、あのようなかたちでビジネスを行うことはできません。我が社が活動をする国にとっていちばんよいことが、我が社にとってもいちばんいいことなのだと学びました。みなさんから好きになってもらうのは無理かもしれませんが、みなさんのお役に立つことで、我が社を必要とし、留まってほしいと思ってもらえるようにしたいと思っています」。これは、明け方になって力関係が変わったことに気づいたトランプ名人《カード・シャーク》の言葉だ。トランプの絵札にはもう価値がなくなってしまった。何十年ものあいだボスとして君臨してきた人間が、歴史の力や、人々の意思にすがる人間になってしまった。物の数にも入れたことのなかったような人々の意思に。

サム・ザムライはふたつのレガシーを残した。ひとつは、アメリカのビジネス界の指導者として。

ザムライは目を見張るような成功者であり、開拓者だ。本人の考えているとおりの人物だ。もうひとつは、ラテンアメリカの指導者として。巨大な権力を握る男として、政治的な人物にもなったザムライのレガシーには影がある。ずっと深い影が。本人の意図とはかかわりなく、抵抗勢力の側に身をおくことになった。ひとりの人間としては、高く評価され、尊敬されていると言ってもいい。これは、ホンジュラスとその人々に対するザムライの愛情とかかわっている。ユナイテッド・フルーツのボスとしては、忌み嫌われている。ザムライの知っているユナイテッド・フルーツが存在しなくなったあとでさえ、二〇一三年に亡くなったベネズエラ大統領、ウゴ・チャベスがエル・プルポを非難している。ユナイテッド・フルーツについて書いた本の多くは、ザムライを軽く扱っているが、会社の世界では生涯とも言うべき二五年のあいだ、ザムライはその本体であり頭脳であったのだ。ザムライのことは、かつてバナナランドを支配した者として、その昔古代イスラエル王国を治めたヤロブアムのような華やかな人物として、ほんのついでに語られる（廃墟にある古代の硬貨にいまだザムライの紋章が見られるのだ）。それは、人々の想像のなかで、ザムライが自分のレガシーをユナイテッド・フルーツと切り離すのに成功しているからだ。何という功績だろう。まるで、プレストンとベーカーとキースの創業した会社こそ怪物で、解き放たれたとたん、行く手にあるものを何もかも食い散らかし、バナナマン・サムまで呑み込んでしまったかのようではないか。

晩年のザムライは、オーデュボン・パークを歩いたり、フレンチクォーターのコーヒーハウスで長居したりするのを好んだ。バターミルクとタイムズ＝ピカユーン紙を手にした老人。ザムライは、埠頭にたたずみミシシッピー川を眺めた。ゆっくりと夕暮れが忍び寄り、一気に青い影が差す。アルジェの界隈に灯がともる。このあたりは、昔アフリカ人の奴隷が鎖でつながれていたところだ。世界は若いが、人の歴史は長い。ザムライはパーキンソン病が悪化し、震えが止まらなくなっていた。この星はザムライを振るい落とそうとしているのだ。思考が曇ってくる。あまりにも長生きして、いろんなことをやってきたので、ザムライは疲れてしまった。ザムライの大きな手が大きな拳になり、いらいらしてテーブルに叩きつけられる。思考はそこにあるのに、うまくまとまらないのだ。なんてこった、セーラ。こんなふうになってしまうのか？　ザムライは、早く床に就くようになり、起きるのは遅くなる。もはや、燃え尽きたエンジンだった。ときおり、ニューオーリンズで目を閉じて、雨が太鼓のように屋根を叩くことがあると、ジャングルに戻ったような錯覚に陥ったかもしれない。キャリアの始まったあの日のように。そうだ、今度は、何もかもうまくやれるだろう。

ザムライに悔いはあっただろうか？

ザムライは、この時代の最も偉大な人生を送った人間のひとりだ。この時代を貪り、手の届くものは何もかも食い尽くした。他の人ほど有名ではないが、わたしなら、最も称賛される人々の隣にザムライの物語を配するだろう。ザムライは息子の死から立ち直ることは決してなかったが、これは悔いではない。打撃だ。戦争中、国のために働いているときにこうむった打撃。

もし悔いがあったとすれば、子供たちをユダヤ人として育てなかったことではないだろうか。ここに、アメリカのユダヤ人が経験することは何もかも経験した男がいる。東ヨーロッパから大量のユダヤ人とともにやってきて、生涯かけて繁栄し、戦争で大きな打撃を受けた。ユダヤ人の女と結婚し、シナゴーグに通い、死者のためにカディッシュを唱えた。男はシオニストだ。男にとってイスラエルは重要で、イスラエルにとっても男は重要だった。それなのに、子供にも孫にも、ユダヤ人であれ、とは言わなかった。ユダヤ人と結婚し、ユダヤ人を育て、ユダヤの神を崇拝し、ユダヤ人として悩め、とは。そして、どの子もそうはしなかった。わたしは、ザムライが意図的にそうしたとも、そう望んだとも思わない。他のことと同じように、ザムライが地峡にいるあいだに、ただそうなっただけなのだろう。ザムライは忙しすぎて、そんなことを気にしている暇がなかったし、気がつくほど注意を払いもしなかった。年をとって手遅れになるまで。ユダヤ人の物語から逸脱してしまったザムライの血筋は、アメリカの自由に呑み込まれてしまったのだ。わたしはそれがザムライの悔いではないかと思う。晩年の悲しみ。ザムライはすべてを成し遂げ、すべてが去ってゆくのにまかせた。

もちろん、これはわたしの想像でしかない。会ったこともない、決して本当に知ることはできない男になったつもりで考えているのだ。ひょっとしたら、間違っているかもしれない。たんにわたしの想像力と勇気が足りないせいで、迷える子羊を悲劇に見立てているだけなのかもしれない。ひょっとしたら、ユダヤの丘の向こうには、困惑も後悔も悲しみもないのかもしれない。そこは、魂のディズニーランドで、完璧な充足感と何ものにも囚われぬ自由があるだけなのかもしれない。つまるところ、ザムライは古代からの遺産を支配者たちの上層部へ昇り詰めることと引き換えにしたのだ。わたしの祖父が言うように「ろくでなしが逃げ出した!」のだ。ひょっとしたら、最初からこれがザムライのゴールで、アメリカンドリームには欠かせない局面だったのかもしれない。ひょっとしたら、ユダヤ教は、いにしえの時代も埃をかぶった本も道徳的な規範も薄暗い部屋にいる腰の曲がった男たちも、何もかもみな牢獄で、ザムライはずっと逃げ出したいと思っていたのかもしれない。イスラエルのためにした仕事はただの税金で、逃げ出すための代価だったのかもしれない。わたしは、そうは思わないけれど。

ユダヤ人の観点から、ひとつの物語として、説明してみよう。テュレーン大学のマージョリー・コーウェン学長夫人から聞いた話だ。ザムライが年をとってから、サム・ジュニアの子供たちがオーデュボン・プレイス二番の家に引っ越してきて、乳母に育てられた。ある日、孫のことをよく知らなかったザムライが、サム三世の部屋のドアを杖で叩いた。一二、三歳の少年が、敷居のところに立った。ザムライはじっくりと少年を見てからたずねた。「それで、おまえの宗教は何だね？」

「キリスト教です」と少年は答えた。

ザムライは踵《きびす》を返すと、何やらつぶやきつつ階段を下りていった。

この頃までに、サムの長女、ドリス・ザムライ・ストーンはラドクリフ・カレッジを卒業し、メソアメリカ芸術文化の研究者になっていた。ドリスはコスタリカに引っ越し、夫のロジャー・テイラー・ストーンとともにプランテーションで暮らしている。ドリスは民族誌学・人類学者で、地峡における失われた文化の専門家だ。このような文化のなかには、ザムライが格安で購入し、切り拓いてバナナを植えた川沿いの土地が中心になっているものもある。これは皮肉なことだろうか？ドリスの途方もない保存と修復の作業は、ザムライの途方もない健忘と破壊の作業なしには存在しなかった。ザムライにとって、過去とはせいぜい自分に無関係なものか、悪くすると夢物語だった。ザムライは物質主義者だ。われわれが所有し理解できるのは、今目の前にあるものだけなのだ。ドリス・ストーンにとって、過去は意味のあるものだった。つまり、こういうことだ。まず征服して、とどめを刺す。それから、遺物を集めて博物館を開く。

ドリス夫妻には子供がひとりいた。サミュエル・ザムライ・ストーン。この子もまた、中央アメリカ史の研究者になる。一九五四年プリンストン卒業生のひとりであるサム・ストーンは本を数冊出版しており、そのなかには、『ザ・ヘリテージ・オブ・ザ・コンキスタドールズ（The Heritage of the Conquistadors: Ruling Classes in Central America from Conquest to the Sandinistas）』と『テルテール・ストーリーズ・フロム・セントラル・アメリカ（Telltale Stories from Central America: Cultural Heritage, Political Systems, Resistance in Developing Countries）』も含まれる。地峡に関するサム・ストーンの本を読むと変な感じがする。自分はこの話とはいっさい関係がないかのような書き方をしているのだ。だれもが汚点のないスタートを切れるかのように。自身の祖父を咎めるような文章もある。このような深い思考ができるようにしてくれた富の源である祖父のことをだ。「これらの国は外国からの投資が必要であり、それを求めている、と多くの部外者の国は繰り返すことをやめない」と、一九九六年にコスタリカで亡くなったストーンは書いている。「そして、ユナイテッド・フルーツとの絶え間ない反目が……大半の中央アメリカ政府とのあいだに存在するが、合衆国ではほぼ気づかれないまま見逃されている……」。このようなさまざまな感情が表現されているにもかかわらず、中央アメリカにあるアメリカ（と日本）の企業は、地峡の国々が小さいために、いまだに最大の雇用者になろうと考えている。外国との交流を提供し仕事を創出してはいるものの、この事実は中央アメリカの人々を傷つけ、自らの資源を活用できずにきたという気持ちにさせている。また、他国が国家の政治に影響を与えることが、傷の上に侮辱を加えている」

サム・ストーンの最も興味深い理論は、この地域の政治的動態に関するものだ。この地方の権力を握った指導者たちの系譜をたどり、中央アメリカの国々が常にひと握りの一族によって支配されてきたことを指摘している。どの一族もコルテスとともにやってきたひとりのコンキスタドールに遡ることができる。一九一〇年頃から、軍部と手を結んで長年実権を握ってきたこの一族が、バナナマンに取って代わられるようになる。バナナマンは富と影響力を用いて将軍たちと取引をし、貴族階級を打倒して自分たちが貴族階級になった。旧一族と違って、バナナ貴族はこの地方の生まれではない。こうして、旧体制は、金持ちになって去ってゆく資本主義者の一群にその座を奪われた。資本主義者たちが義務を感じているのは、ボストンやニューオーリンズにいる株主に対してだけだった(「配当金のことしか考えていませんでした」)。

サム・ストーンには子供がふたりいる。バナナマン・サムの曾孫にあたるが、ふたりともザムライには一度も会ったことがない。長女のアリソン・ストーンは、エルサルバドルに住んでいて、テュレーン大学の理事をしている。次女のステファニー・ストーン・フィオリは、ラテンアメリカ美術史の研究者で、ニューオーリンズに住んでいる。本書の執筆中に、わたしはニューオーリンズでステファニーに会っている。テュレーン大学キャンパスのコーヒーショップで話をした。四〇代で、ほっそりした美人のこの人は、曾祖父について話すことはあまりないと言っていた——伝説が少し、神話が少し。英雄だと考える人もいるし、もっと複雑な気持ちを抱いている人もいるようだ、という漠然とした感覚。この人と話していると、サミュエル・ザムライが奇妙な中間地帯にいるのに気がつくだろう。ザムライはずいぶん前に亡くなっていて、ザムライに直接会ったことのある人はほとんどいなくなってしまった。けれど、まだすっかり歴史上の人物になったわけでない。直接知っている人がひとりもいなくなったときに、そうなるのだろう。段階は四つある。亡くなって間もない段階。亡くなったけれど、覚えている人がいる段階。亡くなって、知っている人もみんな亡くなった段階。亡くなって、知っている人を知っている人もみんな亡くなった段階。わたしが曾祖父のレガシーについてたずねたとき、ステファニー・フィオリは、それを語るには早すぎると答えた。ひとつひとつの出来事が、過去を違った物語にする。ステファニーの娘には、高祖父が過去の遺物になるのだろう。亡くなったアメリカ大統領よりもよく知らない人として。そんなふうにして、血の通った、ジャングルを切り拓き、政府を転覆させたバナナマンが、壁にかかった一枚の写真になる。

亡くなったときのサム・ジュニアには、アンとサム三世というふたりの幼い子供がいた。その後何年もするうちに、この家族は消滅してしまう。まず、アンが交通事故でいなくなった。まだ若い新婚の頃だ。これは、サム・ジュニアの未亡人、マーガレットの肩にのしかかったもうひとつの災難だった。マーガレット・サーストン・ピッカリングには、最初から脆いところがあったのだ。エリートの集団に囲まれつつ、しだいに均衡を欠くようになっていった。マサチューセッツ工科大学では著名な科学者ノーバート・ウィーナーの補佐役を務め、ジ・アトランティック誌では査読係として働いている。最後の住所は、ボストンにあるロバート・B・ブリガム病院で、一九六八年の六月、五四歳のときにこの病院で亡くなっている。ニューヨーク・タイムズ紙に掲載された追悼記事（「ミセス・ザムライ・ジュニア、大尉の未亡人」）に娘のアンのことが書かれていないのを見て、わたしは、たまらない思いがした。これではまるで、アン・ザムライが生まれてこなかったみたいではないか。

これで、残されたのはサム三世だけになった。小さな男の子がひとり。たったひとりの生き残り。一九五一年にライフ誌に掲載された写真で、わたしはこの人を見たことがある。姉と祖父母――セーラとサム・ザムライ――とともに、ザムライのプランテーションにある畑でポーズをとらされている。この写真を見ていると、過去を振り返っているような気分になる。この家族の過去だけではなくて、この国の、そして南部の過去を。大物実業家の足元にいる少年、祖母、姉、犬、こわばった笑顔、分厚い毛織のコート、生い茂った草、カシの木。まるで別世界のようだ。その後、オーデュボン・プレイス二番の邸宅を扱ったドキュメンタリー番組で、ふたたびサム三世を見る機会があった。威厳のある老人になった姿は、どこかよそよそしく思慮深げに見えた。しかし、このときにいたるまでの経緯は謎に包まれている。南部一著名な一家でありながら、サム三世はどこへともなく消えてしまったのだ。

ジョージア州のサバンナで、長年妻とふたりで暮らしていることを突き止めたとき、サム三世は、聞いたばかりのナショナル・パブリック・ラジオ（NPR）のインタビューのことを気に病んでいるところだった。このインタビューのなかで、歴史家がサミュエル・ザムライを最低の言葉で評したのだ。何より癇に障ったのは「泥棒王《ロバー・バロン》」という言葉だった。家族のあいだの物語──サム・ザムライ、クジラを食べた魚──と、長年のあいだに民衆がつくり上げた物語とのあまりの落差に呆然としているかのように、サム三世はこの言葉を繰り返した。そのせいで、初めのうち、三世はわたしと話をすることに対して積極的だった。三世がはっきりと説明して、記録を正すことになっていた。ふたりで計画を立て、日程を調整した。わたしがサバンナへ飛んで、ベランダに腰かける。田舎のモーテルに泊まって、レンタカーのトーラスで毎朝彼の家まで通い、ミントの葉の入ったレモネードを飲む。ひょっとしたら、サッカー地のスーツを買うかもしれない。しかし、時がたつにつれ、しだいに電話の返事が遠のくようになり、会う約束を取りつけることはついにかなわなかった。そのうち返事そのものがまったく来なくなった。わたしは、何度も何度もメッセージを残し、Eメールを送った。

とうとう、ザムライ家の親戚の人から電話があった。ザムライ家と話したこの人は、サム三世が沈黙してしまった理由を説明したいと言う。これは記憶だから（わたしはマイアミのホテルにいた）、かぎかっこは使わないが、だいたいこんな内容だった。サム三世と周りの人たちは、話さないほうがいいと決めた。サムの人生はたくさんの悲劇に見舞われ、辛い思いをしてきた──周りであまりにもたくさんの人が亡くなった──ので、こういう状況では、本人のためにも、昔のことはきれいさっぱり忘れるのがいちばんだろう。

質問したいことはいくつもあったが、サム三世に何よりたずねたかったのは、ザムライのレガシーのことと、イスラエルに関する仕事についてだ。一族のなかにこの話が少しでも残っているのか、それとも、朝の八時には姿を消す、池の表面に浮かぶ膜のように、消えてしまったのか？

ユダヤ人が、なぜいにしえの世界から現代まで存続できたかと訊かれたら、いくつかの理由を思い浮かべられる。伝統の力かもしれない。神の意志かもしれない。あるいは、たんにユダヤ人には選択肢がなかっただけかもしれない。強制居住区に押し込められ、住む町も仕事も限定されて、他のユダヤ人と結婚するしかなかったから。ヨーロッパでベルリンの壁が崩壊したときでさえ、ユダヤ人は偏見と恐怖に取り囲まれていた。ところが、アメリカでは、われわれはみな雑種犬で、ユダヤ人は本物の自由を与えられた。信仰や移動や仕事だけではなく、歴史からも自由になれた。ユダヤ人はアメリカのユダヤ人になることも、ユダヤ人であるのをやめることもできる。それは、多くの者にとって究極の解放になった。

わたしにとって、サム・ザムライの生涯は、真のアメリカンドリームの物語だ。成功だけではなく、その成功を導いた野心のために支払った代価も含めて。地峡の人々が、バナナ戦争でザムライにはむかった男たちが、そして、ザムライ自身が支払った代価。ザムライは本当に代価を支払わずに、逃げ切れると思ったのだろうか？　ザムライは頂点を極めたが、その過程であまりに多くのものを失った。まず息子を、そして家族を。それも、一枚ずつ剥ぎ取られるように。アーサー・ミラーが『代価』で「視点が理解できなければ、代価がわからない」と書いている。ザムライにとって、その視点は、ある程度、いつもあのロシアの農場の窓から見える世界のままなのだろう。その世界では、どんなユダヤ人も家族がなければ、残すものがなければ、生涯の終わりにカディッシュを唱えてくれる息子がいなければ、最も偉大な男でさえ、何の意味もなさない。

もちろん、サム・ザムライの公的なレガシーは、子供や孫ではない。それは、ザムライの成し遂げた仕事で、みなユナイテッド・フルーツの旗印のもとに集まっている。だからこそ、ユナイテッド・フルーツが最後にしくじるのを見るのは耐えがたいことだったにちがいない。ニューオーリンズのベランダに腰かけたザムライには、生涯かけて取り組んだ仕事が迫りくる潮流に――ゲバラに、カストロに――押し流されていくのがわかった。ここにいるのは、何度も去っては、戻ってきた男だ――戻ってきたのは、この男には仕事が人生で、引退すれば欠点や失敗を永遠の記録として受け入れることになるからだ。ザムライが一九三二年にユナイテッド・フルーツを引き継いだとき、この会社は消えていくところだった。ザムライが全精力を注ぎこまなければ、潰れていただろう。ザムライは、その会社に二五年の隆盛を与えた。しかし、この怪物を生き長らえさせたのはザムライの気迫だった。そのザムライが永遠に去った今、ユナイテッド・フルーツの命は尽きようとしていた。

ザムライは、引退するとすぐにユナイテッド・フルーツの持ち株をすべて売り払った。はっきりと幕を引きたかったとか、ビジネス人生を終わらせたかったとか、理由はいろいろあるだろうが、それだけの問題ではない。ザムライは自分の金が信頼のおける者の手に任されていると感じられなかったのだ。自分のいなくなったあと、どうなるかがわかっていて、それを望まなかった。ザムライには、誤った者の手に世界を委ねざるをえない人間の憂鬱があった。ザムライのあとに続く者は、もっと器が小さくて、か弱い、異なる文化の産物だ。「スタイルの違いがあまりにも大きくなったとき」とトーマス・マカンは書いている。「ザムライは、とうとうユナイテッド・フルーツの全持ち株を売却した。ザムライは、戦いを挑むには年をとりすぎていた。ユナイテッド・フルーツとは何かがつかめず、リーダーシップもとれない者の手で、ザムライのキャリアは締めくくられてしまった」

第21章　ピッグス湾

Bay of Pigs

企業というのは、特定の場所における特定の時代の産物だ。USスチールは一八九〇年代のペンシルバニア。マイクロソフトは一九八〇年代のシアトル。その企業の有する世界観を決めるのは、「どこ」と「いつ」だ。会社の脳は物理的な空間に組み込まれている。そういうわけで、会社は、場合によっては不朽のようにも見えるのに、寿命がある場合が多い。多くの場合、年をとって死を迎える。新しい世代の先駆者によってつくり変えられないかぎり——その場合は、もはや別の会社だ——企業の大半は、自らが成功した時代を越えて生きつづけることはできない。創業の頃、広くいきわたっていた考えや想定が時代遅れになり、会社は衰退する。

ユナイテッド・フルーツ／クヤメルは、一九一一年頃の中央アメリカの産物だ。どんな問題があろうと、経営陣はいまだにマニュエル・ボニージャ時代のホンジュラスで仕事をしているかのように振る舞った。コネ、賄賂、傭兵軍、革命——いつも幅広の剣《ブロードソード》と鈍器を使って。それは、グアテマラ・クーデターを経たあとではありえない方法論だったが、キューバで同じ仕掛けを試してみるまで、そのことに気づいた者はほとんどいなかった。

フィデル・カストロの父、アンヘルはユナイテッド・フルーツの小作人として、UFのためにサトウキビを育て、息子をUFの学校へ通わせた。つまり、フィデルはエル・プルポの産物なのだ。サトウキビのそばで成熟しながら、戻ってきて主人を追放し、泥だらけの靴のまま屋敷の絨毯の上を歩きまわる管理人の息子というわけだ。一九五九年、カストロはキューバにあるUFのプランテーションや建物、設備を国有化した。UFは、その損失を六〇〇〇万ドルと見積もっている。当時もアレン・ダレスが長官を務めていたCIAが、計画をまとめた。アイゼンハワーが承認し、ケネディが実行許可を出す。在米亡命キューバ人の一団、二五〇六部隊がキューバのピッグス湾に上陸し、民衆の反乱を引き起こし、できればカストロを打倒する、という計画で、ザパタ作戦と呼ばれる。ハワード・ハントが指揮を執り、資金、銃、船をUFから調達した。マカンによると、J・アーサー・マーケットという名の、ニューオーリンズを拠点とする船乗りがUFとCIAのあいだの連絡役を務め、ロバート・ケネディに会っている。マーケットはのちにケネディの横柄さと「汚い長髪」に文句を言っている。

ザムライはこの作戦にはかかわっていない。年をとって病気をしていたし、株も売ってしまったからだ。ザムライの果たした役割があるとすれば、それは不在によってだろう。そのあとの大失態において、ザムライはアイゼンハワーと同じ立場に置かれることになった。ふたりとも他の者にはコントロールのできないシステムを創り出したからだ。どちらも余人には代えがたい存在だった。

二五〇六部隊は、一九六一年の四月一七日の朝、ピッグス湾に到達した。一四〇〇人の男が四隻の船で運ばれた。うち二隻はUFの提供した船だ。到達したのは、攻撃には不向きな孤立した場所で、岩礁が海岸まで迫っている。亡命人部隊が砂浜にたどり着かないうちに損傷したスキフ船もあった。だれもが重装備で海中を進まねばならない。上陸するまでには、その多くが消耗していた。亡命人部隊は蛸壺壕《フォックスホール》を掘って、爆撃を持ち堪えようとした。ダレスは大統領に緊急支援を要請したが、ケネディはこれを拒絶した――ここが、ケネディがCIAと一線を引いたところだ。二五〇六部隊は翌日降伏した。一一四人が命を落とし、一二〇〇人が捕虜になった。UFは船を二隻とも失った。これが、UFが体制を変更しようとした最後の試みで、一九一一年にホンジュラス政府転覆で始まった流れの情けない締め括りになった。

この直後、UFは熱帯地方に所有する土地を売却しはじめた。アルベンスが力づくで奪ったものを、UFは自ら手放し、プレストンやキースより以前のモデルに戻ろうとしていた。土地や病院、町を所有し、地峡暮らしの困難さを背負い込むのではなく、地元の農夫たち――「共同生産者」――と契約してバナナを提供してもらうのだ。UFは、一九六二年に一五一平方キロの土地を売却する。ピッグス湾事件から一年後のことだ。一九六七年までには、かつてUFが地峡に所有していた一万二一四〇平方キロの土地は、三三二平方キロ以下になっていた。一九七〇年までに、UFは地主としては完全に地峡から撤退した。

わたしは、ホンジュラスを訪れた。廃墟になったバナナ屋敷の跡に立ち、バナナタウンをさまよう。コロラドのゴーストタウンと同じぐらい寂れた感じがした。ここも大英帝国と同じように終わってしまった王国だ。ゆっくりと、やがて何もかもいっぺんに。だれもがやってきたかと思うと、やがて、みんな去ってしまった。この国は、最初のバナナマンがやってきたときと同じぐらい貧しい。わだちのついた道路に沿って建つ掘っ立て小屋、荒れ放題の畑、空っぽのスイミングプール。果物会社のゴルフコースは置き去りにされたまま。フェアウェイには雑草が生い茂っている。

第22章 クジラを食べた魚を地球が呑み込む

The Earth Eats the Fish That Ate the Whale

晩年のザムライのために働いたトーマス・リーマンは、ザムライと（ちょうど、モーゼが神と話すように）話したことのある数少ない存命の人物のひとりだ。最後にザムライに会ったのは、一九六一年に葬儀に参列したとき。「あの人は、もう歩けなかった、杖を使っても」とミスター・リーマンは話してくれた。「それに、ほとんど話すこともできなかった。車椅子に乗っていて、ずっとたくましい人だったけれど、もうその面影はなかった。握手をしようと思って屈んでみたけれど、わたしの手を握り返すこともできなかった。口は開いたままで、目には生気がなかった」

サミュエル・ザムライは、一九六一年一一月三〇日に亡くなった。享年八四歳。財産は三〇〇〇万ドルと見積もられている。ザムライの指示に従って、その半分はニューオーリンズのタウロ・インファーマリー病院に寄付された。残りは、相続人と慈善活動のものとなり、ザムライ・ファウンデーションにも寄贈された。この基金は現在も奨学金を給付している。

ザムライの死亡記事は、ＡＰ通信によって伝えられた。「サミュエル・ザムライ。元ユナイテッド・フルーツ・カンパニー社長。無一文のロシア移民としてアメリカに渡り、バナナを売って三〇〇〇万ドルにのぼる財産を築いた。昨夜、パーキンソン病により当地で死去」と書かれている。「カリブのバナナ生産地帯では、サム・ザムライは『クジラを呑み込んだ魚』として知られていた」

ザムライはメタリー墓地に――空港から市街に入るとき、車で通る――妻と息子、孫娘のアンとともに埋葬されている。メタリーは有名な墓地で、この町の歴史で最も煌びやかな人物に交じってザムライは横たわっている。初代ルイジアナ州知事、ウィリアム・クレイボーン、ザカリー・テイラー大統領の息子で米墨戦争と南北戦争の英雄、リチャード・テイラー、アメリカ連合国（南部連合）の大統領、ジェファーソン・デイビス、野球史上最も偉大な強打者のひとり、メル・オット。この地面の下で、このような有名な死者のあいだにいると、どの集まりにも受け入れられず、どの社会からも歓迎されなかった男が、とうとう受け入れられたような感じがする。「バナナマン・サム」と呼ばれ蔑まれながら、モービルの貧民街で完熟バナナを売り歩いた男が。

第23章 通りまで最速の道

Fastest Way to the Street

ザムライ亡きあと、ユナイテッド・フルーツは使命を失った人間のようになってしまった。あちこちさまよったあげく、脳まで達する一撃をくらってしまう。数々の問題を引き起こした例の大問題（パナマ病）を、ついにスタンダード・フルーツが解決したのだ。ＵＦが政府転覆や法廷闘争にかまけているあいだに、この会社が主導権を握るようになっていた。パナマ病は治らないが、東南アジアに自生するカベンディッシュというバナナの導入によって問題ではなくなった。多くの面においてビッグ・マイクには劣る――味も、大きさも、手軽さも――ものの、カベンディッシュはパナマ病の影響を受けなかった。生産量もカベンディッシュのほうが格段に多い。カベンディッシュの根茎からはビッグ・マイクの二倍の本数のバナナができる。つまり、バナナ会社は半分の土地ですむということで、これは、明らかに政治的意味を持つ。

スタンダード・フルーツに移る前にＵＦで働いていた科学者、Ａ・Ｊ・シュートは、一九五〇年代にカベンディッシュを用いた実験を行うようになった。一九五三年にスタンダードは初めてカベンディッシュの茎を出荷したが、市場に着いたときには痣《あざ》ができていた。ビッグ・マイクは丈夫で船の甲板に置いておけばよかったのに、カベンディッシュは傷つきやすい。そういうわけで、一九五〇年代に、スタンダード・フルーツはバナナ・ボックスを導入した。あまり細かいことは言いたくないが――所詮、箱は箱だから――、これはバナナ業界における革命的な展開だった。バナナを保存し、重ね、輸送する方法を一新するこのバナナ・ボックスを発明できなかったのはUFの恥だ。この会社は焼きがまわってしまった。「初期の頃は刷新を特徴としていたUFが、まねをするようになった」とトーマス・マカンは説明している。「ただ以前の動きと戦術を繰り返すだけだった。UFは、あらゆる刷新力を失った。生産、販売、輸送の分野で、政治の分野と同様に、UFは昔と同じやり方でビジネスを行っていたが、この五〇年のあいだに、バナナを取り巻く環境は見違えるほど変化していた」一九六〇年代の初期までに、スタンダード・フルーツはカベンディッシュしか出荷しなくなっていた。一九六二年にはUFもこれにならう。一九六五年四月に、アメリカで最後のビッグ・マイクが販売されている。そして、おそらく、その後まもなく最後の一本が食べられたはずだ。

ユナイテッド・フルーツは自らの歴史の重みやイメージのもとで苦しんでいた。かつて、アメリカで最も進んだ企業と見なされたUFが、最低の企業のひとつと見なされるようになっていた。後ろ向きの、人種差別をする、時代に逆行した会社。一九六九年一一月、極左テロ組織ウェザーマンの一派によって、第三埠頭にあるUFのオフィスが爆破された。ベトナム戦争反対を唱えてのことだ。UFはいっさい関与していなかったが、爆破した者にとってはどうでもよかったのだ。UFはビジネスを超えた、体制のシンボルになっていた。同じ年、テュレーン大学の民主協会の学生たちが、ザムライの寄付した金をすべて返還せよと、大学に求める声明を出している。「これには、信じるに足る十分な根拠がある」という出だしの熱のこもった文書だ。「一九六七年一一月七日にキャンパスに姿を見せたウィリアム・ゴーズは、CIAの職員を募集しているが、実は一九三〇年代にUF関連の代理人を務めたウィリアム・ゴーズと同一人物である」

一九七〇年代には、第三埠頭そのものが取り壊された。巨大な機械で根こそぎにされてハドソン川に沈められ、世界貿易センターが建設される埋め立て地の一部になった。トーマス・マカンは壊される前のビルのなかを歩きまわったのを覚えている。ザムライのオフィスは、ザムライが去ったときのままで、幽霊のたむろする神殿のようだった。「ザムライは、記念碑的存在だった。今まで会ったなかで最も偉大な人物のひとりだ」とマカンは話してくれた。「使っていた家具も巨大だった。ばかでかい。家具はどうなるのかたずねたら、川に沈めると言うんだ。わたしは机をもらってもいいかと訊いてみた。ものすごく辛そうな顔をされたよ。一トンぐらいある机だったからな。でも、やってくれたんだ。トラックに乗せてボストンまで運んでくれた。で、それ以来ずっとその机で仕事をしているというわけだ」

一九六九年九月二四日、UF株を買いはじめた者がある。その日の終わりまでに、七三万三〇〇〇株が購入された。これは、ニューヨーク証券取引所始まって以来、その時点で三番目に大きな取引だった。当初、買い手の正体はだれにもわからなかったが、この取引でこの人物はUFのオーナーになっていた。翌朝、買い手がボストンを訪れて自己紹介をした。イーライ・ブラックという名前だった。

ブラックは、十代にわたってラビをしている家系のポーランド移民で、自身もラビをしていた。宗教界を退く前は、三年間ロングアイランドで会衆を指導していたが、名前をブラホビッチからブラックに変えてコロンビア大学のビジネススクールに入学した。卒業後、ウォールストリートで職を得て、投資銀行で何百万も稼いでいる。ユナイテッド・フルーツを購入したときは四八歳だった。UFをすでに所有していた会社と合併し、この複合企業《コングロマリット》をユナイテッド・ブランドと称した。ニューヨークのグランド・セントラル駅の上にそびえるパンナムビルにあるオフィスで経営の指揮を執った。ブラックは、ビジネス界に入る前に宗教的指導者であったことには、触れてほしくないようだった。ブラックの前歴についてマカンが記者に話したとき、ブラックはマカンを脇に呼んで「ラビの話は忘れてくれ」と言ったそうだ。

ブラックは約五億四〇〇〇万ドルをユナイテッド・フルーツに支払ったが、これは払いすぎだと言う人が多い（専門家によると、二億ドル払いすぎた可能性もあるらしい）。UFを整備し、価値を加え、再売却する計画があったはずだが、ブラックは金床《かなどこ》を釣りあげた男のように、会社と一緒に沈んでいった。マカンによると、ユナイテッド・フルーツは一九七一年に二四〇〇万ドルの損失を出している。ブラックは予算を大幅に削減し、土地を売り、複数の部門を切り捨てた。一九七三年には、石油輸出国機構（ＯＰＥＣ）がアメリカに対して禁輸措置を発令し、ユナイテッド・フルーツの輸送費が高騰して、利益がさらに減少した。地峡の国のいくつかが――ＯＰＥＣを見習って

――その頃、バナナ輸出国連合(UPEB)というバナナ生産国による企業連合《カルテル》を結成した。加盟国は、一箱につき一ドルをバナナ会社に課税すると誓約した。これでは、ユナイテッド・フルーツは潰れてしまう。ブラックは、加盟国の指導者たちにこの問題を訴えた。とりわけ、ホンジュラス大統領、オズバルド・ロペス・アレジャーノにはたいそう気を配った。名だたる歴史を持つこの会社にとって、寒々しい時代だった。

一九七五年二月三日、月曜日の朝、イーライ・ブラックは鞄に重い本を詰め込んで、運転手にパンナムビルへ向かうよう告げた。ブラックは、エレベーターで四八階に上り、オフィスに入って鍵をかけた。コートを脱ぎ、帽子とマフラーをとると、鞄で窓を叩き割る。割れたガラスの破片を片付け、割れた窓から鞄を放り出し、自分もそのあとを追った。警察は、ブラックが空中にいたのは六秒だったと言っている。パーク・アベニューの高層ビルをあっという間に通り過ぎると、コンクリートが出迎えた。通りに達したときには、時速一六〇キロのスピードが出ていた。ジョン・ダフィー刑事の書いた報告書によると、「頭はふたつに割れていた。前から後ろに向かって、ちょうど真っ二つだった」そうだ。落ちたのはラッシュアワーの人混みのなかだった。その場にいたパトロール警官が記者に愚痴をこぼしている。この言葉は、バナナマン全般に対する批判として受け取れる――「こんなことするなんて最低だ。飛び下りるやつには配慮ってものがない。下にいる人間のことを考えてもみやしない」

この自殺はだれにとっても不可解なものだった。なぜ、こんなことをしたのだろう? イーライ・ブラックは金持ちで、人気者で、愛されているというのに。五〇〇人を超える人々が葬儀に参列した。イスラエルから飛行機で駆けつけた、レナード・ローゼンフェルド師による追悼の辞が述べられた。「何人の人が、イーライを絶望的な選択肢に押しやったのでしょう？」とラビが問いかける。「何人の人が究極の悲劇にかかわったのでしょう——そして、だれがイーライに誤った扉を選ぶよう呼びかけたのでしょうか？」

その年の四月、証券取引委員会がユナイテッド・ブランドを起訴したことで、この謎が解けた。訴状によると、ユナイテッド・ブランドはホンジュラス大統領に一二五万ドルを支払い、バナナ税を減額させてカルテルを潰そうとしたということだ。さらに一二五万ドルが後日支払われることになっていた。「自分にとって大切なすべての領域で成功には程遠いことが、ブラックにはわかっていた」とマカンは書いている。「元ラビだった人間が、賄賂や汚職に手を染めてしまった。ビジネス時代の最大の功績であるユナイテッド・ブランドは、負債の海で浮かんでいるのが難しくなっている。役員たちには背かれ、経営陣の敬意は得られず、友人からも見放された。個人の経済状態も少なくとも会社と同じぐらい悲惨な状態で、人から信頼を得る力は消え果て、方向を変えようにも行き場がなかった」。バナナゲートの名で知られるようになるこのスキャンダルのせいで、ホンジュラスの大統領は辞任に追い込まれた。ニューヨーク証券取引所では、ユナイテッド・ブランド株の取引が一週間停止された。取引が再開されると、株価は急落し、一九三二年にザムライがボストンを訪れて以来の安値をつけた。ユナイテッド・ブランドは証券取引委員会に対して不正を認め、一万四〇〇〇ドルの罰金を支払うことに同意した。一万四〇〇〇ドルとは！　イーライ・ブラックが自ら命を絶ったのは、バナナ業界では取るに足らない、地峡では日常茶飯事の不正行為のためだったようだ。

これが、ユナイテッド・フルーツの最後だ。もちろん、その後もいろいろあったことは知っているし、今でもいろいろある。会社は、次々とオーナーが変わり、一九八三年に二億ドルの損失を計上したあと、カール・リンドナーの手に渡った。億万長者《ビリオネア》の投資家で、父親のアイスクリーム・ショップからキャリアを開始した男だ。リンドナーは本社をシンシナティに移転し、社名をチキータ・ブランド・インターナショナルに変更した。二〇〇一年に、この会社は破産を宣告している。一年後には立ち直ったが、リンドナーはそれまでに引退している。アイスクリームマンも年をとるのだ。もっと最近になって、チキータはコロンビア革命軍（ＦＡＲＣ）に用心棒料を払っていたとして非難されている。このコロンビアのテロ組織から自社の重役のための免責を買うことで、免責を買わない他社の重役を危険にさらしていたのだ。けれど、わたしのＵＦの物語は、あのラビがパーク・アベニューにぶつかったところで終わっている。

エピローグ

Epilogue

サム・ザムライの物語は、ニューオーリンズの物語だ。ニューオーリンズは、ザムライがやってきたとき盛りを迎え、ザムライが逝ってしまって崩れ落ちた。魂のない体、ダブダブのズボンを履いたやせっぽちだ。建物は威容を誇り、通りは果てしなく続くけれど、人はいなくなってしまった。最新の国勢調査によると、居住者は三〇万人以下らしい。最盛期だった一九五〇年代と比べると四〇パーセント減少している。もはや世界を牽引する造船業の町でもなく、商業の中心でも、メキシコ湾の女王でもない。海賊が目指す目的地でもなければ、ケンタッキーの木こりのオアシスでもない。ミイラにされ、塩漬けにされ、自らの存在を物語る透視画《ジオラマ》になってしまった。記憶を糧に食いつなぎ、一枚ずつ皮を剥がして売り渡す。落ちぶれて、ぼろぼろになり、何もかも使い果たし、それでもなおすばらしい。それは、アメリカじゅうどこを探しても、こんな町はないからだ。家には幽霊が住みつき、人は風変りで、夕暮れは血のように赤く、水は黒く、イカれた音楽に、トビキリの食べ物があるから。そして、かつては、傭兵やパロット王や機関銃操者や、世界一偉大なバナナマンが住んでいたからだ。ニューオーリンズがニューヨークだとしたら、サミュエル・ザムライはジョン・D・ロックフェラーだ。自分のレガシーを町に捧げて、その町が死んでしまったら、どうなるのだろう?

　何より切ないのは、カナル・ストリートの北、セント・チャールズ・アベニューにあるユナイテッド・フルーツ・ビルだ。車で通れば、入り口が見える。入り口はアーチになっていて、石には金線細工《フィリグリー》がほどこされ、上部にはたっぷりと熱帯地方の装飾がなされている。この町に確かな未来が待っていた、UFが覇者だった頃の様式で建てられたものだ。真の世界企業の先駆けとして、一〇〇隻の船と何千平方キロの土地を有し、一〇万人の社員がいた、ユナイテッド・フルーツ・カンパニー。けれど、アーチをくぐると、あるのはしょぼくれたロビーだけだ。ビルは自らの栄光に口をつぐみ、外国の領事館や、何の変哲もない法律事務所や銀行に部屋を提供している。銀行の内部に入って、天井を見上げると――バナナを載せた蒸気船がヤシの茂る湾岸を航行する姿を描いた、ディエゴ・リベラを思わせる壁画が、かつてはそこにあったのだ――窓口係がいら立った顔を見せた。

「何をご覧になってるんですか?」

「ユナイテッド・フルーツの壁画がまだあるかどうか確かめたくて」

「ユナイテッド・フルーツって?」

　サム・Z、バナナマン・サム、エル・アミーゴ、大きなロシア人、グリンゴ。ザムライは一筋縄でいく人間ではなかったし、その一生も論争なしには語れない。ザムライの一生を偉大な男の物語だと考える人もいる。彼らにとってザムライは、ビジネスの草分けであり、英雄だ。一方で、海賊の物語だと考える人もいる。彼らには、断りもなしに略奪したコンキスタドールだろう。

この物語は、アメリカについて何を語っているだろうか？

それは、わたしが自分自身に問いつづけてきた問題だ。ザムライについて調べ、インタビューを行い、旅に出て、執筆しているあいだ、繰り返し自問してきた。最終的にわたしは、ザムライのキャリアはこの国の歴史なのだ、と考えることにした。ひとつの人生のあいだに経験した、約束と、その約束に対する裏切り。それは、一〇〇年前、アメリカが新興勢力だったときに始まり、おととい、人々の自信が0んで終わる。無様に見えるかもしれないが、ザムライも気づいていたとおり、生きて呼吸をしているかぎり、最終章はまだ書き込まれていない。ザムライをザムライたらしめる特徴は、自分ならできると信じる力だ。決して絶望はしない。どんな物語にも挽回できないものはない。頭を使ってとことんやれば、最悪の事態は乗り越えられる。アメリカの凋落がささやかれて久しいが、わたしは感じずにはいられない。ザムライをまねれば、われわれはうまくやれるのではないかと。残虐さや征服のことを言っているのではない。言っているのは、まっとうな怒りのことだ。あの働き者を、冷笑を浮かべたエリートの待つ取締役室へ送り込んだ怒り。手にした委任状を振りかざし、あの怒りを込めて怒鳴りつける。「おまえら紳士の仕事はもう、うんざりだ。ここは、おれが建て直す」と。

情報源に関する注釈ならびに謝辞

A Note on Sources and Acknowledgments

本書の執筆にあたり、数百の書籍、新聞記事、雑誌記事、インタビュー、政府文書、企業報告書のほか、従来とは違ったかたちの情報源も参考にしました。とりわけ参考になったのは、担当記者や戦場記者が、それぞれの出来事が明らかになる過程を追って執筆した記事です。その中には、ニューヨーク・タイムズ紙、ニューオーリンズ・ステーツマン紙、デイリー・ピカユーン紙、タイムズ＝ピカユーン紙、ウォールストリート・ジャーナル紙、タイム誌、フォーブス誌、ライフ誌などがあります。また、各種図書館に保管されている未刊行の論文や、テュレーン大学、テネシー大学ノックスビル校にある日記、手紙のコレクション、私信も参考になりました。リー・クリスマスの手紙からは、特に初期のホンジュラスの様子がよくわかりました。また、この時代に関する資料を収蔵する、官民の研究機関の皆様にもお礼を申しあげたいと思います。アメリカ議会図書館。ハーバード大学図書館（ここにはユナイテッド・フルーツの写真のコレクションがあります）。テュレーン大学のハワード・ティルトン記念図書館（ここには、四〇年以上にわたり定期的に刊行されたユナイテッド・フルーツの広報誌『ユニフルーコ』の全冊が収蔵されています）。証券取引委員会デジタルアーカイブ（ここで、ユナイテッド・フルーツとバナナ取引をめぐる反トラストの調査に関する書類、バナナゲートに関する法的文書を見つけました）。アメリカ合衆国議会のアーカイブ（ここでは、「バナナ税」が提案されたときの小委員会公聴会の記録を見つけました）。アメリカ陸軍アーカイブ。エリス島アーカイブ。アメリカ合衆国税関とアンセストリー・ドットコム（このサイトを通じて、サムとセーラ・ザムライの往来をたどることができましたし、また、ザムライが記入したパスポートと積荷目録をほとんど全部見ることができました）。

同様にお世話になったのは、インタビューに答えたりガイドを務めたりすることで、アメリカ史における注目すべき時代の案内役となってくださった方々です。晩年のザムライのため法律関連の職務を担当したトーマス・リーマン。コロンビア大学ジャーナリズムスクール学部長のニック・リーマンが、父上のトーマスに引き合わせてくれました（八〇代のリーマン氏は息子の話になると、「それで、学部長は、そのことについてどう思っているのかな？」と、いつもおっしゃっていました）。最後のバナナ・カウボーイの代表、フランク・ブローガン――ザムライのことは、存命中のだれよりもこの人がよくご存じだと思います。テュレーン大学ロジャー・テイラー・ストーン・ラテンアメリカ研究センターのホーテンシア・カルボ。テュレーン大学中央アメリカ研究所のケイト・ロートン。ニューオーリンズ美術館の職員の皆様（調査のため訪れたときには、ザムライの収集したマヤの遺物が展示されていました）。歴史家、著作家であり、ユナイテッド・フルーツに関するあらゆることの専門家、マルセロ・ブーチェリ（ブーチェリは、この会社の歴史を紹介する傑出したウェブサイト、ユナイテッド・フルーツ・ヒストリカル・ソサエティを運営しています）。ホンジュラスで通訳とガイドをしてくれた、マイク・バラダレス。旅の道連れとなり通訳をしてくれた、マーク・バルクサーキス。ニューオーリンズ滞在中、ずっと友達として面倒をみてくれたマーク・キルロイ。熱心に相談にのってくれ、驚くほど調査を助けてくれた、デイビッド・スピールマン。ステファニー・ストーン・フィオリとその夫君、テュレーン大学アメリカ大陸政策研究センター長のルドビコ・フィオリ。元テュレーン大学教授でラテンアメリカ研究家のＥ・ウィリス・アンドリューズ。テュレーン大学総長のイーモン・ケリー。テュレーン大学のリチャード・グリーンリーフ。テュレーン大学のマージョリー・コーウェン。サミュエル・ザムライ三世。ピーター・ジェイコブソン。アメリカン・シオニスト・ムーブメントの会長、ウィリアム・ヘス。司法省に勤務し、ヒューイ・ロング暗殺事件を調査したモリス・リーブマン。イスラエル人の視点から、シオニズムに対するザムライの貢献を説明してくれたガディ・マール。元ホンジュラス大統領マニュエル・ボニージャの孫でテグシガルパ在住のマニュエル・ボニージャ三世。そして、本書で述べた出来事の多くを実際に目撃したトーマス・マカン。

ファラー、ストラウス・アンド・ギルー（FSG）の仲間たちにも心から感謝しています。ミランダ・ポプキー、デブラ・ヘルファンド、リサ・シルバーマン、シャーロット・ストリック、ジェフ・シーロイ、サリタ・バーマ。そして、原稿に関して、他のだれにもできない作業をしてくれたジョナサン・ガラシにはとりわけ感謝しています。シンシア・コッツのしてくれたことには、どんなに感謝してもしきれません。アルブレヒトが誇りに思えるような本にできるように、本書の事実確認をしてくれました。シンシアは編集面でもわたしを叱咤してくれました。たとえて言うなら、あのディトカ・コーチの言う、勝敗を決する最後の腕立て伏せ五〇回をやらせてくれたということです。すばらしきジェニファー・ルドルフ・ウォルシュにも尽きることのない感謝を捧げます。もっと漠然と、もしかしたらもっと骨の折れるかもしれないかたちで、助けてくれた人たちにもお礼を申しあげたいと思います。何億回も本書を読んでくれたジェシカ・メドフ。一晩じゅう寝ないで操舵室を守ってくれたデイビッド・リプスキー。ジョナサン・ニューハウス、グレイドン・カーター。ジュリー・ジャスト、ケビン・ベーカー、ジェリー・ワイントローブ、ハーブ&エレン・コーエン、シャロン&ビル・レビン、スティーブン・コーエンとリサ・メルメド、レニー・ブルメンタール、ロバート・ブルメンタール、デイビッド・ブルメンタール、キャリー・ゴールドスタイン、アレック・ウィルキンソン、イアン・フレイジア。そして、コネチカットの我が家の裏にバナナの木を植えるのを手伝ってくれた息子たち、マイカ、ネイト、エアロンにも。あのバナナがすぐに枯れてしまったことで、バナナ・ビジネスと芸術全般に関する重要な教訓を得ました。それは、ぴったりあった土壌に植えなければ、死んでしまう、ということです。そして、もちろん、フランシス・アルバート・シナトラにも。

した（この話はマカンが教えてくれた）。ニクソンの机が必要になったマカンは、第三埠頭のオフィスにあった家具を使用している。この映画にはザムライの机がニクソンの机として登場する。それが似つかわしいような気もするし、違うような気もする。

355 **加盟国は、一箱につき一ドルをバナナ会社に課税すると誓約した**　バナナ輸出国連合（UPEB）は、当時世界最大のバナナ生産国だったエクアドルが加盟を拒否して瓦解した。

355 **「頭はふたつに割れていた」**　イーライ・ブラック（Eli Black）の自殺は、コーエン兄弟の映画『未来は今（The Hudsucker Proxy）』の冒頭シーンのモデルになったと言われている。

355 **「こんなことするなんて最低だ」**　この引用とブラックの自殺に関する詳細は、トーマス・マカンとの会話およびマカンの著書による。イーライ・ブラックについては、Langley and Schoonover, *The Banana Men* ; Chapman, *Bananas* ; Koeppel, *Banana* ; Jenkins, *Bananas* ; Kinzer, *Overthrow* ; Kilborn, "Suicide of Big Executive" などによる。

355 **五〇〇人を超える人々が**　"Eli Black's Rites Attended by 500" より。

356 **この謎が解けた**　ユナイテッド・ブランドに対する起訴内容を要約した "Complaint Names United Brands Company" を参照。また、Cole, "S.E.C. Suit Links a Honduras Bribe to United Brands" も参照。

357 **アイスクリームマン**　本書の執筆にあたって、筆者はチキータの関係者にインタビューを試みた。この依頼をとおして、オハイオ州シンシナティにあるチキータ・ブランド・インターナショナルのIR・広報部長（manager of investment relations and corporate communications）、アンドリュー・シャファディーニ（Andrew Ciafardini）とEメールのやりとりをしたが、結局インタビューは実現しなかった。

357 **もっと最近になって、チキータは**　Gentile, "Families Sue Chiquita in Deaths of Five Men" を参照。

第20章　残されたもの

343　**ザムライには、誤った者の手に**　ザムライの晩年については、フランク・ブローガン（Frank Brogan）とトーマス・リーマン（Thomas Lemann）にお世話になった。

第21章　ピッグス湾

347　**ケネディはこれを拒絶した**　ジョン・F・ケネディ（JFK）暗殺をめぐる仮説には、このエピソード——ケネディが空軍を出動させないことに決め、ピッグス湾の浜辺で亡命人部隊が命を落とす結果になった——を軸として展開するものが多い。いくつかの説では、CIAがユナイテッド・フルーツの元社員で、ザムライの支配する冥界の住人であった、リー・ハーヴェイ・オズワルド（Lee Harvey Oswald）を雇い、報復したことになっている。よく引き合いに出されるのは、メキシコシティでオズワルドが訪れたロシア大使館の来館者名簿のなかで、オズワルドの名前がウィリアム・ゴーデット（William Gaudet）の隣に記載されている事実だ。これは、このふたりが一緒に来館したことを示しているというのだ。ウィリアム・ゴーデットは、おそらくCIAの諜報員で、ユナイテッド・フルーツが一部経費を負担するプロパガンダ新聞、『ラテンアメリカ・レポート』の発行者だった。「JFK暗殺の直前に、オズワルドがメキシコシティでアメリカ大使館を訪ねたとき、来館登録に記されたオズワルドの名前のすぐ隣にあるのは、ウィリアム・ゴーデットの名前だった」と、トーマス・マカンが『アン・アメリカン・カンパニー（An American Company)』で書いている。「本書執筆時点（一九七六年）で、この偶然は説明されていない」と。もし、わたしがこの問題について十分深く掘り下げていないとしたら、それは、カポックの木のまわりをグルグル回って、自分のしっぽを追いかけるはめになりたくないからだ。

347　**これが、UFが体制を変更しようとした最後の試みで**　ピッグス湾事件については、Kornbluh, *Bay of Pigs Declassified* ; Rasenberger, *The Brilliant Disaster* ; McCann, *An American Company* ; Schlesinger and Kinzer, *Bitter Fruit* ; Anderson, *Che Guevara* ; Kinzer, *Overthrow* ; Dulles, *The Craft of Intelligence* ; Hunt, *Undercover* を参照。

347　**UFは、一九六二年に一五一平方キロの土地を売却する**　“Gringo Company”より。

第22章　クジラを食べた魚を地球が食べる

350　**初代ルイジアナ州知事、ウィリアム・クレイボーン**　情報はわたし自身の墓地訪問およびGandolfo, *Metairie Cemetery*による。また、Findagrave.comも参照。

第23章　通りまで最速の道

352　**一九六九年一一月**　“They Bombed in New York”より。

353　**「ザムライは、記念碑的存在だった」**　ユナイテッド・フルーツを辞めたあと、マカンは映画プロデューサーをしている。一九七五年、リチャード・ニクソン（Richard Nixon）の会話が録音されたウォーターゲート・テープを使って、映画『ザ・ウォーターゲート・カバーアップ・トライアル（The Watergate Cover-up Trial)』を製作

300 **「フルシチョフやその後継者たちが」** この引用は、ダレス（Allen W. Dulles）が長年抱いてきた気持ちで、Dulles, *The Craft of Intelligence* に登場する。

306 **アテネであろうがグアテマラシティであろうが、ピューリフォイは** ピューリフォイ大使（John Peurifoy）については、Higgins, *Perfect Failure* ; Quigley, *The Ruses for War* ; Schlesinger and Kinzer, *Bitter Fruit* ; Chapman, *Bananas* ; Lewis, "Ambassador Extraordinary" を参照。

308 **「大統領は語った」** Kinzer, *Overthrow* より。

309 **この船は、アルフヘイム号というスウェーデンの船で** この事件とそれをめぐるグアテマラのドラマは、アメリカ合衆国国務省歴史課（Office of the Historian）のウェブサイト（http://history.state.gov）で見ることができる。これらの出来事は、『ビター・フルーツ（Bitter Fruit）』や『シャッタード・ホープ（Shattered Hope）』など、いくつかの上記書籍で扱われている。"Swedish Freighter Anchors off Key West"; "Reaction in Other Capitals"; Gruson, "Guatemala Says U.S. Tried to Make Her Defenseless"; Waggoner, "U.S. White Paper Alerts Americas to Aims of Reds" も参照。

310 **ゲバラは、グアテマラシティを** Anderson, *Che Guevara* より。

313 **「われわれに落ち度があるとすれば」** アルベンスについては、Pellecer, *Arbenz y yo* ; Simon, *Guatemala* ; Hunt, *Undercover* ; Schlesinger and Kinzer, *Bitter Fruit* ; Chapman, *Bananas* ; Anderson, *Che Guevara* ; Lewis, "Ambassador Extraordinary" ; Kennedy, "Arbenz Blames U.S. for His Fall" を参照。

313 **「一五日のあいだ、グアテマラに対する残酷な」** Hunt, *Undercover* ; Schlesinger and Kinzer, *Bitter Fruit* ; Gleijeses, *Shattered Hope* を参照。

316 **モンテビデオで暮らした** アルベンスの放浪は、当時の新聞記事に逐次報告されている。例えば、"Arbenz Would Be Swiss"; Gruson, "Arbenz to Make Home in Prague" を参照。アラベラ・アルベンス（Arabella Arbenz）の写真は、ジェイミー・ブラボ（Jaime Bravo）を紹介するウェブサイト（http://matadorjaimebravo.com.）で見ることができる。

317 **その年の一月二七日** 最近の展開については、Malkin, "Guatemala to Restore Legacy of President U.S. Helped Depose" を参照。

319 **一世代たたないうちに** スタンダード・フルーツは、ニューオーリンズを拠点とする個人所有の企業で、一九六四年から一九六八年までキャッスル・アンド・クック（Castle & Cooke）の所有になったあと、ドール（Dole）と改名した。Karnes, *Tropical Enterprise* を参照。

第19章　反動

327 **日増しに厄介者扱いされるようになっていった** この部分については、Ambrose, *Eisenhower* ; Tye, *The Father of Spin* ; Hunt, *Undercover* ; Schlesinger and Kinzer, *Bitter Fruit* ; Taylor and Scharlin, *Smart Alliance* ; McCann, *An American Company* を参照。晩年については、当時ユナイテッド・フルーツの経営陣と仕事をした、マカンの著書が特に参考になる。"United Fruit Yields in Suit" も参照。

Bananas ; Hochstein and Greenfield, *The Jews' Secret Fleet* ; Weizmann, *Trial and Error*を参照。

第18章　サクセス作戦

265 **地獄行きの門を開けたければ**　この部分については、Gleijeses, *Shattered Hope* ; Schlesinger and Kinzer, *Bitter Fruit* ; Cullather, *Secret History* ; Grandin, *Empire's Workshop* ; Chapman, *Bananas* ; May and Plaza Lasso, *The United Fruit Company in Latin America* ; McCann, *An American Company*などによる。

266 **労働者など存在しない**　Koeppel, *Banana* ; Perez-Brignoli, *A Brief History of Central America* ; Gleijeses, *Shattered Hope* ; Schlesinger and Kinzer, *Bitter Fruit*を参照。

268 **統治すると述べている**　Perez-Brignoli, *A Brief History of Central America*より。

273 **「ユナイテッド・フルーツの成功は」**　Schlesinger and Kinzer, *Bitter Fruit*より。

274 **UFには、その見返りとして**　自分の主張が正しいことを示すために、アルベンス（Jacobo Arbenz）は、「布告九〇〇」のもと、自らの家族の土地を没収するよう命じている。

278 **「闘争が行われている」**　Anderson, *Che Guevara*による。上記の書籍に加え、Castañeda, *Compañero* ; and Guevara, *The Complete Bolivian Diaries*などにもよる。

282 **「機会があった」**　Anderson, *Che Guevara*より。

283 **「国務次官になった直後」**　コルクのトミー（Tommy the Cork）と政治的な雇用については、McKean, *Tommy the Cork* ; Hunt, *Undercover* ; Schlesinger and Kinzer, *Bitter Fruit* ; Whitfield, "Strange Fruit" ; McCann, *An American Company* ; "The Cork Bobs Back"を参照。

284 **クレメンツが一九七四年に亡くなると**　Schlesinger and Kinzer, *Bitter Fruit*を参照。

289 **私的な興味を発展させたければ**　エドワード・バーネイズ（Edward Bernays）については、Tye, *The Father of Spin*やバーネイズ自身の著作、特に*Propaganda*と*Biography of an Idea*による。

290 **バーネイズは広告を出し**　バーネイズはモデルたちに金を払ってスモークアウトに参加してもらい、モデルほど魅力的ではない者が、羊のごとく後を追うことになるよう仕向けている。一九三五年に発行されたジョン・オハラ（John O'Hara）の小説『バターフィールド８（BUtterfield 8）』のなかに以下のようなやりとりがあるのを見つけた。

「外国人みたいな男と歩いてた娘に気づかなかった？　あの娘、タバコ喫ってたわよ」

「あれ、お金もらってるのよ」

「お金もらってるって？」

「そう。もらってるのよ。ウィンチェルのコラムに書いてあったわ――」

291 **「広々とした机の向こうに座っていた」**　Bernays, *Biography of an Idea*より。

296 **ニューヨーク・タイムズ紙のメキシコ局長**　Gruson, "How Communists Won Control of Guatemala"による。グルソン（Sydney Gruson）は、実際グアテマラがアカになったと述べている。

the Horrible)』を描いた漫画家ディック・ブラウン（Dik Browne）の作品で、ナイトクラブで活躍するブラジル人歌手カルメン・ミランダ（Carmen Miranda）がモデルなのは一目見ればわかる。ミランダは、（強い訛りのある英語で歌い踊り）国じゅうの人気をさらっていた。チキータは、ミランダのように果物カゴを頭に載せ、ミランダのようにヒールを履いた足を高く蹴りあげ、ミランダのようにたっぷりした襞のあるスカートをたくし上げ、たわいのない歌を歌いつつ、ちょっと見せすぎではないかと思うほど、歩兵たちに太腿を見せている（Pieterse, *White on Black* ; Jenkins, *Bananas* ; Wilson, *Empire in Green and Gold*を参照）。

第17章　イスラエルをコシラエル

247「**わたしは初めてニューオーリンズへお邪魔した**」 この言い方（I paid my first visit to New Orleans）をおもしろいと感じるのはわたしだけだろうか？

250 **一九二六年には、パレスチナに発電所を建設するため七〇万ドルを寄付し** “To Aid Power Plant on Jordan River”より。

250 **一九四〇年代の初めには、ザムライは** ザムライのシオニズムに対する貢献については、Feldstein, *The Land That I Show You* ; Hammer, *Good Faith and Credit* ; Whitfield, “Strange Fruit”の他、各種新聞記事を参照。

250 **数百人のユダヤ難民を** このようなエミグレ（政治的理由による移民）の大半は、一九六〇年までにアメリカに移っている。現在ソスアには、戦中に移り住んだ一団から続いている約七〇人のユダヤ人が暮らしている。ユダヤ・バーチャル図書館（Jewish Virtual Library）によると、「ソスアに留まり自分の土地を守ってきた人々は、大きな財産を築いている。ウィーンからきた初代移住者エリク・ハウザー（Erik Hauser）は、現在、繁華街の一区画を所有しているが、これは移住当初から所有していた三二ヘクタールの土地であり、そこにホテルやレストランが建てられたのだ。ハウザーはソスアの住民のなかで、いちばんの金持ちである」(Lauren Levy, “The Dominican Republic's Haven for Jewish Refugees”およびユダヤ・バーチャル図書館を参照）。

253「**連合軍の勝利のもと**」 Hochstein and Greenfield, *The Jews' Secret Fleet*より。

256「**ザムライが購入資金集めを手伝い**」 マカンはこの点を正しく扱っていない。エクソダス号は送還されている。それゆえに、この船はこれほど力強いシンボルになった——ホロコーストを生き延びた人々は、彼らをさいなむ土地へ押し返されたのだ。エクソダス号は、レオン・ユリス（Leon Uris）が小説『エクソダス　栄光への脱出（The Exodus)』で描いた船のモデルであり、オットー・プレミンジャー（Otto Preminger）が監督した同名映画（邦題は『栄光への脱出』）の元にもなっている。わたしは、生前のエクソダス号船長にインタビューをすることができた。

256 **ブリハで最も有名な船** ザムライとブリハについては、Hochstein and Greenfield, *The Jews' Secret Fleet* ; Hammer, *Good Faith and Credit* ; Skolnik, *Encyclopaedia Judaica, Vol.21*; Weizmann, *Trial and Error* ; Weisgal, *...So Far*を参照。その他の情報は新聞記事、ガディ・マール（Gadi Marle）との対話による。

260 **これらの国々の背後で** この部分については、Klich, “Latin America, the United States, and the Birth of Israel” ; Didion, *Salvador* ; Morris, *1948* ; Chapman,

第15章　ロス・ペリコス

228 **何かの拍子に一本やられれば**　バナナの疫病と各会社がそれにどう対処したかについては、Voss, "Report on Aerial Application Procedures and Equipment" ; Calpouzos, "Studies on the Sigatoka Disease of Bananas and Its Fungus Pathogen" ; Pillay and Tenkouano, *Banana Breeding* ; Taylor and Scharlin, *Smart Alliance* ; Jenkins, *Bananas* ; Mohr and Gordon, *Tulane* ; Stewart, *Keith and Costa Rica* ; Koeppel, *Banana* ; Kobler, "Sam the Banana Man";*Unifruco*, Winter 1927を参照。

229 **頼むよ、スポート**　McCann, *An American Company*より。ザムライは、人に「スポート（Sport）」と呼びかけることがよくあった。『グレート・ギャツビー』の主人公ジェイ・ギャツビーとザムライの共通点はこれだけではない。

231 **ユナイテッド・フルーツは翌年、生物学者のA・J・シュートを雇い**　Karnes, *Tropical Enterprise*より。

237 **クライマックス・シーンに登場する**　マカンによると、施設使用と引き換えにユナイテッド・フルーツが求めた唯一の条件は、ボガードに簡単なインタビューをすることだった。マカンがまとめて、社の広報誌『ユニフルーコ』に掲載するためだ。一日じゅう飲んでいたボガードは、この場面の撮影ができないほど酔っぱらったあげく――スタントマンが使われた――ノートを持って近づいてきたマカンを、とっとと、うせろ、このガキ、と怒鳴りつけている。

237 **エリア・カザンは『波止場』の撮影にこの埠頭を使うつもりだった**　この映画を丹念に観ると、埠頭の労働者たちが積み荷を下ろしている船のなかの一隻がバナナを運んでいることに気がつく。組合の責任者は、これで船のオーナーに対して強い立場に立てることになるだろう。というのは、数時間遅れただけで、積み荷が台なしになってしまうからだ。

第16章　バナナ、戦争へゆく

241 **戦時中作物**　Zemurray with Smith, "War Crops from Our Neighbor's Garden"より。戦時中のユナイテッド・フルーツに関するさらなる情報については、Chapman, *Bananas* ; May and Plaza Lasso, *The United Fruit Company in Latin America*を参照。

242 **フランクリン・ルーズベルトの全国戦時労働局による活動の一環として**　"Jamaica Acts to Send Men Here"を参照。このエピソードは、ザムライが古典的な意味でバナナマンのように振る舞ったことを示している。初期の頃のバナナ産業においては、先住民が畑で働くのを拒んだり、仕事ができなくなったりすると、マイナー・キースがジャマイカなどの島々から労働者を連れてきた。現在、地峡のカリブ海沿岸が中央アメリカというよりカリブの雰囲気に近いのは、そのせいだ。

242 **ザムライは持てる力のすべてを出し尽くした**　その一方で、ユナイテッド・フルーツがバナナ以外の作物へ多角化を図るのと並行して、重役たちはブランドイメージを建て直そうとしている。社のマスコット・キャラクターとしてお色気たっぷりの「チキータ・バナナ」が投入され、一九四四年に新聞・雑誌の広告やラジオのコマーシャルに初めて登場している。このキャラクターは、『ヘイガー・ザ・ホリブル（Hägar

199 **この種の大学のなかでは現在も中央アメリカ屈指**　Malo, *El Zamorano*を参照。

201 **大統領本人に面会することもあった**　Eggenberger, *Encyclopedia of World Biography* ; Marcus, *United States Jewry, 1776–1985*より。

201 **ザムライを、非公式な大統領顧問のひとりと**　以前、ザムライをルーズベルト大統領に引き合わせたフェリックス・フランクファーター（Felix Frankfurter）の紹介で、ザムライはホワイトハウスに出入りするようになった。

202 **「いったい何人いるだろうか」**　この演説は、http://www.youtube.com/watch?v=VIMi7fBA6e4で視聴できる（最終アクセス日：二〇一二年二月三日）。

203 **ロングにとって、「人民」とは**　ヒューイ・ロング（Huey Long）については、Williams, *Huey Long* ; White, *Kingfish*の他、Liebling, *The Earl of Louisiana*の抱腹絶倒の冒頭部、Long, *Every Man a King*などによる。

204 **「夜になると、応接間のテーブルを囲み、文字どおり」**　Barry, *Rising Tide*より。

205 **ザムライの富がリングを支持するのはなぜか**　Long, *Every Man a King*より。

208 **わたしは、このときの調査官のひとりと知り合いだった**　モリス・リーブマン（Morris Leibman）は、わたしの友人でありシカゴ時代の指導者でもあった。リーブマンは、ニュートン・ミノウ（Newton Minow）とともに、法律事務所を創設しており、その事務所は合併により現在シドリー・オースティン（Sidley Austin）法律事務所になっている。

209 **もっと悪質な陰謀だと考える人もいる**　ロングに関するさらに鋭い見解については、Deutsch, *The Huey Long Murder Case*を参照。

第14章　クジラを食べた魚

211 **それが堆積物のように増えていった**　Federal Writers' Project, *New Orleans City Guide (1938)*より。

212 **UFは死のスパイラルに陥っていた**　企業の数字については、ウォールストリート・ジャーナル紙とニューヨーク・タイムズ紙の記事、"United Fruit Annual Reports" (1929–1933) ; Wilson, *Empire in Green and Gold* ; Whitfield, "Strange Fruit"; Langley and Schoonover, *The Banana Men*を参照。また、"Zemurray vs. Boston" も参照。

216 **「それなら、そいつの言うことを聞いたらどうだ」**　この会話は、ザムライがアメリカン・マガジン誌の記者に詳細を語ったものである（Pringle, "A Jonah Who Swallowed the Whale"）。

218 **ウィングは目も上げずに**　トーマス・マカン（Thomas McCann）が『アン・アメリカン・カンパニー（An American Company）』のなかで、この場面を描写している。OK牧場の決闘のように、何度も繰り返し語られるこの場面に関するさらなる情報は、Langley and Schoonover, *The Banana Men* ; Koeppel, *Banana* ; "United Fruit Obeys"; "United Fruit's Control Shift s"で見られる。

219 **「見たくなかった」**　ボストンでの対決については、Langley and Schoonover, *The Banana Men* ; Koeppel, *Banana* ; McCann, *An American Company* ; "United Fruit Obeys" を参照。

第13章　キング・フィッシュ

190 **ここがザムライのお気に入りの部屋だ**　この邸宅は、劇作家のリリアン・ヘルマン（Lillian Hellman）にとって夢の場所だった。ニューオーリンズ育ちのヘルマンは、婚姻をとおしてザムライと親戚になっている。ジェイク・ワインバーガーがヘルマンのおじチャーリーと兄弟なのだ。おじを通じてヘルマンはサム・ザムライと面識があった。『リリアン・ヘルマン（Lillian Hellman: A Life with Foxes and Scoundrels）』の著者、デボラ・マーティンソン（Deborah Martinson）によると、子供時代のヘルマンにとって、ザムライはロマンに満ちた人物だった。マーティンソンは、ヘルマンが「殺しや攻撃機……機関銃の異名を持つガイ・モロニーやリー・クリスマスの……話や噂」が大好きだったと言っている。マーティンソンはヘルマンがザムライに宛てた手紙を引用している。「ボストンに来たときは何度もお電話しようと思ったのですが、いつもお邪魔をするような気がして……でも、ここ数年というもの、何度もおじさまの話を耳にする機会があり、そんな話を聞くたびに、わきまえもなく、遠縁の者としての喜びを感じたものです」と、ヘルマンは記している。マーティンソンによると、ヘルマンの自伝的小説『ジュリア（Pentimento）』の忘れがたい登場人物、ウィリーおじさんは、その寄せ集めの性格の一部がザムライから来ているということだ。

191 **同僚を連れていった**　邸宅とプランテーションについては、Johnson, “If Walls Could Talk” ; Barry, *Rising Tide* ; Mohr and Gordon, *Tulane*を参照。二〇一四年までテュレーン大学総長を務めたスコット・コーウェン（Scott Cowen）の妻、マージョリー・コーウェン（Marjorie Cowen）からの情報にもよる。コーウェン夫人には、邸宅内を案内してもらった。また、夫人の製作した邸宅に関するドキュメンタリー映像もあり、それも参考になった。プランテーションは、現在国立公園になっている。訪れるのにいちばんいいのは、ツツジの咲き乱れる春の頃だ。National Park Service, *National Register of Historic Places: 1966–1991*も参照。

195 **仲間うちでは「ビッグ・アイアン」と呼ばれている**　サム・ジュニアの様子について、甥の娘にあたるステファニー・ストーン・フィオリ（Stephanie Stone Feoli）と、その夫ルドビコ・フィオリ（Ludovico Feoli）から、簡潔でよくわかる話を聞くことができた。Davis, *The Story of Louisiana*, Vol.2も参照。

195 **一九三六年六月二五日に**　六月二六日付けのニューヨーク・タイムズ紙に結婚の告知が掲載されている。この結婚によりザムライ家はアメリカ社会の上層階級に仲間入りしたことになる。

196 **「ツェダカ」と呼ばれる慈善の概念をザムライは承知していたようだ**　ユダヤ・バーチャル図書館（Jewish Virtual Library）では、ツェダカを以下のように説明している。「ヘブライ語で『公義』を意味するツェデク（tzedek）という言葉から来ている。もしかすると、公義の行動を行うことが、ユダヤ教がユダヤ人に課す最も重要な義務かもしれない。『ただツェデクをのみ求めなければならない』とトーラー（モーセ五書）は指示している（「申命記」第一六章二〇）。数百年後、『ツェダカは他のあらゆる戒律を合わせたものに等しい』と、タルムード（口伝律法）は教えている」

199 **この教授職は、サミュエル・ジュニア**　“Radcliffe Gets $250,000” より。

ンタビューを参照。

149 **「ダビラは、国の安全を保障するためなら辞任するのもいとわないが」** "Americans Abroad"より。

150 **一九二六年の時点で、ホンジュラスは** U.S. Department of State, *Papers Relating to the Foreign Relations of the United States* より。

第11章　地峡往来

156 **ザムライの独立が本物であると示せれば** この税金はバナナだけではなく、多くの品目を対象とする大規模なものであった。ニューヨーク反関税連盟（Anti-Tariff League of New York）の発行する *The American Economist,* Vol.51, January–June 1913を参照。ニューヨーク反関税連盟は、この税金に強く反対している。

157 **「ミスター・ザムライが、ぜひ買いたいと」** 関税の調査については、*Proceedings of the Committee on the Merchant Marine and Fisheries*, 1913の記録をはじめとする多くの情報源を参考にした。

160 **パーティに現れなかったことがある** このような詳細は、各種の記事によるが、実際の感触やザムライの雰囲気は、フランク・ブローガンによる。

163 **「ミスター・ザムライはハーグ陸戦条約のことを聞いて喜んだ」** アメリカ合衆国国務省（U.S. Department of State）発行、*Papers Relating to the Foreign Relations of the United States* より。

165 **クヤメルの収穫が年八〇〇万房なのに対して** "Cuyamel Accepts United Fruit Offer"より。

168 **「ったく、おれはこんなに楽しんでるし」** Pringle, "A Jonah Who Swallowed the Whale"に引用されたザムライの言葉。

第12章　バナナ戦争

170 **ザムライの仕事は** ビクター・カッター（Victor Cutter）については、"United Fruit Obeys"; Barton, "A Big,Human Fellow Named Cutter" ; Adams, *Conquest of the Tropics* ; Wilson, *Empire in Green and Gold*を参照。

171 **そこでは「オーナー（ザムライ）が」** "United Fruit Obeys"より。

174 **バナナ戦争がやってくると** バナナ戦争の最も生き生きとした素材は、フランク・ブローガンによる。これらの話はブローガンがガイ・モロニー（Guy Molony）から聞いたものだ。大半の素材は日々の報道発表で報告されている。

176 **ザムライは同じものを二度買った** Dosal, *Doing Business with the Dictators* ; "Zemurray vs. Boston"; Pringle, "A Jonah Who Swallowed the Whale"を参照。また、Whitfield, "Strange Fruit"; Langley and Schoonover, *The Banana Men* ; Wilson, *Empire in Green and Gold* ; Karnes, *Tropical Enterprise*も参照。

179 **ザムライの好む戦術だった** モントゴメリーとクヤメルについては、*United States v. Illinois Central*を参照。また、Dosal, *Doing Business with the Dictators*も参照。

184 **たいした数字** Langley and Schoonover, *The Banana Men* ; Koeppel, *Banana*他、買収の時点で掲載された多くの記事を参照。

ブ・フィクション・アンド・アドベンチャー（Blue Book Magazine of Fiction and Adventure)』や『ブルー・ブック（Blue Book)』に掲載されている。一九〇五年から一九七五年のあいだ刊行されたこれらの出版物のなかに、ロバート・ハインラインやアガサ・クリスティのような作品と並んで掲載されている。リチャードソンは第二次世界大戦後に退役し、ミズーリ州ラマーで亡くなった。追悼記事の見出しは以下のとおり。「六カ国に従軍した幸運の兵士、リチャードソン大佐死去。享年五九歳――革命家ビジャの腹に銃を突きつけた、マナグアの攻略者（Captor of Managua Jammed Gun into Villa's Stomach)」（一九四九年四月二三日付けニューヨーク・タイムズ紙）

129 **クリスマスに声をかけられたとき**　リチャードソンについて興味深いのは、「軽騎兵連隊の機関銃操者（Machine-Gun Man of the Princess Pats')」という見出しで、一九一五年一〇月三一日付けのニューヨーク・タイムズ紙に掲載された、長文の人物紹介だ。リチャードソンのような若者は、ビリー・ザ・キッドやワイアット・アープをはじめとする、西部開拓時代に名を上げた風雲児たちと区別がつかない。

130 **評論には**　McNutt, "Profiles: Sam Drebin" より。

131 **「マニュエル・ボニージャは現在ニューオーリンズにいて」**　"Bonilla to Lead Revolt" より。

132 **ホーネット号という**　アメリカ海軍に徴用される前、個人所有の快走船だったこの船は、キューバのダイキリとシボネイの戦闘に参加し勝利を収めている。独立戦争に従軍したスループ型帆船から始まって、ホーネット（ホーネットというのはアメリカ海軍史上最も威厳のある名前のひとつだ）と名づけられた海軍の全船を紹介するウェブサイトがある。ザムライの船については、米西戦争での活躍を詳細に述べたあと、このウェブサイト（http://www.usshornetassn.com）では「軍務を解かれて売却された」と締め括られている。Feuer, *The Spanish-American War at Sea* ; Manners, *Poor Cousins* も参照。

134 **「時を同じくして」**　"Bonilla Gone with Hornet" より。

134 **「何もかもあんたに賭けちまったからな」**　この会話は、Deutsch, *The Incredible Yanqui* など、いくつかの書籍で報告されている。元の情報源は、おそらく、一九三六年にザムライの答えたフォーブス誌のインタビューだと思われる。

137 **自分が完璧にやっていると信じていたが**　この話は、Deutsch, *The Incredible Yanqui* や、クリスマスの答えたインタビューに出てくる。クリスマスの見分けられなかった色の種類は、書いてある場合でも、話によって異なる。本書では、機関士の仕事に最も相応しいと思われる色を選んだ。

145 **「ゲレーロは……雄々しくもこの町を死守した」**　一九一一年二月一日付けニューヨーク・タイムズ紙で引用されたF・G・マスケレッティ（F. G. Masquelette）による発言。

148 **条約は三二対四で否決された**　戦争中のダビラ（Miguel Dávila）の詳細については、Langley and Schoonover, *The Banana Men* ; Karnes, *Tropical Enterprise* ; Deutsch, *The Incredible Yanqui* ; Schlesinger and Kinzer, *Bitter Fruit* ; Kinzer, *Overthrow* ; "Honduran Factions Agree to Armistice"; "New Orleans Junta Plots"; "Bonilla Gone with Hornet"; "Davila Suspected of Plan to Decamp" および、わたし自身が行ったイ

第9章　コリンズまで

105 **「ザムライは相手の暮らしに自分を合わせていた」** "Zemurray vs. Boston" より。
111 **この作業がなければ、バナナの木は死んでしまう** United Fruit Company, *The Story of the Banana* ; Crowther, *The Romance and Rise of the American Tropics* を参照。
112 **あいつらはオフィスにいて、おれたちは現場にいるんだ！** McCann, *An American Company* より。これがザムライの好んで使った台詞だ。たいていの人間のビジネスのやり方に対する、ザムライのいっそう大きないらだちが込められているようだ。
112 **重役たちには、磨き上げられたカウンターにダンスフロアのあるクラブ** この話は、ザムライの孫、サミュエル・Z・ストーン（Samuel Z. Stone）の書いた『テルテール・ストーリーズ・フロム・セントラル・アメリカ（Telltale Stories from Central America)』による。
113 **「列車の駅と似ているのに気がついた」** García Márquez, *Living to Tell the Tale* より。
115 **これは、どう考えてもギャングだ** マフィアがアメリカで初めて登場したのは、ニューオーリンズだ。一八〇〇年代末には、売春宿が用心棒料を払うようになり、これは「ギャング税」と呼ばれた。

第10章　革命しよう！

118 **一八九四年には、実際にイギリス海兵隊が** Meeker, *And Points South* を参照。
121 **その結果は、以下のようなやりとりに** Crowther, *The Romance and Rise of the American Tropics* ; McCann, *An American Company* ; Chernow, *The House of Morgan* ; Kinzer, *Overthrow* ; Whitfield, "Strange Fruit" を参照。また、現在は廃刊になった『アメリカン・マガジン（American Magazine)』の一九九三年九月号に掲載された、プリングル（Pringle）によるザムライの人物紹介（"A Jonah Who Swallowed the Whale"）も参照。ザムライはこの記事のインタビューに答えており、詳細の多くはザムライ自身の語ったところによる。
122 **「長官殿、わたしはミスター・モルガンのお気に入りの」** ザムライ自身がのちに伝えた言葉どおりなので、かぎかっこがついている。
125 **ザムライは、フレンチクォーターにある** 「フィリバスター（Filibuster)」という言葉は、略奪者を意味するオランダ語からきている。一八八〇年までには、中南米で戦闘に従事する北米人の選抜集団を意味するようになった。
125 **「先住民と黒人の混血で」** Langley and Schoonover, *The Banana Men* より。
125 **「革命の温床で」** "New Orleans Junta Plots" より。
126 **一八九〇年から一九二五年までのあいだ** Deutsch, *The Incredible Yanqui* より。
128 **姿を現したとき** リー・クリスマスの詳細については、前掲書の他、Crowther, *The Romance and Rise of the American Tropics* ; Wilson, *Empire in Green and Gold* ; Langley and Schoonover, *The Banana Men* ; Koeppel, *Banana* ; Karnes, *Tropical Enterprise* ; Kinzer, *Overthrow* を参照。また、"Lee Christmas Dies, Soldier of Fortune" ; "Gen. Lee Christmas, a Dumas Hero in Real Life" も参照。
129 **つまるところ、この男は自分で作った曲のだれよりも偉大な歌い手で** リチャードソン（Tracy Custer Richardson）の物語の数々は、『ブルーブック・マガジン・オ

90　**母の出生地：メキシコ**　ガルベストン（Galveston）は、ホセ・デ・エビア（José de Evia：一七八五年、この地にスペインの旗を打ち立てた探検家）によって、ベルナルド・デ・ガルベス（Bernardo de Gálvez y Madrid）にちなんでガルベズタウン（Galvez Town）と名づけられたが、ザムライの義理の母が生まれたときは、メキシコの一部だった。

第８章　地峡

94　**ザムライは数週間ホンジュラスを旅してまわった**　ザムライのスケジュールについては、初期の頃の正確な日付を確定するのが難しい場合がある。情報源によって日付が一致しないこともある――ザムライが跡を残すことを嫌ったための副産物であることは間違いない。例えば、ザムライのホンジュラス行きは、『ザ・バナナ・メン（The Banana Men）』（Langley and Schoonover）では一九一〇年になっているが、『ビター・フルーツ（Bitter Fruit）』（Schlesinger and Kinzer）では一九〇五年になっている。『アン・アメリカン・カンパニー（An American Company）』（McCann）によると、ザムライは一九〇五年にホンジュラスへ行き、一九一〇年に土地を買うために戻ったことになっている。各種の新聞記事や書類を比較した結果、本書に書いたスケジュールが最も信頼できると考えるようになった。

95　**プエルト・コルテスは犯罪者の逃げ場所になっており**　荒くれ時代のプエルト・コルテスに関する情報については、Langley and Schoonover, *The Banana Men* ; Crowther, *The Romance and Rise of the American Tropics* ; O. Henry, *Cabbages and Kings* ; Smith, *O. Henry*を参照。

96　**「この大陸の切れ端は」**　O・ヘンリー（O.Henry）はアメリカの警察と交渉して取引をまとめ、損害を賠償したあとアメリカに戻った。

97　**これしきのことでへこたれる**　この話は、この章に出てくる他の話と同様、フランク・ブローガンから聞いた。

98　**海岸に沿って、のちにオモア**　近代貿易を支配することになる三つの会社――現在この三社は、チキータ・ブランド、ドール・フード・カンパニー、デルモンテ・フーズになっている。

98　**スペインのイサベル女王に宛てた手紙のなかで**　Morison, *Admiral of the Ocean Sea*より。

99　**「雨や雷鳴、稲光が」**　コロンブスは一四歳になる自身の息子を同乗させていた。Thomas, *Rivers of Gold*および Morison, *Admiral of the Ocean Sea*を参照。

100　**コルテスもその父も養豚家ではない**　コルテス（Cortés）に関する情報については、Las Casas, *A Short Account of the Destruction of the Indies* ; Thomas, *Conquest*を参照。

100　**もし、わたしが「コルディレラ」という言葉を多用しているとしたら**　「コルディレラ（Cordillera）」という言葉は、コードを意味するスペイン語のcordónから来ている。地峡の背骨を走る筋肉のコードという意味だ。

54　**一五一六年には、のちにパナマ大司教となる**　Chapman, *Bananas*; Wilson, *Empire in Green and Gold* ; Koeppel, *Banana* より。

54　**パナマ大司教に任じられたとき、ベルランガが**　Davies, *Fyffes and the Banana* より。

第6章　タコ

64　**ベーカーはジャマイカのポートアントニオに上陸**　ユナイテッド・フルーツの創業者たちについては、Crowther, *The Romance and Rise of the American Tropics* ; Wilson, *Empire in Green and Gold* ; Adams, *Conquest of the Tropics* を参照。同時期のベーカー船長のことについては、第六号（Vol.6, January–June 1904）でベーカー船長の人物紹介をしている月刊誌『ザ・ワールド・トゥデイ（The World Today）』を参照。

70　**とりあえず、キース兄弟を英雄にしておこう**　マイナー・キース（Minor Keith）については、Stewart, *Keith and Costa Rica* ; Crowther, *The Romance and Rise of the American Tropics* ; Wilson, *Empire in Green and Gold* ; Langley and Schoonover, *The Banana Men* ; Adams, *Conquest of the Tropics* を参照。

71　**こうして、マイナー・キースはコスタリカの英雄になった**　Stewart, *Keith and Costa Rica* ; "Minor C. Keith Dies" を参照。キースの財産の多くは、一九二九年の株価大暴落によってきれいさっぱり消えてしまった。前年の夏に亡くなり、家族がずっと金持ちのままだと思っていたのはキースにとって幸いなことだ。未亡人は晩年、自宅で洗濯を引き受けなければならなかった。

71　**キースは車掌と言い争うと**　キースがアメリカ国旗を持っていた事実は重大だったようだ。有名なコスタリカ人画家がこの場面を描いた絵が、長年コスタリカのサンホセにある国立博物館に展示されていた。この絵は、のちに税関に移され、さらに一般市民の住宅に移ったが、五〇年前に消えてしまった。

71　**「紳士の皆さん、どうかお許しを」**　キースの鉄道は、コスタリカの観光名所になっている。それは、今日でも地峡を横断する最もロマンチックな方法だ。Elliott, "Costa Rica's Jungle Train" を参照。

81　**「国内の謀議は」**　*American Banana Co. v. United Fruit Co.* より。

第7章　ニューオーリンズ

85　**学識があり、洗練され**　Korn, *The Early Jews of New Orleans* を参照。

86　**自社設備を持っていた**　Federal Writers' Project, *New Orleans City Guide (1938)* より。

87　**なかでも華やかなのが**　「パロット王」ジェイク・ワインバーガー（Jake "the Parrot King" Weinberger）については、以下のような各種の新聞記事や書籍が参考になる。Crowther, *Romance and Rise of the American Tropics* ; Wilson, *Empire in Green and Gold* ; Langley and Schoonover, *The Banana Men* ; Adams, *Conquest of the Tropics*。デイリー・ピカユーン紙に掲載されたいくつかの記事も参考になった。また、わたし自身の行ったフランク・ブローガンのインタビューも重要だった。

第２章　完熟バナナ

38　**また列車に遅れが出ると**　この話は、前掲書の他、Chapman, *Bananas*、インタビューなどによる。

第３章　果物師

41　**外国生まれだ**　二〇世紀初頭、ニューヨークのヘスター・ストリートで手押し車を押しながら、ピジン英語で商品を売っている行商人のせいで、ジャズ・ドラマーのフランク・シルバー（Frank Silver）が目を覚まし、この話を聞いたアービング・コーン（Irving Cohn）とともに、「イエス、ウィー・ハブ・ノー・バナナズ（Yes, We Have No Bananas）」を作曲した。

41　**簡単に就ける仕事はこれぐらい**　一九〇五年に黄熱病がニューオーリンズを襲ったときには、バナナマンたちが罪を着せられている。町でバナナ取引を禁じる話までもちあがった。これに対し、バナナ取引の指導者たちは、地峡への視察旅行を手配した。ルイジアナ、ミシシッピ、アラバマの政治家たちが船に乗せられ、ニカラグアとコスタリカのバナナ港へ渡っている。港でブラスバンドに迎えられ、町が清潔で熱病とは無縁であるところを紹介されている。この旅行の写真入りの日記がテュレーン大学のラテンアメリカン図書館に所蔵されている。

41　**「数少ない優れた指導者のひとり」**　Freedman, *Roosevelt and Frankfurter* より。

43　**「リスクを冒し」**　この言葉は、アメリカ合衆国議会の前に開かれた、ユナイテッド・フルーツが独占を行っているか否かを問う公聴会での発言である。

第４章　茶から緑へ

46　**ハバードのなかにザムライが見たのは**　アシュベル・ハバード（Ashbell Hubbard）については、Moore, *History of Alabama and Her People*, Vol.2を参照。

48　**サッチャーの買収で**　この部分については、Karnes, *Tropical Enterprise* ; Dodd, *Tiburcio Carías* ; Wilson, *Empire in Green and Gold* ; Langley and Schoonover, *The Banana Men* ; May and Plaza Lasso, *The United Fruit Company in Latin America*、雑誌、新聞記事などによる。

第５章　バナナは木にならない

50　**学名のムサ・パラディシアカ（Musa paradisiaca）は**　バナナの生態と歴史については、Adams, *Conquest of the Tropics* ; Wilson, *Empire in Green and Gold* ; *Unifruco*, the United Fruit magazine、ホンジュラス、ラ・セイバの植物園での農学者との対話などによる。

51　**「インド北東部、ビルマ」**　Wilson, *Empire in Green and Gold* より。

52　**バナナは草本（ハーブ）と見なされ**　息子のエアロンは、竹が世界一背の高い草だと言っているが、わたしのほうが正しいことはほぼ間違いないと思う。息子は八歳だが、だから間違っていると思っているわけではない。

53　**これがビッグ・マイクに起きたことで**　キャベンディッシュの年代記における最近の展開については、Peed, "We Have No Bananas" を参照。

原注

Notes

プロローグ

18 **カスタムハウス・ストリート**　カスタムハウス・ストリートは、現在アイバービルと呼ばれている。

18 **ストーリービルという名で知られるようになった**　ストーリービルは、第二次世界大戦中にアメリカ海軍の指令により閉鎖された。多くの水兵が梅毒にかかって休暇から戻ってくる、危険地帯になったからだ。一九三〇年代に、公共住宅を建設するためこの地域は一掃された。アイバービル・プロジェクトは、もしかすると、アメリカ一危険な区域かもしれない。ニューオーリンズの観光客が誤ってこの界隈に迷い込んで、危ない目に遭うことがある。こうした通りがフレンチクォーターに似せてつくられているからだろう――それにしても、よほど遅い時間で酔っぱらってでもいないかぎり間違えるものではないが。わたしが、ザムライ「ゆかりの地」をまわっているとき、偶然にもニューオーリンズの警官をしていた友人が案内してくれたのだが、アイバービル・プロジェクトに連れていってほしいと言うと、「日が暮れるところだし、子供たちがかわいいからな」と言って断られた。

18 **青い冊子を発行する会社**　Rose, *Storyville* ; Carter, *The Past as Prelude* を参照。

19 **タキシードを着た男がピアノを演奏する**　多くの人がストーリービルをジャズの発祥地と考えている。アメリカのジャズが躍動を開始したのは、客がムード音楽を必要としていた売春宿からだ。

20 **「なあ、コンパドーレ、ウォアハウスからホワイトハウスに行くなんて話」**　Langley and Schoonover, *The Banana Men*; Kinzer, *Overthrow* より。

21 **エンジンがかかり、小船は**　Langley and Schoonover, *The Banana Men* ; McCann, *An American Company* ; Deutsch, *The Incredible Yanqui* ; Federal Writers' Project, *New Orleans City Guide (1938)* ; Kinzer, *Overthrow* ; Asbury, *The French Quarter* ; Sublette, *The World That Made New Orleans* ; "Bonilla to Lead Revolt"; "Bonilla Gone with Hornet" などによる。また、わたし自身もボートを借りて、この傭兵たちが町を出たときのルートをたどった。

第１章　セルマ

29 **ザムライを知る人の話によると**　例えば、ニューオーリンズとホンジュラスでザムライのために働いたフランク・ブローガン（Frank Brogan）。

30 **新聞や雑誌の説明によると**　Kobler, "Sam the Banana Man." より。

U.S. House of Representatives, 62nd Cong. *Proceedings of the Committee on the Merchant Marine and Fisheries in the Investigation of Shipping Combinations Under House Resolution 587*. Washington, DC: GPO, 1913.

U.S. Interstate Commerce Commission. *31st Annual Report*. Washington, DC: GPO, 1917.（ザムライ、ユナイテッド・フルーツ、完熟バナナにまつわる初期の取り決めの詳細）

"U.S. May Get Jamaica Labor." *New York Times*, March 25, 1943.

Veeser, Cyrus. *A World Safe for Capitalism: Dollar Diplomacy and America's Rise to Global Power*. New York: Columbia University Press, 2002.

"Victor M. Cutter." *American Magazine*, August 1925.

Voss, Carrol M. "Report on Aerial Application Procedures and Equipment Used for Control of Sigatoka Disease on Bananas in the Windward Islands and Recommendations for an Improved Program." Berkeley: University of California, Consortium for International Crop Protection, 1981.

Waggoner, Walter H. "U.S. White Paper Alerts Americas to Aims of Reds." *New York Times*, August 8, 1954.

Weisgal, Meyer Wolfe. ... *So Far: An Autobiography*. New York: Random House, 1971.

Weizmann, Chaim. *Trial and Error: The Autobiography of Chaim Weizmann, First President of Israel*. New York: Harper, 1949.

——. *The Letters and Papers of Chaim Weizmann*, Vols. 1–7. Jerusalem: Israel Universities Press, 1974.

White, Richard D., Jr. *Kingfish: The Reign of Huey P. Long*. New York: Random House, 2006.

Whitfield, Stephen J. "Strange Fruit: The Career of Samuel Zemurray." *American Jewish History* 73, no. 3 (March 1984): 307–23.

Williams, T. Harry. *Huey Long*. New York: Knopf, 1969.

Wilson, Charles Morrow. *Empire in Green and Gold: The Story of the American Banana Trade*. New York: Henry Holt, 1947.

"Would- Be Filibuster Held." *New York Times*, December 7, 1913.

Zagoren, Ruby. *Chaim Weizmann: First President of Israel*. Champaign, IL: Garrard, 1972.

"Zemurray—Pickering." *New York Times*, June 26, 1937.

"Zemurray Succeeds Hart as Head of United Fruit." *New York Times*, February 1, 1938.

"Zemurray vs. Boston." *Fortune*, March 1933.

Zemurray, Samuel. "La Frutera's Record." *Nation*, letter to the editor, March 25, 1950.

Zemurray, Samuel, with Beverly Smith. "War Crops from Our Neighbor's Garden." *American Magazine*, October 1943.

Zemurray, Sarah. *One Hundred Unusual Dinners and How to Prepare Them*. Boston: Thomas Todd, 1938.

——. *Useful Information for Every House hold*. Boston: Thomas Todd, 1944.

——. *A Menu for Every Day of the Year*. Boston: Thomas Todd, 1951.

"To Aid Power Plant on Jordan River." *New York Times*, June 1, 1926.
"Top Banana." *Time*, May 19, 1967.
Travis, Mary Ann. "Doris, Zemurray, Stone Pavilions Dedicated." *Tulanian*, March 19, 2007.
"Trouble in Green Gold." *Time*, May 16, 1960.
Tucker, Richard P. *Insatiable Appetite: The United States and the Ecological Degradation of the Tropical World*. Berkeley: University of California Press, 2000.
Tulane University Latin American Library, Roger Thayer Stone Center for Latin American Studies, Image Archive, Special Photos from the Yellow Fever Tour of the Isthmus, 1905; Louisiana Research Collection, Letter regarding United Fruit from Tulane Students for a Democratic Society.
Tye, Larry. *The Father of Spin: Edward Bernays and the Birth of Public Relations*. New York: Henry Holt, 1998.
"United Fruit Clears $10,729,000." *New York Times*, July 15, 1941.
"United Fruit Closes 1938 with Business in Advancing Trend." *Wall Street Journal*, February 4, 1939.
"United Fruit Co." *Wall Street Journal*, March 9, 1935.
"United Fruit Co." *Wall Street Journal*, March 14, 1943.
United Fruit Company. *The Story of the Banana*. 2nd ed. Boston: United Fruit Company, 1922.
——. *Chiquita Banana Cookbook*. Boston: United Fruit Company, 1974.
United Fruit Historical Society (Unitedfruit.org).
"United Fruit Net Up in 1940." *Wall Street Journal*, February 8, 1941.
"United Fruit Obeys." *Time*, January 23, 1933.
"United Fruit Official Calls Retail Prices for Bananas Excessive." *Wall Street Journal*, May 12, 1947.
"United Fruit Outlook Improved." *Wall Street Journal*, March 7, 1935.
"United Fruit Paid $58,450 to Hart." *New York Times*, May 30, 1935.
"United Fruit Yields in Suit." *New York Times*, February 5, 1958.
"United Fruit's Control Shifts." *Wall Street Journal*, March 8, 1933.
United States v. Illinois Central, 244 U.S. 82 (1917).
U.S. Congress. House Select Committee on Small Business, 1955. Washington, DC: GPO, 1955.（ザムライがアシュベル・ハバードとした初期の仕事についての議論）
U.S. Department of Commerce and Labor, Bureau of Manufacturers. *Consular and Trade Reports*, issues 355– 57. Washington, DC: GPO, 1910. Details early business life of Hubbard-Zemurray Co.
U.S. Department of State. *Papers Relating to the Foreign Relations of the United States with the Annual Message of the President Transmitted to Congress December 6, 1910*. Washington, DC: GPO, 1910.
——. *Foreign Relations of the United States, Reports and Correspondence, 1912*. Washington, DC: GPO, 1912.

2011.
Schlesinger, Stephen, and Stephen Kinzer. *Bitter Fruit: The Story of the American Coup in Guatemala*. Revised and expanded ed. Cambridge, MA: Harvard University Press, 2005.
Scott, Peter Dale. *Deep Politics and the Death of JFK*. Berkeley: University of California Press, 1993.
Simon, Jean-Marie. *Guatemala: Eternal Spring— Eternal Tyranny*. New York: W. W. Norton, 1988.
Skolnik, Fred. *Encyclopaedia Judaica*. Vol.21. Detroit: Macmillan Reference, 2007.
Smith, Arthur D. Howden. *Men Who Run America: A Study of the Capitalistic System and Its Trends Based on Thirty Case Histories*. Indianapolis: Bobbs- Merrill, 1936.
Smith, C. Alphonso. *O. Henry*. Seattle: University Press of the Pacific, 2003 [1916].
Smith, Peter H. *Talons of the Eagle: Latin America, the United States, and the World*. New York: Oxford University Press, 2007.
Smyser, A. A. "Herbert Cornuelle Reflects on Hawaii." *Honolulu Star-Bulletin*, June 6, 1996.
Soluri, John. *Banana Cultures: Agriculture, Consumption, and Environmental Change in Honduras and the United States*. Austin: University of Texas Press, 2006.
Stewart, Watt. *Keith and Costa Rica: The Biography of Minor Cooper Keith, American Entrepreneur*. Albuquerque: University of New Mexico Press, 1964.
Stiles, T. J. *The First Tycoon: The Epic Life of Cornelius Vanderbilt*. New York: Knopf, 2009.
Stone, Samuel Z. *The Heritage of the Conquistadors: Ruling Classes of Central America from the Conquest to the Sandinistas*. Lincoln: University of Nebraska Press, 1990.
——. *Telltale Stories from Central America: Cultural Heritage, Politic al Systems, and Resistance in Developing Countries*. Albuquerque: University of New Mexico Press, 2001.
Sublette, Ned. *The World That Made New Orleans: From Spanish Silver to Congo Square*. Chicago: Lawrence Hill, 2008.
"Succeeds to Presidency of United Fruit." *New York Times*, May 11, 1948.
"Swedish Freighter Anchors off Key West." *New York Times*, May 28, 1954.
Taylor, Gary J., and Patricia J. Scharlin. *Smart Alliance: How a Global Corporation and Environmental Activists Transformed a Tarnished Brand*. New Haven: Yale University Press, 2004.
"They Bombed in New York." *Time*, November 21, 1969.
Thomas, Hugh. *Conquest: Montezuma, Cortés, and the Fall of Old Mexico*. New York: Simon & Schuster, 1995.
——. *Rivers of Gold: The Rise of the Spanish Empire, from Columbus to Magellan*. New York: Random House, 2003.（ヒュー・トーマス（林 大訳）『黄金の川——スペイン帝国の興隆』大月書店、2006年）
"391 Persons Have $1,000,000 Policies." *Wall Street Journal*, September 16, 1931.

"No More Revolutions for Gen. Christmas." *New York Times*, July 25, 1923.
O'Brien, Thomas F. *The Revolutionary Mission: American Enterprise in Latin America, 1900– 1945*. New York: Cambridge University Press, 1996.
O. Henry. *Cabbages and Kings*. Garden City, NY: Doubleday, 1913［1904］.
"1,000 More to Join Refugees' Colony." *New York Times*, January 31, 1941.
O 'Toole, G. J. A. *The Spanish War: An American Epic 1898*. New York: W. W. Norton, 1984.
Peckenham, Nancy, and Annie Street. *Honduras: Portrait of a Captive Nation*. New York: Praeger, 1985.
Peed, Mike. "We Have No Bananas." *New Yorker*, January 10, 2011.
Pellecer, Carlos Manuel. *Arbenz y yo*. Guatemala City: Artemis-Edinter, 1997.
Pérez-B rignoli, Héctor. *A Brief History of Central America*. Translated by Ricardo B. Sawrey A. and Susana Stettri de Sawrey. Berkeley: University of California Press, 1989.
Pieterse, Jan Nederveen. *White on Black: Images of Africa and Blacks in Western Popular Culture*. New Haven: Yale University Press, 1995.
Pillay, Michael, and Abdou Tenkouano, eds. *Banana Breeding: Progress and Challenges*. Boca Raton: CRC Press, 2011.
"President Tells of Plan to Relieve Farm Labor Shortages." *Wall Street Journal*, March 31, 1943.
"Pride of Boston." *Time*, February 4, 1924.
Pringle, Henry F. "A Jonah Who Swallowed the Whale." *American Magazine*, September 1933.
"Profit Increased by United Fruit." *New York Times*, February 3, 1940.
Quigley, John. *The Ruses for War: American Interventionism Since World War II*. Amherst, NY: Prometheus Books, 1992.
Rabe, Stephen G. *Eisenhower and Latin America: The Foreign Policy of Anticommunism*. Chapel Hill: University of North Carolina Press, 1988.
"Radcliffe Gets $250,000." *New York Times*, March 5, 1947.
Rasenberger, Jim. *The Brilliant Disaster: JFK, Castro, and America's Doomed Invasion of Cuba's Bay of Pigs*. New York: Scribner, 2011.
"Reaction in Other Capitals." *New York Times*, June 19, 1954.
Rorty, James. "Tortillas, Beans, and Bananas." *Harper's Magazine* 203 (September 1951): 76–80.（地峡におけるザムライのイノベーションを論じている）
Rose, Al. *Storyville, New Orleans: Being an Authentic Illustrated Account of the Red-Light District*. Tuscaloosa: University of Alabama Press, 1978.
Roueché, Berton. "The Humblest Fruit." *New Yorker*, October 1, 1973.
Sachar, Howard M. *A History of the Jews in America*. New York: Knopf, 1992.
"Saw the Battle of Ceiba." *New York Times*, February 7, 1911.
Saxon, Lyle. *Lafitte the Pirate*. Gretna, LA: Pelican, 1989 [1930].
Schlesinger, Stephen. "Ghosts of Guatemala's Past." *New York Times*, op-ed, June 4,

MS-0014. University of Tennessee Libraries, Knoxville, Special Collections.
Martinson, Deborah. *Lillian Hellman: A Life with Foxes and Scoundrels*. New York: Counterpoint, 2005.
May, Stacy, and Galo Plaza Lasso. *The United Fruit Company in Latin America*. Charleston, SC: Nabu Press, 2010.
"May Attack Honduras." *New York Times*, December 20, 1910.
Mayo, Anthony J., Nitin Nohria, and Laura G. Singleton. *Paths to Power: How Insiders and Outsiders Shaped American Business Leadership*. Boston: Harvard Business School Press, 2006.
McCaffety, Kerri, and Cynthia Reece McCaffety. *The Majesty of St. Charles Avenue*. Gretna, LA: Pelican, 2001.
McCann, Thomas P. *An American Company: The Tragedy of United Fruit*. New York: Crown, 1976.
McCullough, David. *The Path Between the Seas: The Creation of the Panama Canal, 1870–1914*. New York: Simon & Schuster, 1977.
——. *Truman*. New York: Simon & Schuster, 1992.
McKean, David. *Tommy the Cork: Washington's Ultimate Insider from Roosevelt to Reagan*. South Royalton, VT: Steerforth Press, 2004.
McNutt, William Slavans. "Profiles: Sam Drebin." *New Yorker*, May 2, 1925.
Meeker, Oden and Olivia. *And Points South*. New York: Random House, 1947.
"Milestones." *Time*, December 8, 1961.（サム・ザムライの追悼記事）
"Minor C. Keith Dies." *New York Times*, June 15, 1929
Mohr, Clarence L., and Joseph E. Gordon. *Tulane: The Emergence of a Modern University, 1945–1980*. Baton Rouge: Louisiana State University Press, 2001.
Moore, Albert Burton. *History of Alabama and Her People*. Vol.2. American Historical Society, 1927.
Morison, Samuel Eliot. *Admiral of the Ocean Sea: A Life of Christopher Columbus*. Boston: Little, Brown, 1942.
Morris, Benny. *1948: The First Arab-Israeli War*. New Haven: Yale University Press, 2008.
"Mrs. Zemurray Jr., Widow of Major, 54." *New York Times*, June 29, 1968.
Naipaul, V. S. *The Middle Passage*. New York: Macmillan, 1963.
——. *The Loss of El Dorado: A Colonial History*. New York: Knopf, 1970.
National Park Service. *National Register of Historic Places: 1966–1991*. Nashville: American Association for State and Local History, 1992.
Nelson, Donald F. *To the Stars: Over Rough Roads: The Life of Andrew Atchison, Teacher and Missionary*. Cambridge, MA: TidePool Press, 2008.
Neruda, Pablo. *The Poetry of Pablo Neruda*. Edited by Ilan Stavans. New York: Farrar, Straus and Giroux, 2003.
"New Orleans Junta Plots." *New York Times*, June 12, 1911.
"New York Major Killed." *New York Times*, February 4, 1943.

Lugus Libros, 1999.
Lachoff , Irwin, and Catherine C. Kahn. *The Jewish Community of New Orleans*. Charleston, SC: Arcadia Publishing, 2005.
LaFeber, Walter. *The Cambridge History of American Foreign Relations. Volume 2: The American Search for Opportunity, 1865–1913*. New York: Cambridge University Press, 1993.
Langley, Lester D., and Thomas Schoonover. *The Banana Men: American Mercenaries and Entrepreneurs in Central America, 1880–1930*. Lexington: University Press of Kentucky, 1995.
Las Casas, Bartolomé de. *A Short Account of the Destruction of the Indies*. Edited and translated by Nigel Griffin. New York: Penguin, 1992 [1552].（ラス・カサス（染田秀藤訳）『インディアスの破壊についての簡潔な報告』岩波文庫、2013年）
"Lee Christmas Dies, Soldier of Fortune." *New York Times*, January 22, 1924.
"Lee Christmas No Better." *New York Times*, August 19, 1923.
Lemann, Nicholas. "Southern Discomfort." *New Yorker*, March 13, 2000.
Leonard, Thomas M. *The History of Honduras*. Santa Barbara, CA: ABC- CLIO, 2011.
Levy, Lauren. "The Dominican Republic's Haven for Jewish Refugees." The Jewish Virtual Library.
Lewis, Flora. "Ambassador Extraordinary: John Peurifoy." *New York Times Magazine*, July 18, 1954.
Lewis, Paul. "John M. Fox, Innovator in Developing Frozen Juice." *New York Times*, January 19, 2003.
Liebling, A. J. *The Earl of Louisiana*. Baton Rouge: Louisiana State University Press, 1970.
Litvin, Daniel. *Empires of Profit: Commerce, Conquest and Corporate Responsibility*. New York: Texere, 2003.
Long, Huey P. *Every Man a King: The Autobiography of Huey P. Long*. New York: Da Capo, 1996 [1933].
Louisiana Supreme Court. *Records*, 1906, Vol.42, p. 1162.（サム・ザムライの初期の事業運営に関する情報）
Malkin, Elisabeth. "Guatemala to Restore Legacy of President U.S. Helped Depose." *New York Times*, May 23, 2011.
Malo, Simón. *El Zamorano: Meeting the Challenge of Tropical America*. Melbourne, Australia: Sinbad Books: 1999.
Manifesto: Three Classic Essays on How to Change the World—Che Guevara, Rosa Luxemburg, Karl Marx and Friedrich Engels. North Melbourne, Australia: Ocean Press, 2005.
Manners, Ande. *Poor Cousins*. New York: Coward, McCann, 1972.
Marcus, Jacob Rader. *United States Jewry, 1776–1985*. Detroit: Wayne State University Press, 1990.
Marion Samson Collection of General Lee Christmas and President William Walker,

Hunt, E. Howard. *Undercover: Memoirs of an American Secret Agent*. New York: Berkley, 1974.
——. *American Spy: My Secret History in the CIA, Watergate, and Beyond*. New York: Wiley, 2007.
Immerman, Richard H. *The CIA in Guatemala: The Foreign Policy of Intervention*. Austin: University of Texas Press, 1982.
"In Private Equity, the Limit of Apollo's Power." *New York Times*, December 8, 2008.
"Internationalists of New Orleans." *Fortune*, June 1952.
"Jamaica Acts to Send Men Here." *New York Times*, March 26, 1943.
James, C. L. R. *The Black Jacobins: Toussaint L'Ouverture and the San Domingo Revolution*. New York: Random House, 1963.（C・L・R・ジェームズ（青木 芳夫監訳）『ブラック・ジャコバン――トゥサン＝ルヴェルチュールとハイチ革命〔増補新版〕』大村書店、2002年）
Jenkins, Virginia Scott. *Bananas: An American History*. Washington, DC: Smithsonian Books, 2000.
Johnson, Suzanne. "If Walls Could Talk." *Tulanian*, September 12, 2007.
"Join National Committee." *New York Times*, December 22, 1941.
Kaplan, Dana Evan. "The Determination of Jewish Identity Below the Mason-Dixon Line: Crossing the Boundary from Gentile to Jew in the Nineteenth-Century American South." *Journal of Jewish Studies* 52, no. 1 (Spring 2001): 98–121.
Karnes, Thomas L. *Tropical Enterprise: Standard Fruit and Steamship Company in Latin America*. Baton Rouge: Louisiana State University Press, 1978.
Kennedy, Paul P. "Arbenz Blames U.S. for His Fall." *New York Times*, November 8, 1954.
Kilborn, Peter T. "Suicide of Big Executive." *New York Times*, February 14, 1975.
Kinzer, Stephen. *Overthrow: America's Century of Regime Change from Hawaii to Iraq*. New York: Times Books, 2006.
Klich, Ignacio. *Latin America and the Palestinian Question*. London: Institute of Jewish Affairs, 1986.
——. "Latin America, the United States, and the Birth of Israel: The Case of Somoza's Nicaragua." *Journal of Latin American Studies* 20, no. 2 (1988): 389– 432.
Klich, Ignacio, and Jeffrey Lesser. *Arab and Jewish Immigrants in Latin America: Images and Realities*. New York: Routledge, 1998.
Kobler, John. "Sam the Banana Man." *Life*, February 19, 1951.
Koeppel, Dan. *Banana: The Fate of the Fruit That Changed the World*. New York: Hudson Street Press, 2007.
Korn, Bertram Wallace. *The Early Jews of New Orleans*. New York: American Jewish Historical Society, 1969.
Kornbluh, Peter, ed. *Bay of Pigs Declassified: The Secret CIA Report on the Invasion of Cuba*. New York: New Press, 1998.
Krehm, William. *Democracies and Tyrannies of the Caribbean in the 1940's*. Toronto:

Greene, Laurence. *The Filibuster: The Career of William Walker*. New York: Bobbs-Merrill, 1937.
"Gringo Company." *Time*, April 20, 1962.
Grow, Michael. *U.S. Presidents and Latin American Interventions: Pursuing Regime Change in the Cold War*. Lawrence: University Press of Kansas, 2008.
Gruson, Sydney. "How Communists Won Control of Guatemala." *New York Times*, March 1, 1953.
——. "School Turns out Tropical Farmers." *New York Times*, November 24, 1953. About the Zamorano.
——. "Guatemala Says U.S. Tried to Make Her Defenseless." *New York Times*, May 22, 1954.
——. "Arbenz to Make Home in Prague." *New York Times*, November 27, 1955.
"Guatemala: Battle of the Backyard." *Time*, June 28, 1954.
"Guatemala: Machete Blow." *Time*, August 31, 1953.
"Guatemala: Unifruit Under Fire." *Time*, November 12, 1951.
Guevara, Che. *The Complete Bolivian Diaries, and Other Captured Documents*. Edited by Daniel James. New York: Stein and Day, 1969.
——. *Che: The Diaries of Ernesto Che Guevara*. North Melbourne, Australia: Ocean Press, 2009.
Hadari, Ze'ev Venia, and Ze'ev Tsahor. *Voyage to Freedom: An Episode in the Illegal Immigration to Palestine*. Totowa, NJ: Vallentine Mitchell, 1985.
Hallett, Douglas. "A Low-Level Memoir of the Nixon White House." *New York Times*, October 20, 1974.
Hammer, Gottlieb. *Good Faith and Credit*. New York: Cornwall Books, 1985.
"Hands Across the Gulf." *Time*, January 20, 1941.
"Harvard Gets a Woman." *Time*, April 26, 1948.
Hearn, Lafcadio. *Inventing New Orleans: Writings of Lafcadio Hearn*. Edited by Frederick Starr. Jackson: University Press of Mississippi, 2001.
Hellman, Lillian. *Pentimento*. Boston: Little, Brown, 1973.（リリアン・ヘルマン（大石千鶴訳）『ジュリア』早川書房（ハヤカワ文庫NF)、1989年）
Higgins, Trumbull. *Perfect Failure: Kennedy, Eisenhower, and the CIA at the Bay of Pigs*. New York: W. W. Norton, 1987.
Hill, Gladwin. "Rise of the Banana King." *Hartford Courant*, February 13, 1938.
Hochstein, Joseph M., and Murray S. Greenfield. *The Jews' Secret Fleet: The Untold Story of North American Volunteers Who Smashed the British Blockade*. New York: Gefen Books, 1988.
"Honduran Factions Agree to Armistice." *New York Times*, February 9, 1911.
"Honduran Revolt Starts." *New York Times*, December 30, 1910.
"Hondurans Consider Peace." *New York Times*, February 6, 1911.
"Honduras: Peace Offering." *Time*, December 11, 1944.
Humphrey, Chris. *Moon Handbooks: Honduras*. Berkeley: Avalon Travel, 2003.

"Eli Black's Rites Attended by 500." *New York Times*, February 6, 1975.

Elliott, Vicky. "Costa Rica's Jungle Train." *New York Times*, July 28, 1985.

Epstein, Edward Jay. "Garrison." *New Yorker*, July 13, 1968.

Euraque, Darío A. *Reinterpreting the Banana Republic: Region and State in Honduras, 1870–1972*. Durham: University of North Carolina Press, 1996.

"Executive Changes at United Fruit Company." *New York Times*, April 24, 1951.

"Farming: The Fruit King." *Time*, March 11, 1946.

Federal Reporter. Circuit Courts of Appeals and District Courts of the United States. Vol.230, April–May 1916. St. Paul: West Publishing, 1916.

Federal Writers' Project, Works Progress Administration. *New Orleans City Guide (1938)*. Boston: Houghton Mifflin, 1938.

Feibelman, Julian B. *The Making of a Rabbi*. New York: Vantage Press, 1980.

Feldstein, Stanley. *The Land That I Show You: Three Centuries of Jewish Life in America*. Garden City, NY: Doubleday, 1978.

Feuer, A. B. *The Spanish-American War at Sea: Naval Action in the Atlantic*. Westport, CT: Praeger, 1995.

"Fighting in Honduras." *New York Times*, August 8, 1910.

Findagrave.com.

Fonseca, Mary. *Louisiana Gardens*. Gretna, LA: Pelican, 1999.

"Food Trade Heads Aid Farm Revival." *New York Times*, July 10, 1933.

Freedman, Max, ed. *Roosevelt and Frankfurter: Their Correspondence, 1928–1945*. Boston: Little, Brown, 1967.

Gandolfo, Henri A. *Metairie Cemetery, An Historical Memoir: Tales of Its Statesmen, Soldiers, and Great Families*. New Orleans: Stewart Enterprises, 1981.

García Márquez, Gabriel. *One Hundred Years of Solitude*. Translated by Gregory Rabassa. New York: Harper, 1970.（ガブリエル・ガルシア＝マルケス（鼓 直訳）『百年の孤独』新潮社、2006年）

——. *Living to Tell the Tale*. Translated by Edith Grossman. New York: Knopf, 2003.（ガブリエル・ガルシア＝マルケス（旦 敬介訳）『生きて、語り伝える』新潮社、2009年）

"Gen. Christmas Captured." *New York Times*, August 12, 1910.

"Gen. Lee Christmas, a Dumas Hero in Real Life." *New York Times*, January 15, 1911.

Gentile, Carmen. "Families Sue Chiquita in Deaths of Five Men." *New York Times*, March 17, 2008.

Gleijeses, Piero. *Shattered Hope: The Guatemalan Revolution and the United States, 1944–1954*. Princeton: Prince ton University Press, 1991.

——. *The Cuban Drumbeat*. London: Seagull Books, 2009.

Grandin, Greg. *Empire's Workshop: Latin America, the United States, and the Rise of the New Imperialism*. New York: Henry Holt, 2006.（グレッグ・グランディン（松下 冽監訳）『アメリカ帝国のワークショップ——米国のラテンアメリカ・中東政策と新自由主義の深層』明石書店、2008年）

Cortés, Hernando. *Five Letters of Cortés to the Emperor*. Translated by J. Bayard Morris. New York: W. W. Norton, 1969.

Crowther, Samuel. *The Romance and Rise of the American Tropics*. Garden City, NY: Doubleday, 1929.

"Cuba: Confiscation!" *Time*, June 1, 1959.

Cullather, Nick. *Secret History: The CIA's Classified Account of Its Operations in Guatemala 1952–1954*. Palo Alto: Stanford University Press, 1999.

"Cuyamel Accepts United Fruit Offer." *New York Times*, November 26, 1929.

"Cuyamel Fruit Co." *Wall Street Journal,* August 11, 1924.

Dando- Collins, Stephen. *Tycoon's War: How Cornelius Vanderbilt Invaded a Country to Overthrow America's Most Famous Military Adventurer*. Philadelphia: Da Capo, 2008.

Davies, Peter N. *Fyffes and the Banana: Musa Sapientum: A Centenary of History, 1888–1988*. Atlantic Highlands, NJ: Athlone Press, 1990.

"Davila Suspected of Plan to Decamp." *New York Times*, January 29, 1911.

"Davila's Sincerity Doubted." *New York Times*, February, 14, 1911.

Davis, Edwin Adams. *The Story of Louisiana*. Vol. 1 and 2. New Orleans: J. F. Hyer, 1960.

Davis, William C. *The Pirates Laffite: The Treacherous World of the Corsairs of the Gulf*. Orlando, FL: Harcourt, 2005.

Deras, Ismael Mejía, Ricardo D. Alduvín, and Rafael Heliodoro Valle. *Policarpo Bonilla: Algunos apuntes biográficos*. Mexico City: Imprenta Mundial, 1936.

Deutsch, Hermann B. *The Incredible Yanqui: The Career of Lee Christmas*. New York: Longmans, Green, 1931.

——. *The Huey Long Murder Case*. New York: Doubleday, 1963.

Díaz, Bernal. *The Conquest of New Spain*. Translated by J. M. Cohen. New York: Penguin Books, 1963.

Didion, Joan. *Salvador*. New York: Simon & Schuster, 1983.

Dodd, Thomas J. *Tiburcio Carías: Portrait of a Honduran Politic al Leader*. Baton Rouge: Louisiana State University Press, 2005.

"Doris Zemurray Stone Dies." *Union College Magazine*, January 1, 1995.

Dos Passos, John. *USA: The Trilogy*. New York: Library of America, 1996 [1930–1933].

Dosal, Paul J. *Doing Business with the Dictators: A Political History of United Fruit in Guatemala, 1899–1944*. Wilmington, DE: SR Books, 1993.（第５章 "United Fruit, Cuyamel and the Battle for Motagua, Part One," および第８章 "Battle for Motagua, Part 2." を参照）

Dulles, Allen W. *The Craft of Intelligence: America's Legendary Spymaster on the Fundamentals of Intelligence Gathering for a Free World*. New York: Harper and Row, 1963.

Eggenberger, David, ed. *Encyclopedia of World Biography: 20th Century Supplement*. Vol.1. Palatine, IL: J. Heraty, 1987.

Biuso, Emily. "Banana Kings." *Nation*, February 28, 2008.
"Bonilla Gone with Hornet." *New York Times*, December 24, 1910.
"Bonilla Indicted for Hornet Affair." *New York Times*, February 19, 1911.
"Bonilla Sails for Belize." *New York Times*, May 24, 1907.
"Bonilla to Agree to an Armistice." *New York Times*, February 5, 1911.
"Bonilla to Lead Revolt." *New York Times*, November 15, 1910.
Brown, Francis. "Looking at Industrial Leaders from the Right and Left." *New York Times*, June 21, 1936.
Brunhouse, Robert Levere. *Pursuit of the Ancient Maya*. Albuquerque: University of New Mexico Press, 1975.
Bruno, Stephanie. "The President's Residence." *Times-Picayune*, November 2, 2007.
Bucheli, Marcelo. "Good Dictator, Bad Dictator: United Fruit Company and Economic Nationalism in Central America in the Twentieth Century." Working Paper 06-0115. University of Illinois at Urbana- Champaign, College of Business, 2006.
Cable, George Washington. *Old Creole Days*. New York: Pelican Books, 1991 [1897].
Calpouzos, L. "Studies on the Sigatoka Disease of Bananas and Its Fungus Pathogen." Soledad- Cienfuegos, Cuba: Atkins Garden and Research Laboratory, 1955.
Cannon, Carl L. "Lee Christmas, Soldier of Fortune." *New York Times*, March 15, 1931.
Carter, Hodding, ed. *The Past as Prelude: New Orleans 1718–1968*. New Orleans: Pelican Publishing, 1968.
Castañeda, Jorge G. Compañero: *The Life and Death of Che Guevara*. New York: Knopf, 1997.
Castilla, Alfredo Trejo. *El Señor Don Samuel Zemurray y la soberanía de Honduras*. Tegucigalpa, 1926.
"Castro- Zelaya Scare." *New York Times*, February 25, 1913.
Chambers, Glenn Anthony. *Race, Nation, and West Indian Immigration to Honduras, 1890–1940*. Baton Rouge: Louisiana University Press, 2010.
Chapman, Peter. *Bananas: How the United Fruit Company Shaped the World*. New York: Canongate, 2007.（ピーター・チャップマン（小澤卓也・立川ジェームズ訳）『バナナのグローバル・ヒストリー：いかにしてユナイテッド・フルーツは世界を席巻したか』ミネルヴァ書房、2018年）
Chernow, Ron. *The House of Morgan: An American Banking Dynasty and the Rise of Modern Finance*. New York: Grove Press, 1990.（ロン・チャーナウ（青木 榮一訳）『モルガン家―― 金融帝国の盛衰（上・下）』日経ビジネス人文庫、2005年）
Cole, Robert J. "S.E.C. Suit Links a Honduras Bribe to United Brands." *New York Times*, April 10, 1975.
"College Boxers Ready for Tourney." *New York Times*, April 8, 1932.（サム・ザムライ・ジュニアがこの記事に登場する）
"A Colony of Defaulters." *New York Times*, September 16, 2003.
"Complaint Names United Brands Company." *SEC News Digest*, April 10, 1975.
"The Cork Bobs Back." *Life*, April 11, 1960.

参考文献

Bibliography

（編集部注：以下にあげた邦訳書のなかには、英語版からの翻訳でなく、原語（スペイン語等）から直接翻訳されたものも含まれています）

Adams, Frederick Upham. *Conquest of the Tropics: The Story of the Creative Enterprises Conducted by the United Fruit Company*. Garden City, NY: Doubleday, 1914.

Ambrose, Stephen. *Eisenhower: Soldier and President*. New York: Simon & Schuster, 1990.

American Banana Co. v. United Fruit Co., 213 U.S. 347, 357–58 (1909).

The American Economist, Vol.51. American Protective Tariff League, 1913.

"Americans Abroad." *New York Times*, February 19, 1911.

Ancestry.com.

Anderson, Jon Lee. *Che Guevara: A Revolutionary Life*. New York: Grove Press, 1997.

——. "The Power of García Márquez." *New Yorker*, September 27, 1999.

"Arbenz Would Be Swiss." *New York Times*, January 6, 1955.

Asbury, Herbert. *The French Quarter: An Informal History of the New Orleans Underworld*. New York: Knopf, 1936.

Asturias, Miguel Angel. *The Green Pope*. New York: Delacorte, 1971.

Baker, John Newton. "Your Public Relations Are Showing." *Rotarian Magazine*, June 1949.

"Banana Split." *Time*, February 17, 1958.

"Bananas Are Back!" *Time*, March 18, 1946.

Barry, John M. *Rising Tide: The Great Mississippi Flood of 1927 and How It Changed America*. New York: Simon & Schuster, 1997.

Barton, Bruce. "A Big, Human Fellow Named Cutter." *American Magazine*, August 1925.

Basso, Hamilton. "Encounter in Puerto Cortés." *New Yorker*, October 12, 1957.

"Battle on Near Ceiba." *New York Times*, August 5, 1910.

Bernays, Edward L. *Crystallizing Public Opinion*. New York: Boni and Liveright, 1923.

——. *Propaganda*. New York: Horace Liveright, 1928.（エドワード・バーネイズ（中田安彦訳）『プロパガンダ［新版］』成甲書房、2010年）

——. *Public Relations*. Norman: University of Oklahoma Press, 1952.

——. *Biography of an Idea: Memoirs of Public Relations Counsel Edward L. Bernays*. New York: Simon & Schuster, 1965.

——. *The Engineering of Consent*. Norman: University of Oklahoma Press, 1969 [1947].

■著者紹介

リッチ・コーエン（Rich Cohen）

1968年、アメリカ・イリノイ州生まれのノンフィクション作家。ニューヨーク・タイムズ紙のベストセラーリスト入りした『Tough Jews』『Monsters』『Sweet and Low』『The Sun & the Moon & the Rolling Stones』『The Chicago Cubs: Story of a Curse』など多数の著書があり、『ヴァニティ・フェア』『ローリング・ストーン』両誌の寄稿編集者を務める。その著作は、権威ある文芸誌『ザ・ニューヨーカー』『ジ・アトランティック』『ハーパーズ・マガジン』のほか、毎年アメリカのベスト・エッセイを選んで収録する『ザ・ベスト・アメリカン・エッセイズ』にも掲載されている。また、ミック・ジャガー、マーティン・スコセッシらとともに、HBOのドラマシリーズ『Vinyl』（2016）の制作に携わった。4人の息子とともにコネチカット州で暮らす。

■訳者紹介

岡久悦子（おかひさ・えつこ）

英国在住。ロンドン大学バークベック・カレッジで応用言語学修士号取得。言語教育、教員養成に携わる。共著書に『Gamba're! : The Japanese Way of the Rugby Fan』（G-chan Press）がある。

2020年10月2日 初版第1刷発行

ウィザードブックシリーズ ㉚②

バナナ王《おう》サミュエル・ザムライ伝《でん》
——ロシア系ユダヤ人がニューオーリンズでグローバルビジネスを生み出した

著　者　リッチ・コーエン
訳　者　岡久悦子
発行者　後藤康徳
発行所　パンローリング株式会社
〒160-0023　東京都新宿区西新宿7-9-18　6階
TEL 03-5386-7391　FAX 03-5386-7393
http://www.panrolling.com/
E-mail　info@panrolling.com
装　丁　パンローリング装丁室
印刷・製本　株式会社シナノ

ISBN978-4-7759-7271-7